平凡的美德

分歧世界的道德秩序

THE ORDINARY VIRTUES

Moral Order in a Divided World

葉禮廷 著

蔡耀緯 譯

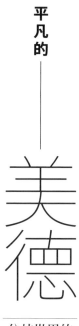

紀念瑪吉・切爾凡・佐哈（Margit Czervan Zsohar，一九二二—二〇一五）

熱烈而執著地回想一個人的生命就夠了，
比如，一個女人，像我現在這樣

體察這些纖弱造物的偉大
他們身處逆境仍能誠實、勇敢，忍耐直到末路。
主啊，我還能做什麼，除了默想這一切
並以祈求者之姿站在祢面前
為他們的英勇而請求：以祢的榮光接納我們。

——切斯瓦夫・米沃什（Czesław Miłosz，一九一一—二〇〇四），〈默想〉

目次

導言

道德全球化及其不滿

一九一四年二月十日，全球首富安德魯·卡內基（Andrew Carnegie）在曼哈頓九十一街他的宅第裡會晤一小群神職人員，提供一筆兩百萬美元的遺贈成立教會和平聯盟。卡內基的構想很宏偉：他要藉由推動全世界宗教信仰的對話，實現世界和平。並非所有宗教信仰都在會上有一席之地：猶太教徒、基督新教徒和天主教徒參與了，但沒有穆斯林、印度教徒、佛教徒或神道教徒。有一個想法卻在其中隱然浮現：全球衝突是可以防範的，只要每一個宗教的信徒——他們都是男性——都能學會超越神學歧見，克服一千年來的宗教戰爭。

教會和平聯盟是卡內基自一八九〇年代起造的一套慈善事業架構之頂點，其中包括了海牙和日內瓦的和平宮，還有遍及全世界的圖書館網絡，其宗旨在於啟迪世界各國工人，教導身為公民的他們對軍國主義、國族主義的誘惑不予理會。[1]

卡內基對於進步、學習和文化對話的信念，是全球化一．〇的產物，卡內基本人就在這個時期從一八五〇年代賓夕法尼亞州的一位蘇格蘭移民電報收發員，躍升為一八八〇年代的鋼鐵大亨。倘若進步，尤其是道德進步，在我們今天看來是十九世紀的思想，那麼卡內基對這種思想的狂熱信奉無人能出其右。他自己的人生似乎就是這種思想的化身。[2]以下的信念對他而言不證自明：令他獲益千百萬美元的經濟全球化，也能將全世界的信仰體系整合為一，道德的全球化則會實現和平，要是他無法親眼看到，那就會由我們實現。

那個二月天，他在自己的書房裡告訴與會的牧師和神父：「真的，各位先生，你們在創造歷史，因為這是各大教會第一次結盟提倡國際和平；我誠摯盼望並堅決相信，它必定能加快人們不再像野獸一般自相殘殺、玷汙人性的那一天到來。」

卡內基對於激烈競爭的不同信仰之間道德對話能夠阻止戰爭的信念，如今在我們看來至少是天真的。他提供遺贈不過幾個月後，在晴朗的八月天裡，第一次世界大戰突然爆發，卡內基經由法律和對話實現世界和平的美夢也隨之破滅。這位老人令人讚嘆的生命力退化成了壓抑的沉默，戰爭結束時他就去世了。

但他的夢想並未隨他而死滅。卡內基或許可說是道德天真（moral naiveté）的力量出奇持久的一個例子。沒有卡內基的話，國際聯盟會出現嗎？沒有國際聯盟的話，又會有聯合國嗎？沒有卡內基的話，會有蓋茲（Bill Gates）、巴菲特（Warren Buffett）、索羅斯（George Soros），以及我們這時代龐大的慈善事業嗎？就連教會和平聯盟也存續至今——在複利計算的魔術之下——一百多年後蛻變成了卡內基倫理暨國際事務研究會（Carnegie Council for Ethics in International Affairs），總部座落在紐約東六十四街一段林木蓊鬱街道旁的一對褐砂石建築裡。這是一個寧靜而深思熟慮的組織，座右銘是「倫理為重」（Ethics Matter），既是信仰宣言，更是向我們這個時代的提問。它贊助全球學者、研究和聚會，探討倫理在國際關係中發揮的作用。

二〇一三年，卡內基遺贈成立該會的一百週年在即，執行長羅森索（Joel Rosenthal）和我討論應當如何慶賀。我記得當時我說：「你得走出紐約。」我建議，研究會要觀察倫理如何運行的話，就得把倫理帶出會議室，研究它是如何在衝突爆發的現場附近形塑人們的判斷與行動。

羅森索抓住這星火般的想法，將之付諸實現。他說：研究會在世界各地的學術機構都有全球倫理學人（Global Ethics Fellows），在我們啟程進行倫理實踐的全球研究時，他們可以擔任我們的夥伴。

卡內基百年計畫（Carnegie Centennial Project）就此誕生，本書則是這一計畫的成果：紀念在一九一四年促成卡內基遺贈的道德進步錯覺，同時探查二十一世紀道德全球化的樣貌。

二〇一三年六月，一個小型團隊由計畫主持人史都華（Devon Stewart）、一位翻譯、一位研究員和我本人組成，在當地仲介人和駕駛陪同之下，踏上了道德發現的旅程，我們在隨後三年內走過四個大陸。我們的研究主題是全球化，但我們的旅程在現實上無法完全走遍全世界。於是我們前往卡內基全球學人網路所能照應的地方，也前往我們自己已經有些專業知識或經驗的地方。比方說，我們的波士尼亞和南非之行，對我而言是回訪這些我在二十五年來的著作中一再觸及其陣痛與成就的社會。而在緬甸、日本等其他國家，我們則仰賴隊友史都華的專業。我們在每個地方都和專家學者、司法官、記者和政治人物會談。這些與談人自己就是全球化運行的實例：他們絕大多數都說英語，精通於我們討論課題的國際文獻，也是見多識廣的國際討論會來賓。同時，這些在地的「世界主義者」（cosmopolitans）對自己身邊的棚戶區、貧民區和貧窮的鄰人，有時卻和我們一樣疏離；他們陪同我們實地走訪這些地方時，這趟旅程令他們大開眼界也一如我們。我們的實地訪察來到洛杉磯貧窮的拉丁裔區域、皇后區的移民社區、里約的貧民區、普勒托利亞（Pretoria）城外的非法聚落，以及曼德勒（Mandalay）附近的貧窮村莊。這些訪察證明了對我們的計畫至關重要，它們使我們得以探問：世界主義者慣用的全球道德語言，對於生活在更貧窮社區中的人們生活和思考有沒有任何效力。

研究會委託我們舉辦全球倫理對話——與專家、學者、司法官、記者進行的焦點討論

——探討一個問題：全球化讓我們在道德上更親近了嗎？在我們的一切差異之下，我們所共享的又是哪些美德、原則與行為規範？

與其談論價值觀本身，而有變得抽象和過分空泛之虞，我們決定聚焦於我們共同面對的實際問題。我們想要解答，當我們面對貪腐和大眾信任、多元文化城市裡的包容、戰爭和衝突過後的和解，以及不確定和危機時期的韌性等課題時，我們使用的倫理道德語言是否一致。

經由這些議題的對話，我們期望評估一個想法：隨著經濟、生活型態、科技和心態走向全球化，倫理推論也全球化了。當我們共享同樣的商品、市場、生活型態和人生機會，我們也會共享類似的道德推理模式。這一直都是卡內基的願望：經濟進步會帶動世界各大宗教和價值體系的道德趨向一致。一個世紀過去，這樣的願望仍然存在於全球化的支持者之間，但相較於卡內基時代，仍然相信宗教是道德全球化的力量，或者世界各大宗教仍是道德行為唯一權威指引的人數卻更少了。我們發現，宗教在千百萬人民的生活中仍然很重要，既是慰藉、啟發也是指引，但新的世俗信仰模式也在全世界獲得擁護。其中一種信仰——「人權」在我們的集體思維中，成為新的全球倫理可能選項，但我們要問：這個倫理究竟傳揚得多深、多廣？它真的替換或挑戰了在地道德規範嗎？在地與普世、在地脈絡與全球脈絡之間的爭鬥，又如何在一般人的道德生活中上演？這是我們在開始思索如何切入我們這時代的「道德全球化」這一命題時，首先應回應的問題。

我們從一開始就知道，道德全球化是個非常久遠的故事，它和漫長的歐洲帝國主義擴張歷史相伴而生。我們的挑戰在於定義我們這時代的全球化具體內容是什麼，一如卡內基在他的時代試著了解全球化。因為，只要貿易和旅行促成不同種族和族群彼此接觸，人類就會詢問彼此共有的價值為何。希臘人如此詢問旅途中遇見的「蠻族」，羅馬人將帝國邊疆推向哈德良長城（Hadrian's Wall）以北時也如此詢問。中國人如此詢問十六世紀在中國海岸登陸，帶來「基督也為中國人的罪而死」這一觀念的耶穌會士。[3]歐洲人在十五世紀一開始征服非洲、拉丁美洲和亞洲，就苦苦思索著他們與自己所征服的民族有什麼共通之處。這份困惑是互相的。一五六二年，蒙田（Michel de Montaigne）在盧昂（Rouen）和三名羽飾紋身的「印地安人」會面，他們是由一位海盜在里約海岸捕獲，帶回獻給法國宮廷；蒙田詢問他們對法國社會的第一印象。經由一位水手充當翻譯，他們的答覆由蒙田記錄在他精彩的論文〈話說食人部落〉（"Of Cannibals"）之中：他們對於歐洲人的不平等十分震驚，有些人住在城堡裡，其他人卻餓死街頭。[4]既然窮人遠遠多過富人，「印地安人」問道，他們怎麼沒有放火燒了富人的宅第，偷走全部的財產？為什麼擁有這一切槍炮、帆船和財富的歐洲人不明白，巴西叢林中徹底平等的生活才是更好的？蒙田認真看待他們說的話——他或許可說是歐洲第一位文化人類學家——但他懷疑自己的歐洲同胞能否如此。畢竟這些人都是食人族，除此之外，連褲子都沒穿的他們怎能被當回事？

在蒙田的論文裡，我們第一次瞥見了道德全球化由此開始受到理解的一個歷久不衰的隱喻：透過高貴野蠻人（noble savage）的觀點，所謂的原始人以其克己美德和平等倫理，質疑歐洲的文明和道德進步等式。

二〇一四年，一個電影製片組飛越亞馬遜叢林上空，在祕魯和巴西邊界的一片林間空地上發現一個部族，族人從未見過飛機，也不曾接觸過其他族群。攝影師在此拍攝的影片，預示著五百年前始於蒙田與食人族對話的全球化歷史畫上句點的時刻。這個新近發現的族群，或許是地球上最後一個自給自足、未曾有人造訪的人類共同體。如今全球化已經滲入了一切人類的共同體，改變了我們工作、生活、購物和銷售的方式，最重要的是，它改變了我們對自身及其他同類關係的思考。這是不可思議的，卻又駭人聽聞。看著這些亞馬遜族人以弓箭指向天空、戰士臉孔塗成紅色，捍衛著自己的樹薯園和草屋的影片，誰能不深切擔憂，當全球化披荊斬棘找上門，等待著他們的會是什麼——疾病和語言、文化的流失？又有誰能否認，這些人需要一項保障他們的全新權利：繼續不與他人接觸的權利？[5]在他們面臨全球化貪得無厭之力的脆弱中，我們也感受到自身的脆弱。

在一四九〇年代直到一九七〇年代的漫長帝國主義年代裡，有兩套關於道德全球化的基本敘事。其一是基督宗教、商業、現金交易（cash nexus）和帝國主義治理，它們勢不可擋地將全人類結合在同一套科技與道德進步的故事中。這是支撐著帝國行政官員的信心長達四百年之久的寓言，也是卡內基奉為福音的寓言，卻也是被康拉德（Joseph Conrad）的《黑暗之心》（*Heart of Darkness*）揭露並破壞的神話。[6]而在另一套以蒙田為典型，但由盧梭（Jean-Jacques Rousseau），以及從普魯東（Pierre-Joseph Proudhon）到馬克思（Karl Marx）的一系列社會主義評論者持續闡發的競爭敘事中，全球化圍繞著現金交易的邏輯統一世界，但它也粉碎了在地、傳統和方言，代之以一套由雇傭勞動和帝國主義支配組織起來的異化現代性。正是這套敘事啟發了法國大革命以降對資本主義現代性的批判，至今仍持續催生反全球化、反資本主義運動。此後我們都是按照這兩套敘事理解道德全球化的。

但這兩個版本都無助於我們明確指出，我們這時代的道德全球化有何新穎之處。

肯定不同於以往的是，今天的道德全球化是後帝國（post-imperial）的。西歐最後一個陸上帝國——葡萄牙帝國在一九七四年瓦解。世界上最後一個帝國——蘇聯則在一九九一年解體。的確，美國至今仍是全球最強國家，它的影像文化和消費仍令千百萬人愉悅，同時令其他人驚恐，但美國在一九四五年享有的支配地位，已逐漸拱手讓予其他崛起的新強國，尤其是中國。美國的結盟體系仍然堅強，軍費也持續超越競爭對手，但它的全球貿易份額卻持續下降，也讓出了全球文化霸權，而美國國民對於美國影響及支配全球化，為自身利益服務的力量也急遽失去信心。二〇一六年總統大選中，數百萬美國平民清楚表明，他們認為自己是全球化的受害者，而非受益者。

儘管對於我們今天的新帝國主義、新殖民主義有著各種閒話漫談，但這是一四九〇年代以來，史上第一次沒有帝國霸權支配全球經濟。貿易不再跟隨著國旗而擴張：市場的資本主義滲透不再以帝國政權的強制力為擔保。歷經八十年的去殖民過程，以及民族自決思想的勝利，地球上再也沒有一個國家是由白人好似天經地義的統治非白人。

世界經濟也首次包含中國和俄國，這兩個人口大國在大半個二十世紀之中，都在閉關進行嚴峻的經濟自給實驗，試圖在一國之內建成社會主義。[7]但這些在資本主義之外另建替代體系的嘗試都徹底失敗，如今整個世界都被捲進了由消費、儲蓄、投資及雇傭勞動組織起來的日常生活漩渦中。「致富光榮。」據說鄧小平這麼說過，它鮮明地闡述了當今統治著昔日的禁忌之國，乃至世界其他地方的倫理。[8]

但這並不表示我們都被吸納進入同一個道德世界。現金交易的全球化越是堅決地壓迫國族文化和生活方式，以及政治主權，民族國家及其國民的抗拒也就越堅決。反全球化的反革命發源於左翼政治勢力，他們動員起來對抗環境破壞及全球資本主義分配不均，同樣也發起於堅信資本主義摧毀傳統、國族認同及主權的右翼。

這種同時出自左翼與右翼，對全球變遷的恐懼到處顯而易見，但在過去的共產世界國家尤其強烈。在共產時期出生的千百萬人看來，現金交易的來臨摧毀了道德：他們感受到過去的生活正在消逝，一個怪異而貪婪的世界則正在形成，令他們流離失所。[9]中國和俄國政權對這種道德迷向（moral disorientation）感受的回應，是提供一黨統治的專制秩序，同時讓國門半開，允許國民到外界旅遊和體驗。這些政權並不像西方人權倡導者所相信的那樣接受權利不可分割的概念，而是將權利一分為二，允許資本主義發展所必須的私營經濟權利，同時拒絕讓人民行使政治自由權利。套用赫胥曼（Albert O. Hirschman）令人難忘的區分，他們允許叛離——旅行、去國，以及將資金存放於海外的權利——但禁止抗議。[10]

世界經濟體系匯集於資本主義周圍，但世界各國的統治者創造了各種政治權威體系，從俄國和中國的專制資本主義，到匈牙利、波蘭、土耳其的非自由多數民主制（illiberal majoritarian democracies），都設法保護自身權力不受資本主義的創造性破壞，以及資本主義催生的爭取自由要求影響。

中國和俄國政權都對一九八九年後受到廣泛採信的一個關鍵假定提出了反論，也就是資本主義和民主將會攜手並進。[11]兩國政權都將自己的存續押注在一個命題上：有節制地向全球經濟開放，可與一黨專政並行不悖。無人能確知他們是否賭對了。這兩個政權能否掌控進入全球經濟所釋放出的強烈渴望仍不明朗，正如自由資本主義的民主政體，不保證能夠成功馴服二十一世紀的全球化。

歐洲最後一個陸上帝國在一九八九年解體之後的時期，如今看來宛如錯覺插曲，其間是有可能相信，隨著封閉社會向資本主義自由開啟，自由民主的擴散也將勢不可擋。但也僅僅在那時才有可能相信，在自由民主政體之中，我們作為個人的道德生活可以被理解為進步故事的一部分，是人類漫長、顛簸卻不可阻擋的從暴政和不義中得到解放。對這套敘事的依賴如今看來純屬自欺欺人。正如俄國流亡者赫爾岑（Alexander Herzen）[12] 一百多年前說過的：歷史沒有腳本。

如今，我們也該從這樣的錯覺中解放自己了：並沒有，也不可能有單獨一條通往未來的康莊大道。二十一世紀會有眾多型態的資本主義，以及眾多試圖控制及調節其破壞能量的政治秩序的可能。在此同時，一九四五年以來全世界公認的道德秩序產生的某些轉變，似乎是不可逆轉的。通向未來的路徑或許彼此互相衝突，但世界強國至少全都在理論上同意，自決是這個後帝國世界的規範性安排。在道德意義上，自決為這個世界引進兩個劃時代的觀念：一切民族作為政治行動者，都有決定自身命運的權利，以及一切民族皆平等。人權則添加了第三個劃時代概念：所有個人皆平等。結果既產生新的國際體系，也催生新的道德安排。在一九四五年，聯合國有四十個獨立成員國，如今則有一百九十三個。不可否認，自決往往是個殘酷的玩笑。例如安哥拉就以自身的掠奪菁英取代葡萄牙統治，同樣悲慘的故事在非洲大陸一再重演，即使穩固的非洲民主政體數量也在緩慢增加。但自決一再遭受背叛，或是強國仍隨意擺布弱國的事實，都並未減弱「民族應當有權決定自身未來」這項規範的力量。從這個前提開始，其他規範隨之而來：昔日將歐洲白人統治正當化的種族位階，此後永遠失去正當性。以金錢為基礎的新位階和新排斥，取代了基於種族的位階和排斥，但關鍵事實仍然成立：我們生活在一個以民族平等為前提的後帝國世界裡。

有兩個特徵使得後帝國情境與眾不同。新科技促進了民族之間的互動：航空旅行、行動電話和網際網路，讓窮人的文化和富人的生活型態正面相遇，由此產生的妒忌、憎恨和抱負，則驅動著川流不息的貧窮國家移民，並在富裕社會內部釋放出不滿聲浪，指向過去隱而未現的不平等。新倫理原則同樣構成了富國與窮國的相遇，以及一國內部富人與窮人的相遇。新的規範性安排是這樣的觀念：每個人、每個信仰、一切種族與信條，皆應享有被聆聽的同等權利，以及決定國家政治結果的同等權利。這就是自決原則對世界的貢獻。不僅如此，「一人一票，一票一值」的民主規範，如今也構成了對世上百分之六十民主體制國家的期待。但在非民主的個人、信仰、文化和國家走進同一個空間對話時，民主規範同樣支配了道德對話。這套規範植根於聯合國的實踐之中，無論國家大小強弱，它都賦予同等的主權平等。這套規範同樣植根於國際人權法和國際人道法之中，更重要的是，它植根於全世界民族的日常社會實踐與互動之中。二十一世紀的族群生活在，或是想要生活在，一個以尊重平等為基礎的平坦道德世界。意思是，一個人人都有權說話並被聆聽的世界。新的社群媒體科技大大地賦權並實現意見平等這一願望。

最晚到了二十世紀中葉，白人在發言位階上仍優越於黑人，北方國家人民仍優越於南方國家人民，帝國掌權者也仍優越於殖民地臣民。在過去的安排下，發言取得地位並非憑藉言論本身，而是憑藉發言人身分。白種人和英語在發言位階上自動取得地位，並被賦予最高地位。如今在每一個地方，傳統上得到公認的發言位階都遭受撻伐，這正是「民粹」的定義之一。

然而我們要當心，切勿將願望與現實混為一談。帝國消亡了，但權力、影響力與資源的不對稱依舊——與新興的意見平等規範並行，且互相矛盾。時至今日，號令全球閱聽人並界定學術、政治議程的意見，仍是從倫敦、紐約和洛杉磯發出的。我們說，所有人的意見都有權被聆聽，但我們也知道，有些意見傳播更遠、影響更大，實際上僅需悄聲耳語就能貫徹自己的指令。除此之外，意見因發言者性別、種族、性向，或在帝國內置身臣屬階級而不被聆聽的時代記憶，也持續阻礙著想要以自己的名義說話的人們。

西方知識及道德權威一度掌握了全球影響力，如今他們正在學習聆聽自北京、上海、里約和孟買崛起成長的新意見及其源頭，並給予一席之地。隨著國家走向富強，其知識意見也在全球獲得聆聽。每一個地方都有先前被噤聲的群體要求並行使發言權，尤其是女性。比方說，新的協商規範如今構成了開發實務，要求聽取被影響的人們意見，無論是礦場、水庫，還是灌溉溝渠的新建計畫。

所以簡而言之，我們生活的世界被一分為二：在意見平等的規範性承諾，以及有些人的發言比其他人受到更多聆聽的現實之間。結果產生了一個易變卻活潑的情境。強者再也不能拒絕聽取無力者的意見；他們明白，要是他們不能聽取弱者的意見，就有可能失去控制。即使在中國，也沒有一個現代領導人能像毛澤東那樣對人民哭喊充耳不聞。就連在俄國，也沒有一個現代領導人能像沙皇那樣無視大眾不滿。

在後帝國的全球化之中，昔日區隔統治者和被統治者的距離也瓦解了。「臣屬種族」過去生活在帝國邊陲。如今，曾經的支配種族和臣屬種族共同生活在超多元（hyper-diverse）的全球都市中，過去的殖民者和被殖民者摩肩接踵，他們當然各自生活在自我隔離的社區，卻以一種在消亡的帝國世界遼闊疆域中不可想像的方式，一同被拋進日常生活裡。我們面臨全新的道德問題：人類如何從千百種不同出身、經歷、信仰和宗教中，創造出共享的道德作業系統？從這個新情境出發，產生一套全新詞彙，將多元的事實轉化為價值。我們對這項價值的接納卻是模稜兩可，正如下文所見，就算實際上彼此分居，我們仍然接納「共同生活」的價值。

多元本身並非新鮮事物。古羅馬就是個多元文化城市。一千年來，從馬賽（Marseille）到亞歷山卓（Alexandria）等地中海沿岸的偉大城市，也是不同文化和種族雜處、通行多種語言的交會之地。每一個帝國的政治制度都各自培養出管理並駕馭多元的體系。奧斯曼時代賦予土耳其帝國境內少數族群有限宗教自由的「宗教共同體」（millet，米列特），只不過是其中一例。[13]新穎之處在於，後帝國的多元是在「平等」這一道德前提下實行。

這個後帝國世界第二個明確可見的特徵，在於道德全球化的行動者不再是帝國公務員。他們再也不是歐洲人學校教師，不是在康拉德《黑暗之心》或歐威爾（George Orwell）《緬甸歲月》（*Burmese Days*）書中永垂於世的幻滅行政官員，更不是俘虜了和蒙田對話的巴西人的貪婪海盜們。

道德全球化的第一批新主事者，是跨國企業的主管們。他們管理供應鏈，將西非的咖啡農和西方的咖啡飲用者接合起來，也將手機使用者和每部手機內含稀土金屬的剛果生產者連結起來，把世界聯繫成一個虛擬的通訊平台。一套馬克思所謂的全球化「現金交易」，以世界強權制定的交易匯率，將陌生人結合在一起。[14]現金交易全球化恰巧與後帝國的平等規範共存共榮。

全球化的第二批主事者，則是極力將現金交易道德化的倡議者、行動者和非政府組織（NGOs）。「公民社會」取代了帝國公務員、教師和行政官員，成為普世價值的傳達者。這些仲介人要消費者明白，購買一顆由貧窮的巴基斯坦兒童縫製的足球，或一件由低薪的孟加拉女裁縫製作的T恤衫是不義的；早上的一杯廉價咖啡，是如何壓低哥倫比亞的家庭所得；或者美國政府給予富裕的美國棉花生產者的補助，是如何讓西非棉花農更加貧困。透過他們發起的商品道德採購（ethical sourcing）運動，這些道德主事者試圖在利潤邏輯驅動的全球經濟中，提升薪資和生活水準。

這些主事者使得按照道德倫理「追溯」商品原料出處，成了中產階級的時尚；他們向大型企業施加壓力，使企業加入聯合國全球契約（UN Global Compact）規範的企業社會責任原則。[15]他們推動反貪腐（anti-corruption）成為新的全球規範。全球投資基金如今也以人權、反貪腐、永續性（sustainability）作為過濾系統，評估他們在全球股市的投注。全球道德壓力對企業品牌確實產生影響，但資本主義體系的深層邏輯仍是非道德的，植根於對利潤和低成本永無休止的追尋。我們只能說，相對於卡內基的全球化一・〇，全球化二・〇的資本逐利面臨了國家前所未有的監管壓力、聯合國各機構的警惕監督，以及全球公民運動和消費者的不斷爭議。

從地緣戰略的眼光看去，道德全球化則是在帝國退場之後填補空缺的競爭。競爭十分激烈，因為至少有四大區域強權——美國、歐洲、中國和俄國——都在闡述自身政治傳統的價值，彼此爭奪對鄰近地區文化、道德及地緣政治的影響力，行有餘力則將競爭擴及全世界。

對道德全球化最好的理解，不是將它看作一股匯聚趨同的潮流，將我們全都捲入同一套現代性；它反倒是一個鬥爭現場，焦點在於現金交易能否為社會公平和正義的道德律令服務，又能服務到何種程度？以及將由哪一種文明模式界定二十一世紀的政治和道德秩序，是中國、美國或其他競爭對手？

同樣界定了我們這時代道德全球化的，還有「全球北方」和「全球南方」的市場關係，成為道德反思與動員議題的程度。自從一九七〇年皮爾森報告（Pearson Report）提交聯合國以來，已採取許多努力將富裕國家的道德責任量化，使其捐贈一定比例的財富（目標是百分之零點七）扶助貧窮國家。[16]很少有國家達到這些目標，但在一切關於發展援助是否真正幫助窮人，抑或是讓在地菁英得以自肥的辯論中，無人質疑富裕國家對貧窮國家負有一定義務的前提。同樣地，穩固民主國家的公民與移民，還有逃避饑荒、迫害和戰爭而來的難民之間的關係，也不只用由來已久的惻隱之心語言設定，更以一套新的義務語言設定，明訂於一九五一年《難民地位公約》（Refugee Convention）及其他國際移民協議之中。

自一九四五年以來，設定這些全球辯論的語言則是人權。個人權利在歷史上第一次得到世界國家體系承認。沒有哪一種表述人類善性的語言發揮過這麼大的影響力，很大一部分原因是，這套語言將每一個活在世上的人都稱作「主權個體」（sovereign individual）。[17]

當然，權利討論的歷史是從歐洲開始，但它在一九四五年之後的傳布並非歐美文化霸權運作的範例，而是恰好相反。人權傳遍全世界，是因為殖民地人民運用了這套語言詞彙，將他們反抗歐洲殖民帝國，實現國族獨立的鬥爭正當化。畢竟，新興國家在各項國際人權公約上首先標舉的第一項人權就是自決權。人權在亞非各國獨立之後傳入其中的過程，應當視為全球走向在地的過程，普世的權利討論為了取得正當性而運用了在地語言。[18]一旦獨立成功，自決這項人權有時還會繼續動搖新興國家本身。在這些新國家內部，每一個反抗多數支配、爭取自由的少數群體，也開始援引人權語言表述自己的宗旨，導致許多國家才剛取得獨立，就陷入內戰和分裂衝突。

要是考慮到去殖民的歷史發展，就不可能再把人權的全球化理解成西方文化的灌輸。人權既使國族獨立鬥爭取得正當性，有時也動搖了新生的國家結構。在亞非這些新興國家內部，遭受歧視和排斥的女性也採用權利的語言，原因並非她們想成為西方消費者，而是這套權利語言將她們視為個體；先前遭受非人待遇的少數群體，突然之間也能向社會要求接納。這些權利討論的受惠者並不想要成為西方人，他們只想要掙脫在地壓迫形式而得到解放。全球的意義如果只是西方化，就不可能走向在地，也不可能「語言在地化」。反之，國族解放鬥爭則將西方規範、在地習俗，及宗教傳統融合成自身鮮明的形式。人權的傳播正如英語的傳播：歷經調適過程，原先的通用語言吸收了在地語言的腔調和發音。[19]

第二種普世語言——國際人道法——也遵循這套語言在地化模式。比方說，紅十字會在穆斯林國家就試圖援引在地的戰士約束（warrior restraint）傳統，在國際法與《古蘭經》禁止無差別攻擊平民的誡律中尋求共通之處。[20]十字會的這項文化融合策略獲得一些成果，但作為一個西方機構，它也體認到自身文化及法律權威的限度。它在中東教導武裝衝突規範的努力，在敘利亞政權以暴行相逼，和伊斯蘭聖戰士以凶殘回敬之下化為泡影。更廣泛而言，在整個伊斯蘭世界，在其後到處接踵而來的關於伊斯蘭信仰，是愛的語言還是戰爭語言的理念交鋒中，西方理念的效力極其有限。這些實例說明了道德衝突、而非行為規範穩定趨同作為當代全球化特徵的程度。

除了人權與國際人道法的語言在地化，第三種語言——環境主義（environmentalism）——也在我們共同拯救地球的戰鬥中派上用場，組織起世界各地的鬥爭。在支撐這個視角的道德想像中，有一幅圖像發揮了強大的刺激效果：那是一張由環繞地球軌道運行的美國太空梭拍下的地球照片。這張照片在一九七〇年第一屆世界地球日製成海報問世，象徵全體人類有著共同責任關懷我們脆弱的家園。[21]從這份直覺產生了一場龐大而協調鬆散、內部矛盾但持久不衰的運動，要從貪婪、浪費和政治愚昧之中搶救地球。環境主義是道德全球化實際運行的範例，但也同時暴露了全球化的局限。這場運動在願意減少碳排放的富裕國家和不願或不能減少排放的貧窮國家，彼此的衝突中寸步難行。共同家園的道德景象浮現了，但就連願意接受這幅景象的國家，也不肯付出有效行動所需的特定犧牲。在此也是一樣，至少就抽象概念而言，全球價值的匯聚趨同未能減輕，反倒加劇了環境責任問題上的政治衝突。

而在人權、人道法、環境主義等世俗語言之外，還應該補上第四種語言：全球連帶（global solidarity）的宗教語言。

基督教的早期教父，尤其是保祿，在努力將一個處境艱困的猶太異端信仰傳入希臘羅馬世界時，精心設計出一種普世道德訴求的語言，感動男女眾生長達兩千年。我們在聖保祿的《加拉太書》（三章二十八節）中讀到：「並不分猶太人、希利尼人、自主的、為奴的、或男或女，因為你們在基督耶穌裡，都成為一了。」

基督宗教的普世主義，當然不是唯一一種四海之內皆兄弟的宗教語言。一般而言，訴諸人類普遍性的宗教語言是最古老的，它們或許也證明是最持久的語言，能讓人類在其中接受彼此的共同身分。就機構而言，天主教（Catholic Christianity）至今仍是基督宗教的道德全球化語言最有力的繼承者，它以非洲、亞洲和拉丁美洲的新進信徒，替代歐洲和北美洲衰減的會眾。教宗吸引會眾參與彌撒，這些彌撒是傳統基督宗教禮儀和搖滾音樂會的錯綜複合體，信友們則在其中聆聽宗座不屈不撓地向製造破壞，且異化社會的全球資本主義體制發出的道德挑戰。[22]重振旗鼓的天主教會作為全球化的批判者獲得了新的能量，但也同時激化了它與捍衛女性、同性戀，及跨性別群體權利的世俗道德之間的衝突。在此又一次看到，宗教機構與世俗運動互相爭奪著全世界的關注和尊重，當利害關係如此巨大，任何一方的道德折衷都形同背叛。

另一個重要的全球信仰——伊斯蘭教同樣是全球化的化身，但它發表一致意見的威信卻遭受損害。在二十一世紀推行伊斯蘭之道的競爭，領先地位已落入激進聖戰士手中。他們得到社群媒體賦權，並被行動獲得的宣傳振奮。把聖戰士當成全球化的化身或許惹人討厭，但這正是他們夢寐以求的，他們要動搖異教徒的自信，將伊斯蘭共同體（umma，烏瑪）中尋求激進出路對抗世俗主義、現金交易，及資本主義消費的所有人動員起來。他們樂意以殺戮實現的新世界，是一個神聖哈里發國，與不信者在一切現代性試探之中共同生活的壓力，在這個國度中都會被徹底清除，好讓他們專心致志等待天堂。從聖貝納迪諾（San Bernadino）、尼斯到巴黎，他們發動在地攻擊，但追求全球性的影響。他們不共戴天的死敵，則是提倡人權、寬容和自由民主的道德主事者。

這些是舊的和新的行動者——世俗、宗教、學術和社會行動——他們都在奮力競爭著，試圖界定要由哪一種道德全球化語言形塑我們這時代特有的美德。

為了回應這些趨勢，並向世俗主義提供支持，大學校園中的理論家設法以大學校園裡道德理論的語言，將一套全球倫理組織起來。這套單數形式的全球倫理在學院之外發揮強大影響力。它逐漸形塑世界各地的跨國行動主義。理論家試圖去設想，倘若我們承認全體人類都擁有同樣的道德關懷，並且共同棲身於同一個地球，道德責任應當是什麼模樣。這種觀點可稱作「無處之見」（view from nowhere）或「無特定來由的觀點」（the view from nowhere in particular）。[23]

無處之見產生強大影響力，正因為其運作與通常的道德直覺相反。道德生活是與劃定界線相關的，相對於「他們」是誰而界定出我們是誰。而世界一家（One-world）的倫理視角，則要求我們論證自己天生的偏心。這正是我們試圖援引的觀點，例如，當我們說自己是在「無知之幕」阻隔下進行推理，被迫在無法預知自身社會處境會變成如何的情況下，設想正義應有的樣貌。世界一家倫理也援引古代的「自然權利」傳統，要求一套所有人類在任何情境下都應當能夠仰仗的自然生存權。[24]

全球道德論者已一再質問，為何國家應當有權將簽證和移民配額強加於一部分人類，而非全體人類；為何國家有權驅逐非公民；以及為何國家在全球資源分配上，有權優待自身公民勝過他國人民。[25]道德哲學家則主張，將全球資源依照個人恰巧出身的國家分配給個人，是把道德運氣運用得太過分了。[26]其他哲學家也運用全球論理，想出一個道德理性的方法，分攤對氣候變遷問題採取行動的責任。[27]

這套世界一家視角也為每一個地方的公民社會、非政府組織，提供同一套道德詞彙。它是一股針對金錢交易的全球化，以及國家、跨國公司和國族共同體，違背全人類共同利益的行使權力方式，堅持不懈的批判聲音。

但作為一項政治活動，世界一家視角卻得不到多大進展。國家並未更趨近於一套分攤氣候變遷問題行動責任的道德理性方式。各國仍在強加移民配額，只有極少數國家履行過他們對世上最貧窮國家的全球正義責任。

全球道德論者將全球理性的失敗歸咎於自私的國族利益，但問題的根源其實更深。全球化並未減緩、反倒加劇普世原則與民主自治之間的衝突。絕大多數民主國家的國民都認為，經由民主程序決定的自身利益，「理當」優先於他國人民的利益。至少在行使普選權的國家中，這種觀點是民主和正義的衝突，以及我們賦予民族自決權利的價值，和賦予一切個人抽象正義的價值衝突的其中一種徵狀。

以賽亞・柏林（Isaiah Berlin）很久以前就注意到，一切美好的價值不可能同時享有。[28]正義與民主、正義與慈悲、自由與平等之間的衝突，只是我們所珍視的價值內在衝突的其中幾種。考慮到這些衝突，單一全球倫理是不是一個連貫一致的想法，甚至也不那麼清楚明白了。它當然不可能發展成一套毫無矛盾的道德善性序列。反之，它更適合被理解成一個爭論現場，特定社會的正義在普世訴求之前挺身為自己辯護。無處不在地向強權的自我論證提出考驗，要是這些強權因此坐立難安，那就再好不過了。

在一去不復返的那個人類只能徒步和騎馬旅行的世界裡，道德隔絕是可以想見的；但在全球化的世界裡，我們卻無福享受道德封閉。我們不斷被要求為自己解釋。反對我們的抗辯是不可避免的。在世界任何一個地方，任何人就算只是離家不遠，都注定要穿透他們視為當然的道德世界隔膜，進入另一個部族、信仰或族群的道德隔膜中。不論在地或全球，倫理體系也在彼此競爭，它們不斷召喚信眾、極力爭取懷疑者並抵擋攻擊。道德宇宙從來不是彼此分離的：每一個都在彼此進行對話以解釋自身。

必須理解的重點在於，來自不同文化與信念體系的一般人，在具體的道德原則問題上彼此遭遇時，他們實際上會怎麼做。宗教與世俗原則、環境與利潤、在地傳統與普世原則之間的這些重大衝突，是如何在一般人每天的生活中展開？他們的道德交往本質是什麼？他們如何理解彼此？當他們意見不同，紛爭開始時，又會發生什麼事？

換言之，在全球化的時代中，我們如何協調彼此的差異，倘若我們所能依循的是這樣一套普世通用的程序：所有人類都有權受到尊重，意見被公平聽取，沒有任何人的觀點因種族、性別、宗教、信條、收入或國籍而比其他人更優越？這是我們全球道德對話的起始問題。

我們首先要問的不是道德全球化有沒有發生，而是它形塑了誰的道德實踐。其他學者的研究早已確認，人權至今仍是一種「菁英話語」，是一層勢力雄厚、但分布稀薄的有教養中產階級，或上流中產階級知識分子、大學教師、學生、行動者、新聞記者及官僚的通用語言。[29]事實上，這些人也正是我在哈佛大學人權課程教過的學生。我從他們身上親眼看見，人權和全球倫理是何等深刻地形塑他們的志向、道德連帶和忠誠，他們不再只效忠自己的祖國，同時也矢志獻身於全球公民社會的遠大事業：戰爭、移民、全球不平等、貧窮和氣候變遷。

在我深受這些令人刮目相看的世界主義青年教益之際，我也要追問一些他們無法解答的問題。我的問題是：道德全球化是否也擴及到，隔絕於他們的特權社會階層之外的社會群體，以及它如何形塑世界各地一般人的道德實踐。我所謂的「一般人」並不專指哪一個特定階級或社會地位，我當然也無意給予「平民百姓」任何道德特權，那樣的特權是民粹政治人物在談論一般人被自由派菁英忽視時經常提供的。我純粹是指，並未支薪從事抽象思考或以社會運動維持生計，日常事務也不涉及經常運用人權或道德哲學，作為工作方法（modus operandi）的任何一個人，那可能同時包含富人和窮人在內。正因如此，我們才特意走出會議室和教師休息室，來到街頭。我們的卡內基倫理對話，帶領我們走進四個大陸的社區中心、貧民區、警察局、修道院、宗教場所，和貧困街區。

我想要查明如此定義下的一般人，是以什麼樣的方式釐清日常生活中，全球和在地訴求的互相衝突。我們的研究成了切身的社會學和人類學倫理實踐。換言之，我們的焦點並非人們「應當」具有哪些共通點，而是當他們在生活中面臨道德壓力時，事實上「具有」哪些共通點。

結果顯示，這些壓力的第一種來自當代史的動力本身。突然迸發、令人暈頭轉向，且地動山搖的轉變，是我們這個後帝國全球化時代的決定性特徵。轉變帶給人類的驚懼和興奮總是相等的，但只有在近代國家的時代中，人類才相信自己能夠控制決定人生的歷史力量。在歐洲對外擴張的帝國主義時期，至少在帝國首都是有可能相信帝國的君主、特工和公務員掌控一切的。而在一九八九年後確立的後帝國版本中，前所未見的則是無人掌控局面的焦慮。後帝國時代恰好與國家意義被理解的深層轉變同時發生。一九四五年時，由於戰時動員的經驗，羅斯福（Franklin D. Roosevelt）的美國、艾德禮（Clement Atlee）的英國，還有在另一種意義下史達林（Joseph Stalin）的俄國，全都證明了一個新的國家概念：國家作為無處不在的安全與公共財（public goods）提供者，以及社會和經濟轉變的關鍵驅動者。法文詞彙「福利國家」（l'État providence）概括了國家政府，自第二次世界大戰興起的包羅萬有的抱負。[30]而在二〇一六年的今天，已經很難找到有誰還這樣看待國家了。它再也不是推動改革的主要火車頭，也不再自我授權保護人民抗拒全球化。自從一九七〇年代以來，所有這些抱負全都削弱了，一部分是因為國家實在沒有能力履行，另一部分則是因為國家的能力被保守勢力的反革命給削弱了，我們由此會立刻聯想到柴契爾夫人（Margaret Thatcher）和雷根（Ronald Reagen）。保守勢力如此削弱國家的一個弔詭結果，是讓一些最擁護「讓政府少管我們的事」（get the government off our backs）這種思想的選民，如今吵著要國家保護，阻擋全球化競爭這股不受歡迎的力量。但國家再也沒有扮演世俗天命（secular providence）的能力與抱負。一如所有其他社會行動者，國家也試著衝過技術、科學和社會轉變的浪頭平安靠岸，保住自身的權力、收益與能力。對國家、對帝國首都的先見之明，乃至對遠方傳來命令的這一切信心，如今全都消退了，就連在強健福利國家的富裕社會裡也是這樣。我們如今全都面臨轉變，擺脫某人在某處掌控全局這樣的錯覺或幻想。我們全都得靠自己、憑機智求生，或許只有最得天獨厚的人還保持著全球化能任由自己驅使，而不致驅使自己的信心。

在我們的所有對話中，起始條件都是如何理解轉變：巴西爆炸性的經濟成長與貪腐；洛杉磯和紐約超多元的人口遷移；日本福島海嘯與核災的餘波；緬甸從軍人統治走向民主的漫長轉型；南非由曼德拉（Nelson Mandela）建立的「彩虹國度」支離破碎；波士尼亞向族群衝突倒退的急轉直下。

與我們談話的人們從未將他們私人的困境，與他們置身其中的更廣泛社會衝突脈絡切割開來。人類義務與道德推理的通則概論，對他們幾乎毫無意義：脈絡才是一切。在每個地方，當我們的對話夥伴費力回答他們在日常生活中與之拚搏的問題時，我們都注意聆聽其中的共同倫理語言。

由此產生的這本書聚焦於一般人的平凡美德，因為這些美德——信任、寬容、原諒、和解，以及韌性——是從我們的所有對話中浮現出來的共同線索。我所謂的平凡是指尋常及日常，相對於英勇及特殊而言。我也以平凡意指不經反思及不假思索，相對於有目的及有正當理由而言。而我所謂的美德則是一種生活技能，由經驗累積所得的實踐，而非道德判斷的行使或深思熟慮的舉動。

我們發現，人類共同擁有的是美德，其定義為在道德行為及洞察中習得的實用技能，本身並非共享的價值。無論我們走到哪裡，無論我們努力跨越哪一種語言障礙，我們都能認出我們所見的慷慨。它不需要翻譯。我們覺得自己受到信任，即使我們無法解釋這份信任何以賦予我們。當我們感覺自己受到接納，任何言語都是不需要的。我們就是覺得自己受到歡迎。[31]

儘管仍有一些普世通行的道德，例如不可殺人、不可偷盜、不可作假見證、不可與直系親屬發生性關係，但它們都只界定了道德容許範圍的外緣邊界，而非決定了絕大多數人必須做出的日常選擇的那個精細核心。而我們試圖洞悉的正是這個做出精細選擇的核心。

我們要問，人權之類的全球規範是如何在每一天的道德假定中發揮作用？對於我們在漫長的全球旅程中對話的大多數人而言，人權主要是作為一種不成熟的信念進入他們的道德視角，也就是全體人類作為個體一律平等。我們的與談人通常是十分貧困的人，他們這麼說的意思是指意見平等。他們並未將同等發言權和被聆聽的同等權力混為一談，他們也並未天真地以為意見平等就能帶來機會平等，更不用說結果平等了。但兼具民族和個人身分的他們確實感受到，他們的意見應當算數。而他們這麼說的意思是更原初的：我很重要。我不是垃圾。我是人。從這些假定開始，產生了大規模的結果：有錢人不能把我當成爛泥。我向警察求助時，警察不該打我。有錢的外國人來到我家門口——比如這些卡內基研究會的人——他們應當徵求我的意見，這樣才對。這種對於平等的規範性假定，在漫長的全球化歷史裡是首開先例的。

我們正處在一個全新的道德時代，追求平等的鬥爭在這時代中產生了要求接受和承認的呼喊，有時很暴烈。我們行經的每個地方，對平等道德價值的肯定都顯而易見，但它並不總是決定在此時此地把事情做對的日常鬥爭之主音。美德在此展現出在地的面貌。我們遇見的人們並不尋求可用的普世價值，反而僅只是努力在日常生活中盡其所能實踐平凡的美德。無論人們對於具體議題的想法有著多大差異，他們都理所當然認為，人生是持續不斷以道德詞彙論證及解釋自身的努力。這種道德論證（moral justification）的行使並非抽象性和理論性的，而是強烈實用、具有前後脈絡且在地的。他們試圖論證自己的對象並非一般大眾，而是在地的親人、朋友、鄰居及其他重要的人。結果顯示，在地的、有前後脈絡、非意識型態並且反理論的平凡美德，成了超多元大都市以及自波士尼亞到緬甸的小型社區，共同採用的道德作業系統。

而我使用「道德作業系統」一詞，並不是在做神經學上的斷言，把道德推理說成了和電腦電路或軟體系統一樣不可改變。我是在隱喻意義上用這個詞的，以捕捉平凡美德默示而不言自明的性質，再加上另一層意義：它們所創造的道德秩序成了共享的公共財，就像開放原始碼（open source code）那樣，所有人皆可運用，但並不由任何單一個人創作或持有。

平凡美德並不做概括。它並未忘記或忽視差異；不太留意在我們所有多元差異之下的人；對道德的一致性不感興趣；在與他人來往時作為一種有條有理的假定而運行，以實現相互尊重（live and let live），但面臨威脅時卻又退縮成對個人所屬群體的忠誠；既是反意識型態的，也是反政治的；偏愛家人和朋友多過陌生人及其他公民；對生命充滿希望，沒有太多關於未來的形上學，往往在遭遇逆境時展現出乎意料的韌性；最後，它相信倫理並非抽象概念，而恰恰是個人的所做所為和生活方式，盡己所能的展現美德，則是人類生命的意義與目的。

正如五百年前蒙田說過的，平凡的美德是與貪婪、肉欲、嫉妒和仇恨這些平凡罪惡的鬥爭。[32]而在異乎尋常的惡行面前，平凡美德也有可能束手無策。比方說，面對恐怖主義，平凡美德或許就是靜默而虛弱的。但在度過暴力和殘忍的危機之後，執行重建工作的卻正是平凡美德，它重新建立起信任與韌性的網絡，沒有這些網絡，正常生活就無以為繼了。

倘若平凡的美德才是人類真正共享的事物，即使有著一切差異也能在彼此身上認知到，那麼還有兩個關鍵的問題：這些美德成長茁壯需要什麼？這些美德能在什麼樣的機制條件下養成，又會在怎樣的政治環境中衰敗？這些問題既可上溯到西塞羅（Cicero）對羅馬共和國貪汙腐敗的反思，也仍普遍存在於現代發展經濟學中的「制度轉向」（institutional turn）。[33]倘若一個正派社會的考驗在於它允許人們輕易展現這些美德，我們需要創造出什麼樣的政策和機制，才能讓這些美德繼續保持日常平凡？我們在這趟旅程裡見證了美德與機制關係的急轉直下，證實了當菁英變得邪惡而掠奪成性，良好的機制也無法拯救共和國。曾經有人說過：規則是為了那些沒有人格的人。一個被規則統治的共和國大禍臨頭了，換言之，也就是被沒有人格的人統治。

我們在旅途中也發現反之亦然：良好的機制在擁有美德的公民支持下，可以阻止菁英向掠奪自肥墮落。良好的機制可以為美德提振勇氣，激起修復和更新的向上提升。

本書試圖經由觀察南非、波士尼亞、巴西、緬甸等持續在艱困環境中掙扎，試圖建立良好機制的社會，讓我們更深入理解美德與機制的關係。因此，本書是對美德在不義、危險，和不確定世界中運行方式的分析，也是對人們在艱難處境中如何再造美德和道德秩序的研究。寫作宗旨則是協助我們所有人理解在一個後帝國全球社會生活的意義，並認識平凡的美德如何為我們和其他共享這個脆弱星球的人類，提供共同目標。

1 Kate Hallgren, *Toward Peace with Justice: One Hundred Years of the Carnegie Council* (New York: Carnegie Council, 2014).

2 Andrew Carnegie, *The Autobiography of Andrew Carnegie and the Gospel of Wealth* (New York: Signet Classics, 2006); David Nasaw, *Andrew Carnegie* (New York: Penguin Press, 2006).

3 Jonathan Spence, *The Memory Palace of Matteo Ricci* (London: Penguin, 1985).

4 Michel de Montaigne, "Of Cannibals," in *The Complete Works,* ed. Donald M. Frame (1948; repr., New York: Everyman's Library, 2003), 31, 182–194. 譯注：中譯版本可參看蒙田著，丁步洲等譯，《蒙田隨筆全集》（台北：台灣商務，一九九七），上卷，〈第三十一章：話說食人部落〉，頁二五一—二六五。

5 "Uncontacted Tribe: Extraordinary Aerial Footage," Survival International, http://www.survivalinternational.org .

6 Joseph Conrad, *Heart of Darkness* (1899; New York: Norton, 2006).

7 Karl Popper, *The Open Society and Its Enemies,* 5th ed. (1945; London: Routledge, 2002).

8 Isabel Hilton, "China's Economic Reforms Have Let Party Leaders and their Families Get Rich," *The Guardian,* October 26, 2012, https://www.theguardian.com/commentisfree/2012/oct/26/china-economic-reforms-leaders-rich . 倫敦國王學院的艾華（Eva Pils）向我指出，中共官方版本的鄧小平說法是「讓一部分人先富起來」。

9 Svetlana Alexievich, *Second-Hand Time,* trans. Bela Shayevich (London: Fitzcarraldo Editions, 2016).

10 Albert O. Hirschman, *Exit, Voice and Loyalty* (Cambridge, MA: Harvard University Press, 1970).

11 Francis Fukuyama, *The End of History and the Last Man* (New York: Avon Books, 1992).

12 譯注：一八一二—一八七〇，俄國文學家、思想家，後世譽為「俄國社會主義之父」，主張以農村公社為基礎，實行自治和平均地權。曾因反對沙皇專制而被流放，三十五歲之後移居西歐，在海外出版鼓吹社會革命的刊物和論著傳回國內，對俄國文學和社會產生重大影響。

13 Emrah Sahin, "Ottoman Institutions, Millet System: 1250 to 1920: Middle East," in *Cultural Sociology of the Middle East, Asia, and Africa: An Encyclopedia*, ed. Andrea L. Stanton, Edward Ramsamy, Peter J. Seybolt, and Carolyn M. Elliott (New York: Sage, 2012).

14 Karl Marx and Friedrich Engels, *The Communist Manifesto* (1848).

15 "Breakthrough Innovation for the SDGs," UN Global Compact, https://www.unglobalcompact.org；John Ruggie, *Just Business: Multinational Corporations and Human Rights* (New York: Norton, 2015).

16 "The 0.7% ODA / GNI Target: A History," Lester B. Pearson Partners in Development — Report of the Commission on International Development (New York: United Nations, 1970), http://www.oecd.org/dac/stats/the07odagnitarget-ahistory.htm.

17 Michael Ignatieff, *Human Rights as Politics and Idolatry* (Princeton, NJ: Princeton University Press, 2000); Samuel Moyn, *The Last Utopia: Human Rights in History* (Cambridge, MA: Harvard University Press, 2012).

18 我從 Sally Engle Merry, *Human Rights and Gender Violence: Translating International Law into Local Justice* (Chicago: University of Chicago Press, 2006) 借用了語言在地化（vernacularization）的觀念。

19 Robert McCrum, Robert MacNeil, and William Cran, *The Story of English*, 3rd rev. ed. (London: Penguin,

2002).

20 Michael Ignatieff, The Warrior's Honor: Ethnic War and the Modern Conscience (New York: Metropolitan, 1998).

21 "The History of Earth Day," Earth Day Network, http://www.earthday.org/about/the-history-of-earth-day/ .

22 Pope Francis, "Laudato Si: Encyclical Letter of the Holy Father Francis on Care for Our Common Home" (2015), http://w2.vatican.va/content/francesco/en/encyclicals/documents/papa-francesco_20150524_enciclica- laudato-si.html .

23 Thomas Nagel, *The View from Nowhere* (New York: Oxford University Press, 1989).

24 當然，「無知之幕」指的是羅爾斯（John Rawls）採取的著名探索，見John Rawls in *A Theory of Justice* (Cambridge, MA: Belknap Press, 1972)。關於他的正義理論在全球得到的運用，見John Rawls, *The Law of Peoples* (Cambridge, MA: Harvard University Press, 1999).

25 Thomas Hurka, "The Justification of National Partiality," in The Morality of Nationalism, ed. Robert McKim and Jeff McMahan (New York: Oxford University Press, 1997), 139–157; Joseph Carens, "Aliens and Citizens: The Case for Open Borders," Review *of Politics* 49, no.2 (1987):251-273; Michael Blake, "Distributive Justice, State Coercion, and Autonomy," *Philosophy and Public Affairs* 30, no. 3 (2001): 257-296; and Michael Walzer, "The Distribution of Membership," in *Boundaries,* ed. Peter Brown and Henry Shue (Totowa, NJ: Rowman and Littlefield, 1981), 1-35.

26 Henry Shue, *Basic Rights: Subsistence, Affluence, and U.S. Foreign Policy* (Princeton, NJ: Princeton University Press, 1980); Thomas Pogge, "Assisting the Global Poor," in *The Ethics of Assistance,* ed. Deen K. Chatterjee, (Cambridge: Cambridge University Press, 2004), 260–288; and Peter Singer, "Famine,

Affluence, and Morality," *Philosophy and Public Affairs* 1, no.3 (1972): 229–243.

27 Peter Singer, *One World: The Ethics of Globalization,* Terry Lectures (New Haven, CT: Yale University Press, 2002).

28 Isaiah Berlin, "Two Concepts of Liberty," in *The Proper Study of Mankind: An Anthology of Essays,* ed. Henry Hardy and Roger Hausheer (London: Chatto and Windus, 1997), 191-243. 對柏林論點的異議，參看Ronald Dworkin, *Justice for Hedgehogs* (Cambridge, MA: Harvard University Press, 2011).

29 James Ron and David Crow, "Who Trusts Local Human Rights Organizations? Evidence from Three World Regions," *Human Rights Quarterly* 37, no.1 (2015): 188–239.

30 Pierre Rosanvallon, *La Crise de l'Etat Providence* (Paris: Seuil, 1981).

31 Julia Annas, *Intelligent Virtue* (Oxford: Oxford University Press, 2011); Clifford Williams, ed., *Personal Virtues: Introductory Essays* (London: Palgrave Macmillan, 2005); Onora O'Neill, *Towards Justice and Virtue: A Constructive Account of Practical Reasoning* (New York: Cambridge University Press, 1996).

32 Montaigne, "Of Cruelty," in *Complete Works*, 372–386; 另見Judith N. Shklar, "Putting Cruelty First," in *Ordinary Vices* (Cambridge, MA: Harvard University Press, 1984), 7-45. 譯注：蒙田之言可參看蒙田著，馬振騁等譯，《蒙田隨筆全集》，中冊，〈第十一章：論殘忍〉，頁九八—一一四。又，台灣商務版《蒙田隨筆全集》中譯本將virtue譯為「德操」。

33 Daron Acemoglu and J. A. Robinson, *Why Nations Fail: The Origins of Power, Prosperity, and Poverty* (New York: Norton, 2012); Dani Rodrik, *The Globalization Paradox: Democracy and the Future of the Global Economy* (New York: Norton, 2011); *One Economics, Many Recipes: Globalization, Institutions and Economic Growth* (Princeton, NJ: Princeton University Press, 2009); Dani Rodrik, Arvind

Subramanian, and Francesco Trebbi, "Institutions Rule: The Primacy of Institutions over Geography and Integration in Economic Development," NBER Working Paper 9305 (Cambridge, MA: National Bureau of Economic Research, 2002).

第一章

紐約，傑克遜高地——多元廣場

從曼哈頓中城區東六十四街卡內基協會的褐砂石建築，前往皇后區的傑克遜高地（Jackson Heights, Queens），搭乘地鐵需要四十五分鐘。這是由當代全球化的一種現實前往另一種現實的一段旅程。在曼哈頓中城，世上的天之驕子們競爭著最好的職缺、學歷、公寓、餐廳座席，還有音樂會和劇場的門票。[1]在這些圈子裡，後種族與後帝國的世界主義是很容易琅琅上口的共通語言。對於稀缺地位財（positional goods）的競爭十分激烈，但它被理解成一場勢均力敵的戰爭。這是共享同一套全球作業系統的熟練個人，也就是世界主義菁英們的競爭性個人主義之間的競賽。我在研究所教過許多這樣的年輕男女；他們來自全球各國，全都被引導著相信他們的決心、智力與技能不應受到任何阻礙，無論是種族、信條、性別還是出身。對於我教過的許多外國學生來說，紐約是他們夢寐以求的目的地，因為那兒的大學、企業、醫院和學校，都比世界上任何其他地方更徹底遵照這套世界主義準則運行。[2]

幾乎無庸置疑，這套包容平等和競爭性個人主義的道德準則，對紐約這樣的全球大都市所孕育的許多創新和成長都是重要的。但這套世界主義準則還有另一個道德影響：只要競爭者認為競爭是公平的，只要沒有確鑿證據證明自己的成就因出身和個人特質受到阻礙，那麼競爭者也就傾向於認為，由此產生的特權分配必定也會是公平的。由於這種非預期的方式，機會平等到頭來反而開脫了嚴重不平等的結果。但這套競爭性世界主義的道德秩序作為主宰曼哈頓的道德秩序，卻連它的受惠者都未必認為有說服力。正如我從自己的學生身上發現的，全球化將他們從遠方卑微的生長背景提拔到聲名顯赫的地位，但他們仍是全球化最強烈的批判者，尤其批判全球化留下的新型態不平等和排斥。我的這些學生為全球化替他們在曼哈頓實現的多元文化機會辯護，但他們仍敏銳察覺到，還有數不清的人被排除在外。

皇后區的傑克遜高地呈現出全球化的另一張面孔，這是一個移民世界主義危機四伏的世界，在這裡的鬥爭是要抵達、落腳，踩上社會的最低階，並且向上爬。[3]這些從社會底層起步的人們，或許比高踞頂層的人們更不受全球化城市的美德垂青，但對他們來說，這座城市也必須信守某些道德承諾，最重要的是攀爬和向上提升的機會。

我們從曼哈頓前往傑克遜高地的旅程，最後到達一處荒涼的廣場，某些富有正義感的市政官員決定將它命名為「多元廣場」（Diversity Plaza）。它一面以一九一七年落成啟用，至今無甚變遷的高架地鐵站（the El stop）綠色鐵橋為界，另一面則是一座昔日的寶萊塢電影院，如今改裝為通宵營業的食品超市，以及一排單層店面，招牌上宣傳著向日葵駕訓班、尼泊爾之家、尼泊爾旅行社、IME匯款業務、拉拉集團（Ra Ra Group）、馬札貝爾基金會（Fundacion Mazabel）、新曼卡美容院、布朗陸海軍服飾店（Brown's Army & Navy）、拉丁納藥局（Farmacia Latina），以及穆克希爾理髮店（Al Muqsir's Barber Shop）。廣場中央有幾支雨傘遮蓋住兩把白色塑膠椅。我們在一個飄著細雨的平常日早上九點到達時，多元廣場空無一人。

轉過街角，一家孟加拉咖啡店的老闆為我送上甜奶茶和咖哩角，櫃台後方的電視機持續重播歡快的寶萊塢音樂劇歌曲；收銀機後的十幾歲女孩以英語和我們交談，她的父親則以烏爾都母語和計程車司機談話。而在對街，錢莊貸款公司（Money Marts）已經開始兌現支票，並把匯款寄回世界各個角落的國家。正對著多元廣場的小店，以英語、西班牙語、烏爾都語及其他十幾種字體和語言，宣傳著理髮、按摩、廉租公寓、房地產和公證人；小餐館則提供來自尼泊爾、哥倫比亞、宏都拉斯、印度、中國、韓國和多明尼加的料理。

走在傑克遜高地的街頭，族群特性主要是由女性服裝表現，這個特性每過一個街區都會變化。其中一個街角的女性戴著頭巾（hijab），下一個街角是牛仔褲，到了第三個街角則是正統猶太人的假髮和全身連衣裙。食物也是族群區域的另一個標記。一家食品店供應牙買加的菜蕉（plantain），下一家的綠葉蔬菜則都是中國的。每個人看來都知道哪個街區是多明尼加人的、哪個是宏都拉斯人的、哪個是尼泊爾人的。對於地盤和可資防禦空間的超敏感似乎影響所有人。人們似乎在腦海裡記牢一張房地產地圖，每個街區都標記粗估的房價，因為這是決定哪一塊城市地盤由誰取得的基本經濟學。空氣中充滿幾十種不同語言的對話，不過大致說來，語言以類聚一如人以群分，各自分布在不同鄰里。在此同時，隨著居民逐漸富裕，社會地位提升並遷往他處，更貧窮、更晚到的人們取而代之，地盤也不斷易手。

共同生活在皇后區這個角落的不同種族、族群和宗教群體，比起美國其他任何郡縣都更多。[4]皇后區居民有百分之四十七出生在他國，百分之五十六的家庭並非以英語為母語。來自多種不同種族和宗教背景的白人比例僅僅過半，此外則是西班牙裔、黑人和亞裔。[5]在這個地區有十二所印度教寺廟，兩座錫克教謁師所（gurdwara），數間清真寺，日本、中國和韓國的佛寺，一間道觀，韓國基督教會，拉丁美洲福音教會，法輪功修行者，耶和華見證人的聖殿，摩門教堂，還有紐約市最古老的幾座聖公會教堂和正統猶太會堂。[6]

我在數日之內和社區組織者、在地政治人物、警察、都市理論家，還有在地的過路人談話。我一再詢問同一個問題：一個如此多元的地方是靠什麼維繫的？共通點會是什麼？這個問題在大多數人聽來都感到有些奇怪：它「就是」維繫起來了，即使沒人能說得清楚維繫的方式。

傑克遜高地對於二十一世紀全球化的意義，一如紐約下東城（Lower East Side）對於卡內基時代的全球化。那時一如現在，新科技加上運費降低，以及重新來過的誘人吸引力，召喚著數百萬人登陸美國。那時一如現在，九十一街卡內基宅第與果園街（Orchard Street）的廉價公寓之間的距離，也一如東六十四街與多元廣場之間那樣遙遠。[7]在卡內基的時代，移民在美國人口之中的比例實際上是史上最高，將近百分之十五，儘管目前的百分之十三也已相當接近。[8]但相較於下東城的語言是意第緒語、波蘭語、德語和義大利語，今天在傑克遜高地上使用的則是世界各地的語言，逐漸通行的則是華語和西班牙語。那時一如現在，最重要的問題是都市日常互動交流的秩序，要如何從這麼驚人的多元當中創造出來。

這既是社會學問題，也是道德問題。多元要發揮作用，必須要有一套心照不宣的互相接納準則，而對於傑克遜高地這個收留移民全無間斷的地方，必定也有一套心照不宣的歡迎準則。關於傑克遜高地的道德準則，人們首先注意到的是，官方明文規定的反移民歧視已經成為過去，這正是當代紐約與卡內基時代的差別所在。在卡內基的時代，來自東歐各國的猶太人必須對抗露骨的反猶主義才能打進美國人的生活，義大利人要和反天主教偏見抗爭，黑人則面臨了禁止他們租屋的種族限制條款（racial covenants）。[9]在一九二〇到一九六五年間，美國運用國籍配額禁止一切非白人的移民。直到一九六五年，哈特－塞勒移民和國籍法案（Hart-Celler Immigration and Migration Act）才廢止這些配額。詹森總統（Lyndon Johnson）來到紐約的自由女神像前，宣告國籍出身系統是「殘酷而持久的過錯」。[10]說句公道話，沒人想像得到廢除限額的後果，但其影響十分深遠。按照一位學者的說法：「既未受人要求，亦非任何人有意為之」，美國在過去短短五十年間就經由人口的多元而迎來全球化。[11]

傑克遜高地的多元，也是民權運動後人人平等制度下的產物。在金恩博士（Martin Luther King）成功推動修正《投票權法》（Voting Rights Act），以及同一時間移民種族配額廢除之際，很少人意識到這將為美國都市開創全新的多元道德經濟，但它確實做到了。這當然是出色的成就，但它提升了道德標準：結果，移民和地主兩個共同體都以不同方式體驗了多元，在卡內基時代被當作進入新社會的代價而不得不接受的輕蔑、排除和歧視，此時全都變得敏感。

多元城市的道德經濟最受爭議的現場，則是警察與社區的關係。我們在一個相對平靜的時期來到傑克遜高地，但這樣的平靜隨後就被打破了：二〇一四年七月，加納（Eric Garner）在史塔登島（Staten Island）因販賣未稅的單支香菸遭到逮捕。這小小的違法行為卻引發嚴重後果。逮捕他的警察以鎖喉動作將他壓制在地上，在他低聲呼喊「我喘不過氣，我喘不過氣」之後仍不鬆手，驚嚇的旁觀者表示，他至少說了九次。一小時後他死於醫院。日後被稱做「黑人的命也是命」（Black Lives Matter）的運動之所以爆發，至少可以回溯到加納之死。

警察公正執法是一座全球城市道德經濟的絕對必要條件（sine qua non）。只要移民及其子孫相信還有一條向上提升的出路，貧窮和經濟不平等都還可以忍受。但警察濫權卻是對基本道德預期的冒犯：這是對一切公民階級、學校公民課程，以及國慶紀念演說所提倡信條的嘲弄。沒有一個社會調和自身崇高理想與社會現實的困難比美國更持久，也沒有一個社會對於自身理念實際意義的爭論比美國更激烈。倘若公正是警察與社區關係所遵循的規範，警察和這個社區所認定的公正就是不同的兩回事。這種認知分裂的其中一個小樣本，在我和紐約市警察局社區關係組的一位葉門裔警員談話時浮現出來。對警方而言，滲透紐約的清真寺是預先偵防及遏阻恐怖活動必不可少的；但對會眾來說，這是種擾人且具羞辱意味的示威，讓他們成了可疑的公民。這些穆斯林對於非得證明自己和所有其他公民一樣排斥恐怖主義都感到厭倦。這位葉門裔警員看來左右為難，他不得不解釋自己的單位為何在他的社區聚會裡布建線民。

結果，「公正」成了警察和社區團體之間持續爭論的焦點。對於警察執法的同意與否，每分鐘都在公共住宅和街道上進行協商，因為就連一件小事都有可能擦槍走火，引起重大事端。

傑克遜高地的社區團體是依照宗教、族裔、語言、利益和鄰里而組織起來，他們是維持和平、解決和警察的紛爭，並將多元社會結合起來的關鍵調節機制。[12]和我們交談的這些團體與組織代表那些沒有公民權或語言能力，因此恐怕無從發聲的人：他們抵抗非法驅逐，舉報不誠實的房東，並和警方協商遊行及公開集會事宜。他們也贊助城市的語言課程，這些課程不只教授基礎英語，還包含電腦技能、金融知識及權利教育。適應大城市生活意指認識自身權利，學著不被冒牌藝術家、放款人、公證人、市府官員或雇主敲竹槓。

我造訪一個機構，他們為沒有合法證件的（undocumented）西班牙裔勞工開設職業介紹所。他們只接受願意支付最低薪資，並尊重基本權利的雇主。在他們發放的西英對照短語手冊中，他們教給年輕西班牙裔工人的句型，清楚呈現出哪些權利是危在旦夕的：

我想和你討論我的薪資。

我只領到……

我應該領到……

我有權至少領到最低薪資……

我要去跟我的律師商量……

不要對我大吼大叫……

絕大多數的清晨時分，來自拉丁美洲的無證工人在一個廣場上集合，廣場鄰接著一條通向布魯克林——皇后區快速道路（BQE Expressway，二七八號州際公路）的坡道。雇主開著卡車前來，雇用他們從事清潔、拆除、園藝、粉刷、修繕、卸貨等工作。警方監控著這個清晨求職市場，但並不干預。他們並不對無證移民執行驅逐令，民主黨籍的紐約市政當局以紐約的「庇護城市」（sanctuary city）地位而自豪，因此這個清晨求職市場是在合法與非法之間的三不管地帶運行的。[13]

倘若警察在一個超多元城市公正執法，維持秩序便是關鍵的機制性前提，第二個前提則是公正的移民系統，一個允許無證工人享有權利的系統——而這點顯然未能做到。缺少合法證件剝奪了工人的申訴救濟及其他基本權利，並迫使他們非法打工。

紐約市長辦公室無法修正移民制度，這是聯邦政府的權限，但它仍可採取措施協助約有五十萬人，大多數為西班牙裔的無證工人融入社會。儘管移民改革法案仍在國會陷入僵持，但經濟生活仰賴移民融入的庇護城市卻等不及了。紐約也效法洛杉磯、波特蘭及其他美國城市，制定市民身分證（municipal ID）制度，允許無證移民在銀行開戶、安排借貸和訂立抵押合同。

在傑克遜高地上度過的任何時間，都能深刻體認到全球化帶給現代城市的多元最重要的一門課。多元要獲得成就，終究取決於這座城市能否每天維持一種粗略的正義（rough justice）：沒有歧視的工作、照價支付薪資的雇主、認真修繕房屋的房東、不找無證移民麻煩的警察，還有公正審判的法院。

除了粗略的正義之外，也必須要有機會，要有一條轉危為安的出路。儘管有許多無證或缺乏技能的移民仍會被遺忘、落入驅逐系統並被遣返回國，有些人仍能學會流利的英語，得到一份穩定工作，取得合法身分，把家人接來美國，從非法的地下公寓搬進地面上的住所。隨著他們做到這點而成為公民，他們對這個城市和國家也就有了利害關係。但這一切都充滿變數，絕非穩固，隨時有分崩離析之虞。

家庭是移民體驗的生存單位（survival unit）：家庭若保持完整，所有成員都能向上提升；家庭若分崩離析，每個成員都將敗落。在關於「共同體」的所有說法之中——和我談話的每個人都說自己屬於這個或那個共同體——家庭是至關重要的共同體。

倘若你是從皇后區起步，要在美國社會前進並不容易。你得隨身攜帶證件和公文。你得學會在銀行開戶，取得社會安全號碼，學會如何使用支票存款，或堅持要求你的雇主以現金支付全部薪資。在你的共同體裡有許多人出於體貼而願意伸出援手。信任自然而然地流向那些說著同一種語言，經歷了相同遭遇的人們。移民的融入可以想像成從母國通往終點站的一條漫長人鏈，將新來者與更成功、更融入的同胞向上攀升的等級序列連接在一起。

正因為族群影響力鏈結「看似是」一位單純的新來者，在多元城市的陌生感中最安全的行進之路，這同時也是最容易被濫用的關係。我和負責照顧亞裔老人的女警、西班牙裔服務機構的信貸專員，以及紐約市政府的金融知識團隊對談時，他們都告訴我關於西班牙裔律師承諾為移民解決問題而後捲款失蹤、亞裔房地產經紀人詐騙中國新移民，以及商人答應為「自己人」提供特別優惠，到頭來卻加倍要價的故事。警方、法院、市政部門等城市機構至關重要的功能之一，就是保護新來者不受自身共同體內的保護人侵害。全球移民現象翻轉了決定信任的架構。在全球城市中，他們學會了信任機構內的陌生人，以及最重要的，信任來自其他種族的陌生人。

反過來說，這也意味著皇后區沒有一個共同體有辦法自給自足、閉關自守。即使共有的飲食、記憶、語言和忠誠關係會將移民和出身共同體聯繫在一起，但就業和住房市場仍引導著他們和陌生人互動。電視、廣播、網際網路、報紙、雜誌等大眾媒體是驅動文化調適的引擎，它們將美國生活的圖像，連同主流社會的商品、髮型、俚語、行為舉止和新聞價值，一同注入皇后區每一間地下室臥房和布簾隔出的起居室裡。

移民和其他人一樣，都要接觸到多元訊息渠道的世界排山倒海的影響，但他們仍有專屬於自己的母語資訊管道。在所謂「族群媒體」上，最重要的版面留給了移民的成功故事——聰明的孟加拉女孩獲得紐約大學的獎學金，韓裔少年成為海軍陸戰隊士官。

從家鄉放送母語節目的網路電視和衛星電視，讓移民得以同時生活在兩個世界裡。擁有橫跨地球兩端的跨國身分並非新鮮事，但同時保有兩種忠誠的能力則得到電視衛星、行動電話和網際網路賦權。[14]皇后區的居民緊緊追隨著肥皂劇、寶萊塢音樂劇，以及母國的新聞和評論。這種對家鄉的忠誠本來是會隨著第一代移民而消褪的，但如今，出生在美國的後代子孫也和自己父祖出身的國家保持聯繫。雙重國籍更為普遍，移民的新天地和他們的母國都得共享這些全球公民的忠誠、價值觀和依戀。

多元文化城市的政治既是新天地的政治，也是母國的政治。離散而來的移民通常也輸入了母國政治中的仇恨和排斥，但他們新家園的政治至少在名義上宣揚的是寬容與開放。當然，在實務上，多元文化城市的政治領袖會按照族群分界招募新血，並運用在地權力掮客、宗教領袖，及共同體中的商人取得金錢和黨工。僅舉皇后區的五個族群為例，當錫克人、尼泊爾人、藏人、中國人和土耳其人，都在新的家園接受招募投入民主政治，他們理所當然會為自己喊價：要求支持家鄉兄弟姊妹的族群或宗教訴求。離散在多元文化城市裡的移民，就以這種方式將新家園的政治人物捲入了母國內部的政治衝突中。全球化產生了讓一切政治成為全球政治的效果，尤以少數族裔和少數宗教的政治為甚。[15]

移民將認同的政治鬥爭全球化，同時也轉變了宗教。在他們的母國，宗教信仰通常是在地的。而在傑克遜高地，宗教信仰則是全球性的。在一座由倉庫改裝而成的清真寺進行的週五（主麻日）禮拜中，最引人注目的關鍵事實是多元「之中」還有多元，一同祈禱的穆斯林來自各種不同的族裔和種族群體。穆斯林信士共同體的異質性在此一覽無遺：非洲人、亞洲人、阿拉伯人，還有美國白人和黑人。帶領數百位男性祈禱的伊瑪目（女性在另一間房間禮拜）是來自波士尼亞的歐洲穆斯林。他的布道雄辯滔滔，並運用了他稱之為聖戰（jihad）的鬥爭隱喻，儘管他的鬥爭在此是指移民經驗本身的抗爭，以及對抗試探、阻撓、孤寂和悲傷的鬥爭。男人們靜靜聽著，有些人拜伏在地，其他人則跪拜，前額碰在地毯上，他們和信仰相同但語言不同的男人們並肩。

我也參訪一座來自南印度的印度教寺廟，它以華麗的灰色大理石裝飾，位在一條郊區街道上的小型單層家屋中間。從遙遠市鎮前來的印度人家庭帶著幾代親人一同在此祈福、舉行婚禮或悼念已故的親戚。他們盤坐在大理石地板上，圍繞著裝飾著美麗花朵的神殿四周，女性家長身穿紗麗，年輕一代則穿著牛仔褲、短褲，反戴棒球帽。一位特別虔誠的男人穿著百慕達短褲和T恤，持續繞著其中一座神殿禱告和跪拜，每次經過我們身邊都會記得說聲「不好意思」。下樓到了地下室，則備有辛辣的素食，不同家庭的人們帶著容器排隊，將食物裝在紙盒裡帶回家。這一切古老印度教禮儀與現代美國生活的交織，看來是這麼毫不費力又無拘無束。

生活在全球城市中，也就是既生活在宗教禮儀的古老時光裡，同時也遵循當代市郊生活的作息。它是要從不同層面結合人生的意義，同時在古老宗教信仰所源起的鄉村共同體所無法想像的世俗試探中，持守這份生存意義。

皇后區的超多元最不同凡響之處，在於這麼多的群體接觸、互動、分享公共空間——例如洛克威海灘（Rockaway Beach）、公園和地鐵——但多半還是各過各的生活。研究倫敦等其他全球都市族群融合的學者，描述了一種「平凡的多元」（commonplace diversity），不同群體在其中分享公共空間，但家庭仍是各自的私領域。他們歡迎與其他人混合的群體，不同意那些「不與他人往來的」正統宗教共同體。但同時，至少在倫敦，這些群體多半仍然不會到對方家中用餐，也不會參加彼此的婚禮或喪禮。[16]

同樣的模式在傑克遜高地也可以清楚看到。人們和我談話時所援引的公共倫理強烈支持與其他種族、宗教及族裔的人們「共同生活」；但他們也明確表示，要選擇住處或結交對象的話，他們還是寧可「分開居住」，和自己的群體在一起。[17]

「分開居住」在本地出生的美國黑人和白人之間尤其顯著。皇后區的黑人社區實際上仍與其他群體隔離。白人則持續遷離少數族裔社區。二〇〇七年一項針對全美國的研究顯示，美國大型城市的鄰里有一個決定性的少數族裔門檻，通常在百分之五到十五之間，一旦高過這個比例，白人家庭就會搬到白人占絕大多數的住宅區。[18]

儘管也有多元人口比鄰而居的「全球性鄰里」（global neighborhood），在皇后區卻有大規模的以種族、族裔及收入為界而隔離的現象。[19] 每個人似乎都按照一張內建的鄰里地圖而行動，上面標示著安全、危險、變動中或是新來的。住所的隔離以教育的隔離為基礎，並加重了教育隔離。許多白人中產階級家庭完全脫離紐約公立學校體系，轉而就讀私立學校或特許學校。二〇〇九年，絕大多數黑人和拉丁裔學生都註冊就讀公立學校，而在公立學校註冊的白人學生不到百分之十。黑人和黑人、西班牙裔和西班牙裔一同受教育。看來只有亞裔和白人共享教育機會。二〇一四年的研究顯示，紐約的學校體系是全美國最隔離的。[20]

換言之，在超多元的城市裡，對平等、多元和寬容——即共同生活——的強烈承諾，是與實際上分開居住的行為同步發生的。大致而言，美國人並不和其他種族的人住在同一個鄰里，也不讓自己的子弟和其他種族子弟就讀同樣的公立學校，最重要的是，幾乎不和自身種族或族裔之外的人通婚。在整個美國，跨族群通婚過去幾代以來逐漸增加了，特別是法律禁制在一九六七年廢止之後，但一切跨越種族界線的通婚總計仍然只占百分之八點四。[21]確實，隨著移民日益增加，其結果是增加同種族伴侶的可能數量，從而強化了族內通婚的模式，至少在第一代移民之間是這樣。他們出生在美國的子女有一些「向外通婚」，但數量不多。儘管美國人每天都在互動，並且共同支持平等這項規範性承諾，但在進行個人選擇時，他們還是選擇自己的同族。

各自比鄰而居和共同生活相反，並不需要太多心靈交會，甚至也不需共享文化。它需要稱得上公平的公共機制，首先是正派的警察執法，以及一套潛意識的作業系統——基本的信任和互惠，它不斷被挑戰、隨時需要重新協商，但通常能在日常生活的起伏中再次被確認。

它是如此頻繁地再三被確認，而成了第二天性。

傑克遜高地所展現的寬容，最耐人尋味之處正是它的不起眼與平凡；它根基於雜貨店每天的買賣，鄰居之間的相互點頭致意，街上的招呼，以及見面時偶爾的擁抱。和我交談的人們私下對於寬容這項道德秩序的形成都感到自豪，但他們並不將它當成意識型態。比方說，他們並不把寬容當成義務，這並非一個不得不尊重所有人的命題。它是由具體個人、情境，以及彼此創造出的歷史所決定的。寬容並不是一種普世價值，它只是一個平凡的社會實踐。它是一種平凡的美德，脆弱、視情況決定，很容易就在暴力、警察暴行或犯罪之下損害，其存續僅僅有賴於它在日常生活中不起眼的再現。

※

在傑克遜高地街頭遊走了三天，盡可能和所有人交談之後，我在搭乘高架地鐵從多元廣場返回曼哈頓中城的路上，明白了現代全球化灌注在我們身上的期待有如嚴厲的監工。當我乘坐隆隆作響的列車返回曼哈頓，望著同行的乘客，有些人在辛苦工作一天之後打著盹，有些人正要去上夜班，我清楚看到，機會就只是一個必須被信守的承諾。要是這個夢想破滅了，皇后區的一整套多元與寬容秩序也將隨之崩毀。當承諾得到信守，韌性和忍耐的美德就能持續下去：當正義得到伸張，當職缺向所有人開放，當社會階梯的最低一階伸手可及。

當我返回曼哈頓，更困難的問題同樣逼迫著我。倘若超多元真能行得通——在矛盾不致爆發，公開衝突得以避免的有限意義下——那麼我們各自比鄰而居但不共同生活，寬容與自我隔離和迴避同時發生，甚至，人們其實並未選擇這樣的生活方式，說真的，這一切又有什麼好處？移民浪潮不能被看作是民主審議有意造成的結果，它是一九六五年一項移民法案的修正不可預期的後果。至少對一些在地出生的美國人來說，新的多元是全球化力量的關鍵特徵，而美國的民主似乎無法控制這股力量。所以為什麼大多數政治人物都讚揚多元？我們為什麼把多元這個事實轉化成價值？為何它又成了二十一世紀全球化良知的一個道德標誌？

當美國人標舉多元的價值，他們其實是為了自己倖免於世界其他地方肆虐的種族和宗教暴行而自我讚賞。但他們很可能只是僥倖而已。他們還有可能是以一種複雜的方式自欺欺人。他們假裝「共同生活」在一起，其實卻是各自比鄰而居。斥之為道德偽善很容易，就像美國人用來粉飾道德理想與混亂現實之間差距的託辭那樣。但還有另一種更耐人尋味的可能性。情況有可能是這樣：多元人口在現實上唯一的共同生活之道，「就是」各自比鄰而居。[22]這個悖論有可能正是多元獲得成功的必要條件。

另一個結論是，我們在道德上如何實現多元，至關重要地決定於我們自己的出身背景和國族故事。當我們——我在此是指像我這種不是美國人的局外人——讚揚皇后區的多元，以及更廣泛地讚揚紐約的多元，我們也是在向後殖民的道德宇宙宣誓效忠，在這個道德宇宙中，我們若是白人就會自稱已經拋棄了種族和文化偏見。我們承認爭取自由和正義的鬥爭，已經把我們這些特權階級變得更好。另一方面，我們若是種族、宗教，或族裔少數群體的一分子，我們對多元的接納就還是尚未實現的承諾，是一項對特權階級，乃至我們持續試圖掌控的機制提出的要求。以上這些話的意思是，我們這些讚揚多元的人所定義的多元並不是同一回事，維持多元的利益或許也各不相同。

多元廣場讓我思考，多元作為價值和作為事實並不密切相符。皇后區最基本的現實是，它的鄰里是人們出發之處，而不是大多數人想要落腳的終點。它們是起點，而非最終目的地。像我這樣的局外人將意義賦予了皇后區——後帝國多元的驗證——但它的大多數居民恐怕都樂於從這層意義逃離。比方說，只要他們能賺到足夠的錢，在長島某處新建的市郊住宅區，或是皇后區其他更適合安居的鄰里獲得一席之地。[23]

不僅如此，皇后區也不代表整個美國。超多元在美國的都市場景裡仍是例外而非常規，這樣的情況也不僅美國如此。在世界各地，數十億人仍然居住在鄉村裡，文化多元並不是這些村莊所認可的價值，村民仍對陌生人抱以猜忌，道德準則也仍由在地宗教、部族，以及大多為男性的家族長老規定。多元這種價值在上海和北京、墨西哥城、德里或孟買，恐怕意義也不太大，因為這些城市在多元的意義上並不如傑克遜高地。它們經歷的城鄉移民是由種族及宗教成份相同的群體組成，而不是大量湧入歐洲和北美洲的後帝國移民。

掌握權力又有教養的曼哈頓中產階級相信，「我們」這些寬容的世界主義者所到之處，全世界必定追隨，恐怕是種錯覺。事實上，還有更多互相衝突的邁向未來之路，遠遠超出全球化修辭讓我們看見的視野之外。我們並沒有成為相同的人，我們甚至沒有走在同一條路上。我們對此其實應當心存感謝。

全球城市的道德生活應當看作是人類歷史上意義最重大的實驗之一，它試驗了我們能否調和對人類平等的平等主義的承諾，和對部族及信仰的持續效忠，以及民主制度能否建立跨越多元人口的公民承諾，抑或是人類跨越國境的浪潮將引發民粹主義對民主的反撲。皇后區的道德秩序是脆弱的，而且前途未卜，但它也代表著一種特別現代的希望類型：我們能夠經由展現來自世界各個角落的民族不靠逼迫和強制力，就能發展出一套與平凡的美德一致，並且延續和保護平凡美德的道德秩序，而主導全球化本身。這不保證會成功，也無法確信我們今天所讚頌的多元，能在民粹和政治化的壓力或全球經濟衰退的負面力量下存活。我們對事實做出的每一個倫理判斷，也同樣是我們對自己期望未來如何演變投下的賭注。

1 少了拉賈戈帕蘭博士（Dr. Kavitha Rajagopalan）的協助，我們前往皇后區的實地訪察就無法成行，她在整個訪察過程中都提供研究成果、聯絡人和深刻見解。也要感謝亨特學院（Hunter College）的方納（Nancy Foner）教授，對於移民相關的研究文獻提供至為珍貴的建議。

2 Roger Sanjek, *The Future of Us All: Race and Neighborhood Politics in New York City* (Ithaca: NY: Cornell University Press, 1998), 20–21.

3 Thomas Nail, "Migrant Cosmopolitanism," *Public Affairs Quarterly* 29, no. 2 (April 2015): 187–199.

4 A. P. Lobo and J. J. Salvo, "A Portrait of New York's Immigrant Melange," in *One Out of Three: Immigrant New York in the 21st century,* ed. Nancy Foner (New York: Columbia University Press, 2013), 41.

5 "Quick Facts," United States Census Bureau, http://www.census.gov/quickfacts/table/POP645214/36081 .

6 Steven Vertovec, "Super-diversity and Its Implications," *Ethnic and Racial Studies* 30, no.6 (2007): 1024–1054; Fran Meissner and Steven Vertovec, "Comparing Super-diversity," *Ethnic and Racial Studies* 38, no.4 (2015): 541–555.「超多元」一詞是由艾許（Timothy Garton Ash）、莫帝默（Edward Mortimer）和約克塔姆（Kerem Öktem）使用於"Freedom in Diversity: Ten Lessons for Public Policy from Britain, Canada, France, Germany and the United States" (Oxford: St. Antony's College, 2013)。另參看Saskia Sassen, *The Global City: New York, London, Tokyo* (Princeton, NJ: Princeton University Press, 1991); R. Scott Hanson, *City of Gods: Religious Freedom, Immigration and Pluralism in Flushing Queens* (New York: Fordham University Press, 2016).

7 紐約的廉價公寓博物館（tenement museum）是十九世紀下東城移民的遺跡，就在果園街上。參看https://www.tenement.org。

8 Nancy Foner, "Immigration Past and Present," *Daedalus* 142, no.3 (Summer 2013): 16–25.

9 Nancy Foner, "Models of Integration in a Settler Society: Caveats and Complications in the U.S. Case," *Patterns of Prejudice* 46, no.5 (2012): 486-499.

10 Marc Fisher, "Open Doors, Slamming Gates: The Tumultuous Politics of U.S. Immigration Policy," *Washington Post*, January 28, 2017, https://www.washingtonpost.com/politics/open-doors-slamming-gates-the-tumultuous-politics-of-us-immigration-policy/2017/01/28/b646ea48-e57a-11e6-a453-19ec4b3d09ba_story.html?utm_term=.f54b40434d41.

11 Sanjek, *The Future of Us All*, 367.

12 這個社區在懷斯曼（Frederick Wiseman）詩意而充滿同情的紀錄片*In Jackson Heights* (Cambridge, MA: Zipporah Films, 2015) 之中得到頌揚。

13 關於庇護城市，參看Ohio Jobs and Justice Political Action Committee, "The Original List of Sanctuary Cities, USA," http://www.ojjpac.org/sanctuary.asp。

14 Foner, "Immigration Past and Present."

15 Steven Vertovec, "The Political Importance of Diasporas," Migration Policy Institute, June 1, 2005, http://www.migrationpolicy.org/article/political-importance-diasporas ;Gabriel Sheffer, *Diaspora Politics* (Cambridge: Cambridge University Press, 2003).

16 Susanne Wessendorf, "Commonplace Diversity and the 'Ethos of Mixing': Perceptions of Difference in a London Neighborhood," *Identities: Global Studies in Culture and Power* 20, no.4 (2013): 407–422.

17 Richard Alba and Nancy Foner, *Strangers No More: Immigration and the Challenges of Integration in North America and Western Europe* (Princeton, NJ: Princeton University Press, 2015), chap. 4.

18 Douglas S. Massey, Jonathan Rothwell, and Thurston Domina, "The Changing Basis of Segregation in the United States," *Annals of the American Academy of Political and Social Science* 626 (November 2009): 74–90; Camille Zubrinsky Charles, "The Dynamics of Racial Residential Segregation," *Annual Review of Sociology* 29 (2003): 167–207.

19 「全球性鄰里」一詞，見於 M. C. Waters, P. Kasinitz, and A. L. Asad in "Immigrants and African Americans," *Annual Review of Sociology* 40 (2014): 369–390。

20 John Kucsera and Gary Orfield, "New York State's Extreme School Segregation: Inequality, Inaction and a Damaged Future," Civil Rights Project, University of California, Los Angeles, March 2014, http://civilrightsproject.ucla.edu/research/k-12-education/integration-and-diversity/ny-norflet-report-placeholder/Kucsera-New-York-Extreme-Segregation-2014.pdf .

21 "The Rise of Intermarriage," Pew Research Center, http://www.pewsocialtrends.org/files/2012/02/SDT-Intermarriage-II.pdf ; Zhenchao Qian and Daniel T. Lichter, "Changing Patterns of Interracial Marriage in a Multiracial Society", *Journal of Marriage and Family* (October 2011); "Households and Families: 2020 Census Brief," http://www.census.gov/population/www/cen2010/briefs/tables/appendix.pdf ; Roland G. Fryer Jr., "Guess Who's Been Coming to Dinner? Trends in Interracial Marriage over the 20th Century," *Journal of Economic Perspectives* (Spring 2007), http://pubs.aeaweb.org/doi/pdfplus/10.1257/jep.21.2.71 .

22 Kwame Anthony Appiah, *The Ethics of Identity* (Princeton, NJ: Princeton University Press, 2005), 230:「平等並不是道德對於我們這些個人的要求：它代表的是一套政治的規約性理念（regulative ideal），而

非個人行為。當我們將個人理念和政治理念混為一談，就會犯錯。」

23 Nancy Foner and Roger Waldinger, "New York and Los Angeles as Immigrant Destinations: Contrasts and Convergence" in *New York and Los Angeles: The Uncertain Future*, ed. David Halle and Andrew Beveridge (New York: Oxford University Press, 2013).

第二章
洛杉磯——全球城市的道德作業系統

洛杉磯、倫敦、多倫多、紐約和雪梨，這些全球城市在一九六〇年都還不是「超多元」的。[1]到了二〇〇〇年，它們全都是超多元的全球城市。聯合國預期，全世界的城市將會吸收從今而後直到二〇五〇年，預計增長的所有二十三億人口，尤其是二十三座人口超過一千萬的巨型都市。[2]屆時全世界人口將有近七成居住於城市，我們也可以預期，大多數城市將是多重語言、多種族和多元文化。

倘若你在一九六〇年詢問任何一個人，在倫敦和多倫多這樣的城市裡，會不會有來自一百種不同文化和信仰的人共享同一個空間，你得到的答案會是無法置信。有些人甚至預言災禍要降臨。

一九六〇年代，英國政治人物鮑威爾（Enoch Powell）思量著倫敦成為全球移民匯聚之地的前景，他悲觀地引述維吉爾（Virgil）的《埃涅阿斯紀》（*Aeneid*）中，羅馬台伯河冒起了血的泡沫這一夢魘景象。[3]而今天泰晤士河流過的倫敦，大致上則已經成了來自全球各地人口的平靜家園。

而在紐約皇后區的傑克遜高地，則可清楚看出全球化在道德方面獲得成功的幾項先決條件：警察公正執法、不加歧視且有效的移民管理機制，以及最重要的：就算不「比鄰而居」也能「共同」生活的道德文化。

倘若這些都是成功所需的基本條件，我們卻也不得不思考，這些條件並不必然存在。法院、警方、民選官員，以及公民社會組織，為了確保多元運行下去而必須完成的工作是永無止境的。而在不平等的社會中，維持正當性的責任正好落在維護法治的同一群人身上。當法治維繫的粗略正義崩解了，會發生什麼事？當全球城市失敗了，又會有什麼後果？一旦全球城市的作業系統失敗了，它又如何自行修復？

最適合提出這個問題的地方是洛杉磯，因為這座城市最近的歷史正是道德作業系統在暴力中瓦解，再從廢墟裡緩緩重建起來的過程。

洛杉磯是全世界娛樂事業的首都，也是向亞洲進出口大量貨物的港口，以及向大規模移民敞開大門的大都會。[4]目前洛杉磯市的拉丁裔人口比例占百分之四十八點五，他們來自美洲各個不同國家及共同體；同樣來自各個不同國家、信仰及地區的亞裔人口，則占全市人口比例百分之十一點四。白人和非裔美國人的比例都在減少。他們之間的敵對衝突從一九六五年的瓦特暴亂（Watts Riot）到一九九二年的羅德尼・金恩暴動（Rodney King insurrection）之間，定義了這座城市的生活。[5]

在一九六五年八月的六天之內，重創了洛杉磯中南部的瓦特暴亂，肇因於警方捉錯了一名涉嫌酒醉駕車的黑人。由此引發的暴動造成三十四人死亡，在警方和加州國民兵能夠恢復秩序之前，市街區完全被摧毀。而在一九九二年四月，毆打羅德尼・金恩的警員被法院宣判無罪之後，公共秩序再度瓦解；一九九二年的騷亂造成五十五人死亡，直到海軍陸戰隊和國民兵進駐市區之後才得以平息。這場暴動並非「無謂的」暴力及劫掠事件，其本質是一種道德現象，由錄影拍攝下來並傳遍世界、令人無法忍受的畫面所觸發——警察不斷毆打並未反抗的黑人金恩；而在後來暴動席捲全市之後，金恩試圖平息事態的呼籲「我們為何不能好好相處？」（Why can't we all get along?），則是對道德秩序的動人呼籲。在這次事件引發的騷亂和憤怒過後，全市的領導人物都明白，他們必須共同修復碎裂的市民生活構造。

自一九九二年以來，這座城市成了各個共同體聯合建設的實驗室。讓我們透過道德視角觀看洛杉磯，尋找「道德經濟」這項心照不宣卻彼此共享的推定，它讓鄰里和社區得以克服自身差異，伸出雙手和這座大都會中的其他種族、族裔及國籍共同體聯繫起來。[6]

全球城市首要的道德問題，是如何在出身、宗教，或族裔各不相同的陌生人中間建立起合作關係。城市要確保陌生人彼此合作，就需要一套作業系統。這樣一個系統如同電腦程式碼，是一套共享的程序或流程，確保來自不同種族、出身或社會背景的千百萬人生活在一起。[7]必須具備某種心照不宣的道德均衡，某種簡易可行、相互尊重的心態，容許陌生人分享公共空間。公事公辦的無差別對待還不夠，即使這種心態在任何城市裡都充斥著。人們想要自己的凝視得到回應。他們想要期望陌生人的友善，不管它有多麼罕見。共同利益有利於事業交易，但無益於城市生活的緊張刺激或是它所應許的人際連結。這一切全都預設了城市居民願意為了信任而碰運氣，願意向陌生人伸出援手，期待自己的表態獲得回應。就連「現金交易」也只能在有限度信任的基礎上才能有效運作；當利益互相衝突，也唯有各方都具備仲裁彼此爭議、尋求妥協的最基本意願，紛爭才有可能避免。

經濟運行不能脫離道德秩序，或者道德秩序是一套自然生成的有機體或體系這樣的觀念，並無新奇之處。亞當・斯密（Adam Smith）的《道德情操論》（*The Theory on Moral Sentiments*，一七五九年）或許是第一部強調道德秩序可經由人類「同情」，透過每一個毫無關聯的個人想像，及遵循有效社會合作所需行動的能力而生成的論述。因此，道德生活不能被理解成服從上級命令，反而主要是作為一種平凡美德的自動展現，才能獲得正確理解。[8]

平凡的美德——信任、誠實、有禮、包容和尊重——是任何共同體都必備的作業系統。洛杉磯的作業系統必須為來自一百一十五個不同國家，使用兩百二十四種不同語言的人群而運行。不僅如此，它還得在一個發生過嚴重衝突的城市中，和昔日暴力記憶尚未得到和解的人群一同運作。

倫理可以被塑造成一套作業系統，因為它如同電腦軟體，確保了人類穩定互動所必須的可預見性。可預見性最重要的條件則是安全，也就是免於暴力威脅的互動。若不能確保安全，陌生人之間就不可能建立信任。

而在一個全球城市中，人們需要的不只是安全。他們想要一個實驗空間，將他們從自己拋棄在以當面互動為準則的小型共同體中那些身分角色裡解放出來。城市生活經常被人哀嘆的匿名性，其實提供了安全空間，讓個人成為個體，尋找及表述在鄉村情境中可能遭受壓抑的各種認同。

除了安全和隱私，城市還得提供追求、爭取，及給予尊重的機會。在任何匿名的都市環境中，給予陌生人尊重都是件冒險的事。你被拒絕的話就會退縮。而在一個道德經濟健全的城市裡，道德風險會得到報償，信任也會得到回報，基本互惠也隨之鞏固。

在多元文化的城市裡，人們帶著自己從出身的國家和文化繼承而來的道德作業系統前來。比方說，有些來自傳統社會的女性會遲疑著不敢踏出前門，因為她們祖國的公共領域是禁止她們進入的。讓這些女性能自在地和陌生人分享公共空間需要時間，有時得經過一個世代。削弱這些傳統作業系統的，正是首先吸引移民們來到城市的事物：平等與機會的夢想。

隨著時間過去，傳統作業系統會對城市居民逐漸失去效力，因為傳統準則無法與都市生活的高度個人化選擇並進。移民經驗也是個體化（individuation）的經驗：女性成為賺錢養家的人，子女脫離家庭權威接受學校規訓，家父長們則在離家前往工廠做工時失去了一部分權威。年輕一輩首先學會了城市的新語言，老一輩人則努力趕上，有時將自己的夢想轉嫁到子女身上。

在這場移民隨身帶來的傳統作業系統與全球城市新作業系統的爭戰中，城市的優勢始終在於平等的應許。它創造出公民和平相處所仰賴的道德期待；機會是所有人都想要攀援而上的階梯。除此之外，還必須有盡可能最多的城市居民共享一些基本規則：禁止暴力、作偽證和說謊，以及一些著重於互惠的命令性禁制（positive injuction）：己所不欲，勿施於人。如果這些道德禁令獲得多數人的支持，不遵從的人就有可能受到遏阻和控制。[9]

這些道德期待可能會由法律明文規定，但徒法不足以自行。倘若法律和執法機關是維繫城市道德秩序僅有的權力機構，那麼城市很快就會淪為由槍械和警棍統治的叢林。光靠強制力不足以維繫任何大城市的秩序。絕大部分的道德秩序工作，是由城市居民從城市道德作業系統中內化而來、不言自明的相互尊重態度實現的。倫理可以看作是一種道德作業系統，因為當我們每天早上展開生活時，我們的道德系統也和我們一起出發，無須強制或上級監督，就在每日生活的尋常互動中引領我們。

認知心理學家和神經學家都試圖說明，任何城市作業系統所共有的道德反應能力——同理、同情、恐懼和拒斥，全都內建於我們的腦中。[10]但我們仍無法理解個人的神經過程是如何與其他個人的神經過程互動，尤其當它們涉及道德行為時，從而產生出信任、調適和友誼，或相反的厭惡、猜忌和敵意……等等這些我稱之為「道德作業系統」的疊代性社會模式（iterative social patterns）。

不論我們的神經構造中可能擁有什麼樣互助或厭惡的道德衝動，它們唯有在受到經驗增強之後，才會成為鐫刻於行為中的特徵。當某些衝動——有限的信任、視情況而定的調適、特定條件下的互助——反覆被都市生活本身的節奏和需求增強，一套道德作業系統就形成了。增強發生在與陌生人的互動逐漸產生可預見且可靠的形式之時。增強發生在公共機構中，在我們與警員、法官和公務人員的互動中，以及我們的子女在教室裡和老師互動之時。道德作業系統是一種集體社會創造（collective social invention），由於公共機構與一般公民的道德期待之間不斷增強的互動而成為可能。倘若我們有幸擁有安穩的家庭、我們的公立學校體系善盡職責、我們的宗教場所也教導我們與自我和他人共處之道，我們在幼年時期就能學會有效的都市作業系統所需的合作行為。即使某些美德是內建的，公共機構也必須強化一套公民合作所需的共有期待，令它成為我們的第二天性。

一個城市的道德作業系統，是一套關於他人可能行為促使我們做出選擇的不言自明框架式推定（framing assumption）——你高興的話，也可以稱之為預設值（default setting）：我們在每秒鐘的互動中選擇信任或迴避、接觸或躲開。但道德作業系統的說法是一種隱喻，而隱喻有可能產生誤導。系統架構了選擇；但它並不為我們做選擇。我們必須把握自身良知之內倫理作業系統的所有權。就像對電腦一樣，我們把自己的作業系統個人化，使它們容許我們和其他人分享，同時為我們的個人認同及需求服務。將我們習得和繼承的一切鎔鑄於我們賴以生存的原則之中，是取決於我們自己。

我們的作業系統得和視角互相衝突所產生的大量雜音彼此競爭。雜音的來源之一是媒體和娛樂業。洛杉磯本身作為全世界娛樂業的首都，恐怕比世界上其他地方更有力形塑我們對城市的道德想像。從《唐人街》（*Chinatown*）到《銀翼殺手》（*Blade Runner*），再到《霸道橫行》（*Reservoir Dogs*）和《黑色追緝令》（*Pulp Fiction*），電影填滿了我們對城市生活反烏托邦和烏托邦光景的想像，以至於我們在與陌生人的一切日常互動中，都在跨越各種導致偏執和不信任的成見，努力讓自己更接近這些想像。

作業系統過濾了大部分雜音，為我們提供穩定的期待與指引。當雜音被濾去，我們也就無須在城市中不斷為了信任而做出選擇。我們視為理所當然的作業系統，容許我們覺得自己的道德行為是反射性的、無意識的，只要一切順利運行，也是毫無疑問的。如此一來，道德生活就像是在高速公路上匯入車流：絕大多數時候，我們都能指望其他駕駛按照我們的預期行動，他們也同樣能指望我們。

一套作業系統的預設值並非命題性的、普遍的或理論性的。倘若我們舉止端正，這並非由於我們相信自己必須履行人類的某些普遍義務。[11]這也不是因為人權。我們與來自其他種族或宗教的人們比鄰而居時，我們的問題並不是這個普遍命題：我對這些跟自己不同的人們有什麼義務？而僅僅是：我信任這個人嗎？我可以跟這個人做生意嗎？我應該遠離他或她嗎？我們在超多元大城市的生活過程中以一生時間，對自己所接收到這些道德反射的漸進訓練，不知不覺就讓這些判斷變得好似習慣，使得我們幾乎察覺不出自己正在做判斷。

在這些互動中，論證和自我證成只會發生在期待發生衝突或某種斷裂的時候。屆時，分歧的道德評價就產生了：正義或不正義、公平或不公平、我們或他們。否則，全球城市就是「日常和睦」（everyday togetherness）的一個場景，它平淡無奇、未經反思，卻恰恰因為它不言自明地構成了我們對彼此的道德期待而產生效力。[12]這些渴望的重心則是對共同體的追尋，尋找能讓我們自在的團體或鄰里。共同體是任何道德作業系統的關鍵字，因為它定義了信任的邊界。

※

洛杉磯並不缺少共同體。有些是我們稱作鄰里的空間領域，另一些則是信仰共同體。此外還有虛擬共同體，以一個洛杉磯的例子來說，青年穆斯林信眾運用社群媒體，以相對於傳統清真寺所允許更隨意的方式分享意見和認同。不消說，這些虛擬共同體是從一個全球城市發起的，隨即迅速打破疆界，吸引全世界其他城市的追隨者。在非常偶然的情況下，它們成了聖戰這種反向道德（countermorality）的組織處所。

在全球城市中，共同體追求選擇性，是自由選擇而非命運注定的產物。而在洛杉磯，提供希望、庇護，並且屬於窮人的選擇性共同體，則是教會、寺廟、謁師所和清真寺。沿著史勞森大街（Slauson Avenue）兩旁，黑人和拉丁裔的店頭教會迎接著新來的移民，有些是屬於五旬節教會的，其中一間門口高掛的海報寫著「不成聖就下地獄」（Holiness or Hell）。而在摩利亞山差傳浸信會（Mount Moriah Missionary Baptist Church），當你在南加大福音唱詩隊前來，牧師及會眾一同加入的時候現身，你馬上就會體驗到共同體的「感覺」：人們的身體在長椅上一同擺動，歌聲在熱情洋溢的和聲中繚繞，聲音充滿殿堂，表達出親切感、歸屬感、解脫日常煩憂，以及與他人的同一。然而就算是在摩利亞山，共同體也並不穩固。牧師必須將會眾凝聚起來，其中許多人正要遷往郊區；年輕一代也不會自行選擇在週日前來敬拜。

洛杉磯的問題在於，有沒有一個高於其他共同體的共同體，超出構成全市四百平方英里範圍人口的多元人群之上，並將他們統合起來。誠然，沒有人能體驗城市的全貌。每一位城市居民或許只知道他每天通勤的路線，最接近他的鄰里街道，或是附近的購物商場；但重要的是相信，至少在原則上，城市裡沒有禁區（no-go area），也沒有一個地方的市民信任是徹底瓦解的。一座城市自我呈現為一個道德整體是很重要的，好讓它相信自己作為共同體，共享某些基本認同。

洛杉磯的每一個人都在追尋共同體、確認共同體、定義共同體，或是捍衛共同體不受外力攻擊。共同體具有標明共享價值，跨越差異團結人群的市民意義，也有族裔、宗教或種族意義，標明語言、文化、料理和鄰里的特殊性，帶給人們一種將自我區別於他者的歸屬感。

任何全球城市共同體的重要性是如此顯著——所有商店招牌全用同一種語言寫成，所有宗教場所全都屬於同一教派的鄰里——由此可以合理推測，對於種族、宗教或族裔的原初歸屬，必定強過任何對城市更大共同體整體的普遍性市民依戀。但要是我們沒有一套共享的作業系統，要是我們的價值觀僅只由原初的歸屬與忠誠所指導，一座像洛杉磯這樣複雜的多元文化城市能否運作而不致反覆發生衝突及暴力，令人存疑。

某些授權了有限的信任、非暴力，以及有利合作預設值的薄弱（而非厚實）道德共識，看來是維持多元文化城市運行所必備的。[13]共識必須是薄弱的，因為它必須是多元主義的；也就是說，它必須順應移民同時生活在眾多道德宇宙中的現實——族裔的、宗教的、家族的和傳統的，他們出生其中的，他們工作於其中的，以及他們期望自己定居其中的。

全球城市的道德作業系統，不能藉由壓抑或取代這些互相衝突的忠誠或價值觀，來實現共同基礎的感受。當種族、宗教和族裔在城市裡共享空間，每日互動，他們並未壓抑自身首要的效忠對象。在一座多元城市中，人人都以權衡首要及次要歸屬為常規。他們或許在自己的語言、種族或出身共同體「內」度過了最有意義的時光，但他們也生活在「外」，因為工作讓他們無從選擇，或者他們喜歡和不同的人群消磨時光。內與外之間的協商是複雜的，但沒人會冒險跨出自身內在認同的藩籬，除非城市的日常生活模式，對於與陌生人易變、和平、時而收穫豐富的互動成功創造出一份期待。

當卡內基研究會團隊在博伊爾高地（Boyle Heights）的警察局裡見到一群青少年，共同體的複雜意義就成了焦點；這是一個百分之九十五人口是拉丁裔的低收入社區。高中生每星期六集合編纂以雙語發行，為整個社區服務的學生報紙《博伊爾高地脈動報》（*Boyle Heights Beat*），並在南加大安娜柏格傳播學院的教職員協助之下發行。[14]

這些學生出身移民家庭，父母大多只會說西班牙語，但年輕一輩運用雙語工作，他們編輯的報紙也以雙語發行。他們在兩個語言世界之間建構認同，敏銳察覺到當自己離家讀大學——大多數人都會——就會跨出一大步，遠離父母親的西班牙語世界。一位年輕女生說她要去讀大學，才能回來幫助自己的社區，但我問她可能會在何時回來，她所想的回來實在太過遙遠而不甚分明。你可以感受到她奮力調和對自己人生的抱負，以及她自己回來為社區服務的願望。

青年拉丁裔學生使用「社區」一詞時，他們賦予的意義是截然不同的：「讓你舒適自在的地方」、「讓你安全的地方」、「人們認識你，不然就認識你父母或祖父母的地方」。他們說，博伊爾高地並不是一直都有社區。它以前太過危險，但現在很安全。女性說你可以夜歸，男性則說警察不會騷擾他們。一位父母都是無證工人，自己則在麵包店上夜班的十六歲女孩，則將社區描繪成可由人們共享的未來前瞻計畫。她說：「社區是一個人們努力讓事情變得更好的地方。」

所以接著她說的話，我們可以說：共同體不只是一個安全處所，也是一個政治空間，你可以在此和陌生人合作，改善你們共享的生活。這些高中生信守承諾，他們出版一份報紙並送到人們家裡，創造出可靠消息這項共有的通貨。共同體有其道德性質，但正如帕斯托（Manuel Pastor）在《正義的成長》（*Just Growth*）所主張，共同體也有認知性質：少了共享的知識，共同體就會遭受謠言、恐慌、假消息及操弄肆虐。[15]有了共享的知識，共同體就能捍衛自身利益，並一起從事政治行動。

然而，在共同體內部，作業系統由誰定義的爭戰會很激烈，有時甚至是暴力的。洛杉磯的幫派戰爭進行了數十年之久——瘸幫（Crips）對血幫（Bloods）是最家喻戶曉的例子——絕望的公民則遭受池魚之殃。幫派拒斥的正是道德作業系統讓城市運作這個概念。多元主義在此面臨了寬容的極限：一座全球城市要是有著陌生人未經弱肉強食的打手准許就不得涉足的區域，或是兩套交戰中的準則為了控制街頭而互相廝殺，它就不是安全的。這至今仍是洛杉磯南部大多數街區的現實。

在洛杉磯中南部的宏亮社區中心（Stentorian Community Center），我們遇見四名前幫派成員，他們自行組成一支調解隊伍，在幫派間調停，預防報復性槍擊，並向年輕人伸出援手，帶領他們遠離幫派生活。這些滿身傷痕、大片刺青的黑人和拉丁裔男性都在監獄服刑過；他們親眼看見兄弟姊妹在爭奪地盤和尊嚴的戰鬥中喪生。他們知道自己要是現在不停止暴力，就會在獄中度過餘生或陳屍街頭。一個由運動明星和企業領袖創辦的私人非營利組織「更好的洛杉磯」（A Better LA），為他們扭轉下一代的努力提供資助。[16]

當這些過去的幫派成員談到自己的「行動許可」（license to operate），我問他們這些許可是誰發出的。其中一位領導人將這種許可解釋為一種社區同意的形式，他們能獲得的是：眾人週知、紀律嚴明、與警察合作而非對抗警察。在社區中擁有許可，也就擁有正當性。在我看來，他們的許可是經由贖罪而掙得的。他們的工作是倫理性的——修復自身以修復他人，但也是政治性的：試圖從幫派手中奪回鄰里的作業系統。[17]然而，只要他們的鄰居仍和他們一樣貧困，鄰里的街道就仍然會是道德系統爭鬥的戰場，結果則在未定之天。

正如為我們的電腦編寫程式碼的軟體工程師，這些幫派老手和博伊爾高地的高中生既是在為自己，也在為他們的城市編寫準則；不管他們的行動有多麼微小，都有助於轉變期待，並修復梗阻於共同體之間的系統故障。

我們每個人都是道德準則的編寫者。我們在日常互動中表現的言行，為他人創造了期待和參考架構，從而轉變他們的行為。城市的作業系統並非專利品——沒有一個人擁有它或是獨力編寫它。它是一套開放系統，順應著人們日常生活的體驗而不斷調整。經由無數次的日常互動，隨著我們體驗城市生活的愉悅和痛楚，我們也重新校正了對於陌生人和自身行為的期待。

倫理作業系統並不像以時時刻刻執行同一個指令為目的的電腦作業系統，它是動態平衡的：它們會隨經驗而調適，也可能受到創傷損害。當警察執法崩壞，當一個群體感受到自己被警方蓄意施暴，或是當其他群體，例如洛杉磯的韓國人，感受到警方完全無法保護他們，信任就會崩解，社區不再向警方求助，轉而據地自保。[18]韓國人在羅德尼・金恩暴動期間就試著這麼做，他們持槍保衛自己的店面，但他們的行動徒然加深了雙方的仇恨和憤怒。一九九二年的騷亂和暴力教了各個共同體一堂課：若是沒有一支大致獲得各方信任的警察部隊維持和平，就不會有一套作業系統能跨越種族界線而運行。

洛杉磯市警察局由於羅德尼・金恩暴動，以及一九九八年蘭伯特分局（Rampart Division）的貪瀆醜聞而地動山搖。市警局因此遭受聯邦司法監管，歷經多年才能將它與洛杉磯各社區的關係慢慢重建起來。[19]卡內基團隊訪問市警局時，警官告訴我們，他們已經拋棄了「他們對抗我們」的壁壘心態，按照一位警官的說法，他們已經了解「我們不能光靠抓人解決問題」。警察的正當執法有賴於找到保衛社區作業系統的宗教領袖、教師、家長和地方政治人物，並與他們攜手鞏固作業系統。

他們的執法方式正是一種政治行動：找出社區領導人，商談條件，建立重複和臨時的信任關係。比方說，他們會促成與其他市府部門的協議，為一個弱勢社區改善垃圾清運或休憩空間。他們以這樣的方式贏得社區信任。在這個執法作為政治交換的過程中，維持一套共享的道德作業系統成了關鍵所在。正如洛杉磯市警局一位警官的說法：「絕不能開給社區一張無法兌現的支票，否則就會失去信任。」

對洛杉磯市警局的改變歸功太多恐怕是不智的。街頭上的一個惡夜，一位市民或員警的死亡，都足以抹煞二十年來的進展。但警察與社區關係相較於一九九二年已有改善，仍是事實。洛杉磯的犯罪率最近十五年來也確實持續下降。[20]密蘇里州佛格森（Ferguson, Mo.）和馬里蘭州巴爾的摩（Baltimore, Md.）等其他城市發生的暴亂，也並未在洛杉磯上演。大多數社區不再遭到警方圍困，由於他們得以掌控自己的作業系統，也就能和其他社區打成一片，通力合作。

在一九九二年暴動後的道德修復工作中，宗教共同體發揮了至關重要的作用。暴動過後的日子裡，第一非裔衛理公會（First African Methodist Episcopal Church）的莫瑞（Cecil

Murray）和惠洛克（Mark Whitlock）不得不從事幾項相互矛盾的道德領導之舉：既要表達會眾身為警察暴力受害者的憤怒，同時又要安撫會眾，向敵對勢力伸出援手，修補與韓國人社區的撕裂，還要集結商人和政治人物出資重建付之一炬的鄰里。[21]

毆打金恩的警員獲判無罪當時，惠洛克是富國銀行（Wells Fargo Bank）的高階主管。他當天就從銀行辭職，正如他對我們說的，他決心「不再令富者更富」。他在一個月內就開始和自家鄰里的幫派交涉，結果為一名遭到警察逮捕的幫派成員取得保釋。幫派與宗教領袖在全球城市裡這種不太可能發生的夥伴關係，說明了對城市總體道德構造的關切，足以克服經驗和視角的深刻歧異。這種夥伴關係是政治性的：權力掮客共同努力，確保爭取自身作業系統勝出的競爭和平進行。

為了修復一九九二年造成的損害，不同信仰也必須同心協力。這樣的合作也包含了跨越教義的複雜穿行。要是一位福音派基督徒和穆斯林或猶太教徒攜手在聚會前禱告，而他召喚耶穌的寶血和祂釘死於十字架的痛苦，他的弟兄們恐怕很難接受。但正如一位牧師領袖的玩笑話，你無法靠著「致敬啟者」（To whom it may concern）禱告建立宗教間的對話。於是，在暴亂和暴力的創傷後修復作業系統之際，彼此的共通之處唯有在差異得到承認與證實之後才能鞏固。以信仰為基礎的團體學到的是，只要沒有任何一方被要求放棄自身獨特之處，就能找到共同點。因此，為了實現社區和平，宗教領袖們設法拋開彼此的歧異，攜手共同禱告。

這正是展現為包容的領導，對於修復破裂的信任系統至關重要。除了互相包容，還有同理心的領導，它跨越了關於一九九二年事件相互衝突的敘述，為彼此找到共同點。洛杉磯的領導人物都學到了，包容和同理心的努力永無止境。這些領導者心裡都明白，他們所運用的隱喻——關於痊癒的宗教及治療語言——是會引起誤解的，因為這些說法暗示暴力、憤怒和仇恨帶來的傷痛能夠隨著時間而遺忘。一九九二年的記憶或許逐漸褪色，但城市的新生代正在成長，他們持續意識到，人人一體適用的基本公平正義仍有進步空間。承受傷痛和療癒工作都是永無止境的。今日洛杉磯的許多領導人物都是自一九九二年暴動以來從事社區工作長達數十年的老手，但他們也累了，對於誰能接替自己公開表示疑惑。讓新一代領導者做好準備是持續不斷的挑戰，要是新生代無法挺身而出，信任網絡就有可能消解，使社區再次倒退。

倫理系統既是運行的，也是規範性的，它們維持每日互動的均衡，同時也指出擾亂均衡，有待改正的因素。[22]倫理作業系統為共同體指出必須共同克服的不公不義。

既然洛杉磯已是拉丁裔人口占多數的城市，它的作業系統核心就有了一份新的期待：設法為無證移民爭取公民身分。博伊爾高地的拉丁裔高中生都想上大學，但他們擔憂父母的無證移民地位會讓他們的補助申請被否決。對美國夢的追求激勵了他們勇敢逐夢，移民地位卻又讓他們寸步難行。[23]

只要證明文件問題仍然被當成拉丁裔獨有的問題，它就無法得到解決。問題在於其他共同體是否也同樣給予關切。洛杉磯的中產階級家庭仰賴保姆、管家和駕駛看顧家宅和財產，並照料子女和年邁的父母。當這些員工因為缺少合法證件而被逮捕，他們的問題也就成了雇主的問題。這樣一來，移民地位問題就不再只是西班牙裔獨有的問題，它們也就進入了白人中產階級的政治議程。

儘管政治訴求的興起將各個共同體團結在一起，最重要的問題卻仍未解答：「共同體」一詞的意義究竟是彼此共有的，或是區分彼此的？洛杉磯是一個「隔離多元」，還是「多種文化多元」的範例？[24]這座城市是共同居住實現多元，還是它的社區仍各自分居？

如同我們在傑克遜高地遇見的人，洛杉磯居民對於城市的種族及族裔地理也有著敏銳的認知——哪些鄰里是屬於白人、黑人、拉丁裔、亞裔或是混居的；哪些鄰里安全、哪些危險；哪些是中產階級區域、哪些是新興區域；還有哪些鄰里的房地產規模在下跌。人們的居住選擇實際上是一種公民投票，由此決定是否願意居住在不同於自己的人們中間。

洛杉磯的許多社區都是混居的：洛杉磯超過三分之一的郵遞區號並沒有明顯占多數的族裔，但另外三分之二確實仍由同類聚居，語言和出身共同體相近的居住在一起。[25]這樣的隔離有一部分在道德上是無害的，反映出群體自我選擇的模式；另一部分在道德上卻是有疑慮的，反映出對其他群體的恐懼和反感。

在此同時，隔離與自我隔離卻又出奇地易變。洛杉磯的各鄰里似乎都在急速變遷。群體搬來又搬走，鄰里繁榮又衰落。結果，儘管這座城市確實有些赤貧區域——全市有百分之十七點六的人口生活水準低於貧窮線——但在洛杉磯，沒有一個地方的機會階梯是被阻斷的。總是有人力爭上游並遷居他處。[26]最了不起的是，這樣一座不斷吸納新移民的城市，仍能設法為新來者預留機會。出生於墨西哥，但生活在洛杉磯的墨西哥裔，百分之四十四在洛杉磯都有自己的家。他們一旦擁有住家，也就有了遷居他處並力爭上游的擔保品。

而在相當程度上，「隔離多元」也被政治層面建立的社區聯盟給彌補了。沒有一個族裔或種族群體取得絕對主導的權利。每一位市長候選人都必須建立遍及全市的跨種族聯盟，才能贏得選舉。[27]建立政治聯盟對於維繫一套共享的作業系統至關重要，這也是洛杉磯得以避免一九九二年暴動重演的原因之一。

當城市像洛杉磯這樣擁有多元族裔，就不能再以自上而下的指揮及控制方式治理。它們需要的反倒是水平治理（horizontal governance），運用共同體及企業領袖的人際網絡分散權力，一同致力維繫共享的作業系統。[28]

這些人際網絡必須確保，沒有任何單一群體對契約及酬庸獨享控制權。徇私偏袒足以引燃怒火，一經煽動即成燎原事端。跨族裔的政治動員唯有在政治聯盟安排了公平分配酬庸之後，才能防範「隔離多元」引爆衝突。

但除非實體經濟能夠健全發展，否則道德經濟仍將崩解。正如其他城市的煎熬似乎顯現出來的，地方經濟若不能產生就業機會和稅收，城市仍無法凝聚。洛杉磯確實擁有以中小企業為基礎，根基深厚的製造業和服務業，提供就業機會和課稅基礎。[29]但最近的一份報告指出，洛杉磯的失業率過去二十五年來持續高於全國平均，也無法創造出新的就業機會或支應退休金負債（pension libailities）的課稅基礎。[30]因此實體經濟是很脆弱的，一旦實體經濟動搖，道德經濟也將隨之動搖。

全球城市同樣是易受損害的，因為它們的經濟與全球供應鏈結合在一起，而它們對此幾乎無力掌控。洛杉磯的製衣業得和孟加拉競爭，好萊塢也得和寶萊塢競爭。在連結全球經濟的現金交易之中，就連洛杉磯這樣強大的城市都無法掌控自身在全球秩序中的競爭條件。[31]

但現金交易並非無法無天。城市和聯邦法規對工作時數與條件都有明文限制。洛杉磯製衣業的工作條件或許艱苦，但製衣廠不符合法律規範的話，仍會被勒令停業。實施勞動基準與建築標準或許是工會與管理階層之間持續不斷的鬥爭，人手不足的市府當局夾在中間，但勞工在這場爭取勞動基準的戰鬥中並不是毫無力量。

有些悲觀主義者宣稱，在洛杉磯捍衛勞動基準的鬥爭必敗無疑，這些人多半具有進步陣營或左翼的資歷。既然上海或馬尼拉的薪資更低廉，國際開放經濟中的現金交易也就把降低門檻的競賽強加給了洛杉磯。[32]

樂觀主義者則不願承認洛杉磯注定輸掉這場競賽。移民持續不斷湧入洛杉磯，加上洛杉磯小規模而有彈性的製造業基礎，令它得以維持競爭優勢。不僅如此，二〇一三年時支撐住洛杉磯的多數就業機會，是一九六〇年尚未出現的。就連低薪的移民也有能動性：他們只會在對自己有利時，才向北方的發達國家遷移。移民仍然確信自己來到美國就能獲利。機會的應許為低薪經濟提供了道德正當性。少了這份正當性，作為道德共同體的城市就會失敗。

※

總而言之，我們走訪傑克遜高地和洛杉磯的過程，說明了機制與平凡美德之間變動不居的關係。族裔間互相信任、寬容及調適的美德，有賴於各司其職的機制：警察和法院在法律之前反覆提供一種基本的平等，政治人物對一切群體維繫一套合理公平的酬庸分配，房地產和工作的上升階梯也不問宗教或族裔，持續向所有人開放。在一九九二年暴動以來洛杉磯力圖維繫的美德向上提升過程中，各機制尚可接受的表現既鞏固了平凡美德，也重建了維持城市和平所需的社會信任。但機制和美德的向上提升是很容易被逆轉的。洛杉磯仍然承載著向下沉淪可能後果的記憶，而這份記憶如同其他因素，保持著美德與機制之間的動力往正確方向運行。

經由電影和電視節目，我們對現代超多元全球城市普遍產生的印象，是把它們看作道德叢林。真實的洛杉磯卻與電影恰恰相反，證明這些反烏托邦印象的虛妄。人們並不願意生活在叢林裡。洛杉磯證明人們為了共同體、為了共享的地方、為了可以信賴的人，進行何等深刻的奮鬥。這可不是一部多愁善感的小說。在生硬的經濟現實上，城市缺少共享道德作業系統的某些關鍵要素就是無法運作：志向相同、知識相同、維持階級與種族連帶的領導者人際網絡，以及司法正義和警察公正執法成為街頭上的常規。這些都絕非理所當然。光是維持城市運行就是永無休止的鬥爭，需要所有人每天再次投入重新與彼此相見、跨越成見、只憑親眼所見逐一評價他人、尋找並建立和陌生人的聯繫，以及重寫準則，讓共有作業系統持續運作的任務。

這可是了不得的成就。十九世紀的思想家，例如彌爾（John Stuart Mill）就懷疑在不同宗教及族裔出身的人群中間有可能維持道德共同體。他質疑代議制民主在公民並非同一族裔或種族的條件下是否有可能。[33]我們則要努力證明他是錯的，我們要展現出，正如美國建國格言「合眾為一」（e pluribus unum）所宣示，美國能以投奔而來的眾多移民，鑄造出一個市民平等的社會。

美國人是在艱難程度超出彌爾想像的條件下進行這項實驗，因為他在自己的時代所見證的經濟全球化力量，仍受到帝國權力的掌控。今天的全球化卻不服膺於任何主權國家，連美國都無法主導。沒錯，國家和國際組織調控市場和公司的力量比起十九世紀更強大了。由於一九四五年開始發展出來的福利國家體系，現代民族國家有了更多能力，保障國民不受全球化影響所擾亂。如今各國施行愈加嚴厲的邊境管制，以保護國民不受全球移民的不利衝擊。但現代的主權國家能夠掌控全球化，就像彌爾時代的大英帝國體系確信自己做到了那樣嗎？當然不能。

確保對全球化的掌控，好讓它創造就業機會而非裁減、支撐共同體而非消滅、保護環境而非摧殘，這正是現代政治的核心問題，無論強國或弱國皆然。我們在傑克遜高地和洛杉磯南部遇見的多數人都確信，無論由自己親手，還是透過自己選出的政治人物，這種掌控都是辦不到的，而這情有可原。[34]這種身受政治無法控制的力量支配的感受，在全球化底層百分之十的落敗者當中最為尖銳，但它甚至也顯現在自認為勝利者的百分之一世界主義者之間。幾乎沒有人還懷抱著卡內基對於形塑時代的歷史力量能夠被主導、理解並掌控的那份信心。

那麼，我們所有人面臨著歷史加速進展，以及工作和人生都被民主體制無法控制的力量所支配的感受，又該如何是好？

這正是自下而上的平凡美德視角派上用場之處。它意味著對於絕大多數人而言，全球化帶來的更大問題，乃至更大威脅和契機，純粹是他們無法企及或無從理解的。但這樣的反應並非出於無知。和我們交談的每個人都十分清楚，洛杉磯正在和馬尼拉、胡志明市及上海競爭，而這場競爭極有可能對他們的生活帶來巨大衝擊。真正的問題在於，一個普通人對自己人生的重大決定因素能否做些什麼。政治人物和理論家可能會談論「奪回控制權」，但絕大多數人體驗到的全球變遷，使他們對這種修辭充滿懷疑。因此，平凡的美德就是一種將就度日、繼續生活、把不允許解答的重大問題排除在外的策略。從平凡美德視角看來，善盡自己的職責、鄰居車子拋錨時送她一程、把吹風機借給走廊對面的房客或為她代收包裹、在街上與來自一百個不同地方的人群相處、參加鄰居的節慶、確保子女把功課做完，並且盡力在順境與逆境中維持婚姻或愛情，能做到這些也就足夠了。

這並非聽天由命的政治行動，而是展現韌性。它聚焦於實際上能夠達成的目標，而遵循平凡美德的人們則盡己所能，努力在生活周遭重現道德秩序，因為少了秩序，他們的人生就會失去意義。當一座全球城市的公民在傑克遜高地，或洛杉磯南部的鄰里實現了一種稱作「共同體」的脆弱共善（common good），他們就獲得一次攸關全球化本身的重大勝利。他們在地方範圍裡再也不覺得自己是非人力量的俘虜了。透過與他人基於信任而成功互動，他們再也不覺得自己是別人遊戲中的卒子。在城市中擁有道德共同體，也就是對自己實際經歷的人生找回一些主權的表象。就是要有這樣的感受，你才能和他人一起努力，以人道的目標形塑彼此的共同生活。在洛杉磯這樣的城市裡，平凡的人類在無數次的互動中，奮力將一個眼看就要淪為道德叢林的地方，轉變成一個日復一日為千百萬人帶來意義、安全感和繁榮的共同體。這是一項朝不保夕的成就，一場永無休止的實驗，隨時有可能毀於暴力，但也為我們有可能從全球化傾瀉於全世界的力量中建立秩序提供一份希望。

---

1 Steven Vertovec, "Super-diversity and Its Implications," *Ethnic and Racial Studies* 30, no.6 (2007): 1024–1054; Fran Meissner and Steven Vertovec, "Comparing Super-diversity," *Ethnic and Racial Studies* 38, no.4 (2015): 541–555; Timothy Garton Ash, Edward Mortimer, and Kerem Oktem, "Freedom in Diversity: Ten Lessons for Public Policy from Britain, Canada, France, Germany and the United States" (Oxford: St. Antony's College, 2013); Saskia Sassen, *The Global City: New York, London, Tokyo* (Princeton, NJ: Princeton University Press, 1991).

2 "The World's Cities in 2016" (New York: United Nations, 2016), http://www.un.org/en/development/desa/population/publications/pdf/urbanization/the_worlds_cities_in_2016_data_booklet.pdf.

3 Enoch Powell, "Speech to the Birmingham Conservative Association," April 10, 1968, http://www.telegraph.co.uk/comment/3643826/Enoch-Powells-Rivers-of-Blood-speech.html.

4 卡內基研究會參訪洛杉磯的旅程，得力於南加州大學下列機構的合作：列文倫理與人文研究所（the Levan Institute for Ethics and the Humanities）、移民融合研究中心（the Center for the Study of Immigrant Integration）、宗教與市民文化研究中心（the Center for the Study of Religion and Civic Culture）、猶太大屠殺基金會（the Shoah Foundation），以及洛杉磯市政府移民事務辦公室、洛杉

磯市警察局，還有安娜柏格傳播學院（the Annenberg School）。我十分感謝列文研究所的賈德森博士（Dr. Lyn Boyd Judson）寶貴的協助，以及移民融合中心的法拉（Hebag Farrah）為我查閱參考書目。

5 David Halle and Andrew A. Beveridge, *New York and Los Angeles* (New York: Oxford University Press, 2013), 4.

6 參看Edward Thompson, "The Moral Economy of the English Crowd in the 18th Century," *Past and Present* 50 no.1 (1971): 76-136。另見Sam Bowles, *The Moral Economy: Why Good Incentives Are No Substitute for Good Citizens* (New Haven, CT: Yale University Press, 2016)。

7 Will Kymlicka, *Multicultural Citizenship* (Oxford: Clarendon Press, 1995); Kwame Anthony Appiah, *The Ethics of Identity* (Princeton, NJ: Princeton University Press, 2005); Charles Taylor, *Multiculturalism: Examining the Politics of Recognition,* ed. Amy Gutmann (Princeton, NJ: Princeton University Press, 1994).

8 Adam Smith, *The Theory of Moral Sentiments,* intro. Amartya Sen, ed. R. P. Hanley (1759; London: Penguin, 2009).

9 這些數據見於Los Angeles 2020 Commission, "A Time for Action" (Los Angeles, 2014), http://clkrep.lacity.org/onlinedocs/2014/14-1184_MISC_b_8- 25-14.pdf；另見Roger Waldinger, "Not the Promised City: Los Angeles and Its Immigrants," *Pacific Historical Review* 68, no.2 (May 1999): 253-272; Harry W. Richardson and Peter Gordon, "Globalization and Los Angeles," in *Globalization and Urban Development,* ed. Harry W. Richardson (Berlin: Springer, 2005), 197–209。

10 Anthony Damasio, *Descartes' Error: Emotion, Reason, and the Human Brain* (New York: Penguin, 2005);

Joshua Greene, *Moral Tribes: Emotion, Reason, and the Gap between Us and Them* (New York: Penguin, 2013); Steven Pinker, *How the Mind Works* (New York: W. W. Norton, 1997).

11 Robert Behn, "Some Thoughts on the Five Challenges that Tacit Knowledge Creates for Public Management" (conference paper presented at St. Gallen University, Switzerland, June 2016).

12 Susanne Wessendorf, "Commonplace Diversity and the 'Ethos of Mixing': Perceptions of Difference in a London Neighborhood," *Identities: Global Studies in Culture and Power* 20, no.4 (2013): 407–422; Amanda Wise, "Hope and Belief in a Multicultural Suburb," *Journal of Intercultural Studies* 26, nos.1–2 (2005): 171–186.

13 道德善性的厚實和薄弱理論，參看Michael Walzer, *Thick and Thin: Moral Argument at Home and Abroad* (Notre Dame, IN: University of Notre Dame Press, 1994)。

14《博伊爾高地脈動報》官網‥http://www.boyleheightsbeat.com。

15 Manuel Pastor and Chris Benner, *Just Growth: Inclusion and Prosperity in America's Metropolitan Regions* (London: Routledge, 2012).

16「更好的洛杉磯」官網‥http://www.abetterla.org/programs/。

17 Aquil Basheer and Christina Hoag, *Peace in the Hood: Working with Gang Members to End the Violence* (Los Angeles: Hunter House, 2014).

18 Kristy Hang, "The Seoul of LA: Contested Identities and Transnationalism in Immigrant Space" (PhD diss., School of Cinematic Arts, USC, 2013).

19 R. T. Schaefer, "Placing the LA Riots in their Social and Historical Context," *Journal of American Ethnic History* 16, no.2 (Winter 1997): 58–63; M. Herman, "Ten Years After: A Critical Review of Scholarship on

the 1992 Los Angeles Riots," *Race, Gender and Class* 11, no.1 (2004): 116–135; Paul J. Kaplan, "Looking through the Gaps: A Critical Approach to the LAPD's Rampart Scandal," *Social Justice* 36, no.1 (2009): 61.

20 Christopher Stone, Todd Foglesong, Christine Cole, "Policing Los Angeles Under A Consent Decree: The Dynamics of Change at the LAPD," *Harvard Program in Criminal Justice Policy and Management,* May 2009; 另見L. D. Gascon, "Policing Divisions: Race, Crime and Community in South LA" (PhD diss., UC Irvine, 2013).

21 Richard Flory, Brie Loskota, and Donald Miller, "Forging A New Moral and Political Agenda: The Civic Role of Religion in Los Angeles, 1992–2010" (unpublished paper, Center for Religion and Civic Culture, USC, 2011).

22 Paul F. Diehl, Charlotte Ku, and Daniel Zamora, "The Dynamics of International Law: The Interaction of Normative and Operating Systems," *International Organization* 57 (Winter 2003): 43–75.

23 Manuel Pastor and Enrico A. Marcelle, "What's at Stake for the State: Undocumented Californians, Immigration Reform, and Our Future Together" (Los Angeles, Center for the Study of Immigration Integration, University of Southern California, 2013), http://csii.usc.edu/undocumentedCA.html .

24 Roger Waldinger, "Not the Promised City: Los Angeles and Its Immigrants," *Pacific Historical Review* 68, no.2 (May 1999): 253–272; Philip J. Ethington, "Into the Labyrinth of Los Angeles Historiography: From Global Comparisons to Local Knowledge," Los Angeles and the Problem of Urban Historical Knowledge, A Multimedia Essay, http://www.usc.edu/dept/LAS/history/historylab/LAPUHK/Text/Labyrinth_Historiography.htm .

25 Waldinger, "Not the Promised City"; 另見 Greg Hise, "Border City: Race and Social Distance in Los Angeles," *American Quarterly,* 56 no.3 (September 2004): 545–558, http://www.jstor.org/stable/40068233。

26 參看"Los Angeles 2020"; Scott Kurashige, "Crenshaw and the Rise of Multiethnic Los Angeles," *Afro-Hispanic Review* 27, no.1 (Spring 2008): 41–58。

27 Raphael J. Sonenshein, "The Dynamics of Biracial Coalitions: Crossover Politics in Los Angeles," *Western Political Quarterly* 42, no.2 (June 1989): 333–353.

28 Bruce Katz and Jennifer Bradley, *The Metropolitan Revolution: How Cities and Metros Are Fixing Our Broken Politics and Fragile Economy* (Washington, DC: Brookings Institution Press, 2013).

29 參看 Richardson and Gordon, "Globalization and Los Angeles."

30 "Los Angeles 2020".

31 Karl Marx and Friedrich Engels, *The Communist Manifesto* (1847).

32 Mike Davis, *City of Quartz: Excavating the Future in Los Angeles* (London: Verso, 1990).

33 John Stuart Mill, *Considerations on Representative Government* (1861), chap 4: "Under What Social Conditions Representative Government Is Inapplicable."

34 Jeffry Frieden, "Will Global Capitalism Fail Again?" (Brussels: Bruegel Essay, 2009), fig. 1; Dani Rodrik, *The Globalization Paradox: Democracy and the Future of the World Economy* (New York: Norton, 2011); Joseph Stiglitz, *Making Globalization Work* (New York: Norton, 2007); *Globalization and Its Discontents* (New York: Norton, 2003).

第三章 里約熱內盧
——秩序、貪腐與大眾信任

聖瑪爾塔（Santa Marta）是一片活潑而混亂，令人目眩神搖的狹長棚戶、陋屋和煤渣磚住房，依著里約熱內盧陡峭蔥鬱的峽谷而建。至少八十年了，它一直是來自不同種族且不斷流動的五千位窮人的家園。這裡沒有傑克遜高地或洛杉磯的超多元，有的反倒是與新興全球中產階級的富裕緊鄰的棚戶區裡毫無出路的貧困。這群如今在全球各地人數超過十八億的中產階級，為伊斯坦堡、墨西哥城、孟買和里約帶來繁榮與成長，但他們的生活與棚戶區中赤貧人群生活之間的差距卻顯著擴大。[1]聖瑪爾塔的問題不同於傑克遜高地或洛杉磯。我們到里約是為了了解快速全球化由下而上所見的模樣，並探討經濟快速成長究竟如何影響有財有勢的中產階級，與他們拋下的大量窮人之間的道德及政治關係。如同在傑克遜高地和洛杉磯的做法，我們也透過具體觀察警方與他們理應保護的人民之間的關係，來探討這些更大的問題。我們發現，要是在這個關鍵領域欠缺法治，社會及階級關係中更普遍的道德秩序就會變得脆弱，容易被突發的暴力破壞，這在洛杉磯也曾發生過。這些假定使得我們的團隊奮力攀上了聖瑪爾塔陡峭而蜿蜒的步道。我們要去見這個貧民區裡無人不曉的「普利西亞少校」。

普利西亞・塞維多（Priscilla de Oliveira Acevedo）成長於遠離貧民區的中產階級家庭。但她並未以律師或法官為業，而是加入巴西聯邦警察。如今她負責指揮維和警察部隊（Unidade de Policia Pacificadora, UPP），職責是從罪犯和販毒幫派手中奪回聖瑪爾塔的控制權。[2]她今年三十五歲。

全世界所有反對警察暴力和貪腐的運動都知道她的大名。國際透明組織（Transparency International）、收入觀察研究所（Revenue Watch），及國際貨幣基金都資助反貪腐的運動。沒有哪一項全球性規範比反貪腐傳揚更快、得到更多國際權威支持，也沒有哪一種貪腐行徑比警察貪腐更危險、更難肅清。而這些反貪腐運動需要女英雄，需要生平經歷足以號召遠方陌生人的人物。普利西亞少校正是這樣一位女英雄，她模稜斡旋於全球規範與在地現實兩者之間。她向我們團隊的記者和學者講述我們樂意聽信的故事，但她也知道現場的真實狀況，了解貧民區生活的暴力實況。

二〇〇七年，普利西亞二十九歲時，七名歹徒劫持她的座車，把她丟進車後行李箱，將她載往一處貧民區扣留數小時，並且到處打電話勒索贖金。她當時已下班，她確信要是歹徒發現行李箱裡的警察制服，必定會殺掉她。但不知為何，他們始終不知道自己綁架了一名女警。她在歹徒打電話時設法逃脫，並前往醫院治療割傷和瘀血。隔天她就報到上班，決心親手追捕綁架她的人。幾星期後，她和其他警員重返案發現場，對襲擊她的人進行攻堅，拔槍制伏他們。每一個歹徒都被判入獄。巴西的一份刊物為了這次英勇表現而稱她為「城市保衛者」，讓她成為封面人物。美國國務院邀請她前往華盛頓，頒贈「國際婦女勇氣獎」（International Woman of Courage）給她。在一張照片上，身穿警察制服的普利西亞少校羞怯地微笑，手持獎座站在國務卿希拉蕊（Hillary Clinton）和第一夫人蜜雪兒（Michelle Obama）中間。二〇〇八年，聯邦警察任命她指揮維和警察，這支聯邦警察部隊負責聖瑪爾塔地區。維和警察部隊是全球警察執法之中最動見觀瞻的實驗。

里約是一座非常暴力的城市，巴西則是一個暴力且嚴重不平等的國家。[3] 貧民區裡的窮人對城市警察的恐懼與販毒幫派相同。里約市的凶殺案件有五分之一是由執法人員犯下的。在某些案件中，警察直接向死者後腦開槍予以處決。警察被起訴的案件極少。[4]

貧民區在十九世紀晚期發展起來，當時是獲得自由的奴隸和貧窮工人的非法聚落，他們因為住不起其他地方而在里約的山坡上落腳。這些地方沒有警察、衛生設施、街道或市政服務。他們落在國家和法律管轄之外，由幫派統治並提供工作機會、公平正義和安全。一九七〇年代的里約市長試圖鏟除貧民區，卻發現這只會逼使窮人進入中產階級鄰里。因此市政當局轉而開始為貧民區提供電力、街道和排水溝。一度泥濘打滑的聖瑪爾塔山坡小路，就是在此時鋪上路面的，過去沿著山坡流下的汙水也導入地下排水道。將貧民區納入城市公共建設的範圍並不能解決所有問題：販毒集團仍然統治著貧民區。[5]當局隨後展開一系列殘酷的綏靖步驟，和販毒幫派進行大規模槍戰。貧民區居民則在雙方交火時遭受池魚之殃。[6]暴力衝突激烈到附近的中產階級鄰里，都得在窗戶上加裝防彈玻璃。

二〇〇八年，巴西政府派出準軍事部隊乘坐裝甲運兵車包圍聖瑪爾塔，動用壓倒性的武力。販毒幫派一被驅逐，接受過人權與社區警政特別訓練的警察單位——維和警察就進駐貧民區執行「綏靖」。普利西亞少校知道，綏靖有兩重目標：從幫派手上奪回控制權，但也要保護窮人不受警察危害。

她的英勇表現確實綏靖了聖瑪爾塔，同時為里約其他地區的維和警察行動建立典範。她是一位輕聲細語而又外向、迷人的巴西警察反貪腐代表人物，如今用來接待世界各國代表團的時間和實際執勤一樣多。我們就是這樣一個代表團，在陡峭峽谷頂端的維和警察總部得到一場精神講話和一部影片的接待，聖瑪爾塔的貧民區就沿著山坡向下伸展。在普利西亞帶路下，我們穿越令人無法置信的角度層累疊加在山坡上的棚戶、陋屋，和煤渣磚房之間的迷宮般街道，下山時孩子們圍繞著她。

從我們在聖瑪爾塔迷宮中探索的幾小時看來，維和警察似乎發揮了效能。以同意為基礎的社區警政，確實為居民的平凡美德賦予了力量。比方說，我們看到兩位來自聖瑪爾塔的青少年和兩名警察抬著擔架，小心翼翼地穿行於貧民區陡峭蜿蜒的階梯，護送一位心臟病發的老人搭乘山下大街上等待著的救護車。路人們紛紛放下從超級市場辛苦搬上來的採買物品，協助擔架通過。其他人則詢問這位老人的健康狀況，而他虛弱地點頭回應。

有些跡象顯示，良好的警察執法使得其他機制也重獲生機。宗教信仰從來不曾遠離聖瑪爾塔，但如今禮拜能夠和平舉行了。有幾間小小的福音教會和五旬節教會，名稱和所屬教派印寫在門板上，門內則是一排排整齊的板凳，面向祭台和基督受難像。

聖瑪爾塔的秩序令人想起了傑克遜高地或洛杉磯南部貧困鄰里中的超多元秩序，儘管兩者有所不同。聖瑪爾塔是貧窮黑人和貧窮白人的家園，儘管有著明確的社會位階——有些家屋塗上了灰泥，裝設了窗戶和暖氣設備，另一些則是脆弱的鐵皮屋，門戶洞開任由風吹——但生活在一個共同體，並對此同感自豪的感受仍清楚展現出來。這是辛勤工作的婦女們的秩序，她們清掃家門外的階梯、在小屋裡的爐子上為子女準備晚餐、照顧在沙發上打盹的母親。我們幾乎沒有遭遇到猜疑的一瞥或凝視。每個人對於陌生人路過似乎都能泰然自若。街道的整潔、屋內一塵不染的乾淨、垃圾或惡臭的完全消失，這一切相加起來成了一份道德宣言：一家接著一家、鄰居接著鄰居，一種對於周遭環境的脆弱控制被集體維繫了起來。敞開的門窗、探頭出來說話的人們，全都顯示出鄰居之間一種以信任維繫的微觀秩序。一個在敞開的窗邊做功課的孩子在我們走過時抬頭看，然後繼續做她的算術；母親們準備晚餐或指點女兒如何攪拌湯汁；男人在窗台邊和敞開的門口抽菸。洗好的衣服高掛在狹窄的街道上方晾乾。頭頂上的每一個接線箱都有密密麻麻的纜線，連接在高溫下轟鳴的電視和冰箱。將商品懸掛在門口的小店販售衛生紙、刮鬍刀和清涼飲料。還有為女人修指甲的美容院，以及讓男人收看足球賽和喝啤酒的酒吧；還有一間社區會議室提供電腦讓孩子們連線上網。每個人都認識普利西亞少校。一位頭髮整齊地綁成辮子的貧窮黑人女性走出門外，打掃門外的陡峭階梯。沒錯，她說，她在這裡住了四十年；這是個好地方，現在比從前更安全，以前是由毒梟統治，他們的幫眾手持AK－47步槍巡行街頭。普利西亞少校走過時，這位老太太停下打掃工作，向她點頭致意。

我們在一個小廣場上撞見了驚喜：一座真人大小的麥可・傑克遜（Michael Jackson）銅像，雙臂高舉伸向里約灣。他顯然是在一九九五年和著名導演史派克・李（Spike Lee）一同前來拍攝單曲「他們不在乎我們」（They Don't Care About Us）的音樂錄影帶。里約市府當局允許傑克遜和他的團隊在貧民區拍攝，卻又擔心這位歌手只會給這座城市的問題帶來他們不想要的關注。聖瑪爾塔的居民則有不同想法：或許這位歌手的到來能為「他們的」問題引起關注。他來了又走了，只留下銅像。

聖瑪爾塔成了一處目的地，成為尋找音樂錄影帶拍攝地點的各界名流，或是尋求驚人美景、想從門口匆匆一窺窮人生活而後離去的觀光客聞風而來的貧民區；或者當地的領導人物乃至市府當局是如此期望，他們相信里約的犯罪與貧窮實際上都在掌控之中。

至少從聖瑪爾塔的視角看來，道德全球化是複雜的雙向象徵互動過程，觀光之類的產業和反貪腐之類的訴求尋找著新的地點和新的正當理由，在地人則奮力爭奪任何在全世界亮相所能帶來的好處。人們努力從互動中得到收穫，即使未必都能得到他們所期望的結果。比方說，聖瑪爾塔歡迎我們這樣的代表團。他們甚至在山下的貧民區入口掛了一塊招牌，自豪地宣布這裡是觀光景點。一個挪威研究團隊發現，他們和觀光客唯一的爭執，是觀光客在當地酒吧並沒有太多消費，導遊也不是在地人，而是從外地來的。[7]

在本地與全球的相遇之中左右為難的則是普利西亞少校，她努力讓聖瑪爾塔成為安全的地方，但也了解自己正在為自己幾乎無從掌控的政治議程服務。我們造訪的時候，里約正在爭取主辦兩項全球盛會——二〇一四年世界盃足球賽，以及二〇一六年夏季奧運會。這兩大盛會向在地菁英應許了一個致富機會，同時宣告巴西正式躋身世界強國。為確保賽事順利進行，里約的政治菁英們必須讓犯罪問題得到控制。普利西亞感受到採取行動的壓力，即使她也知道，把販毒幫派趕出聖瑪爾塔，只不過是讓他們轉移到其他鄰里。[8]

普利西亞少校的警察工作，為力圖從全球認可中獲益的地方政治人物和企業家提供了道德包裝。它為全球各地的訪客提供了他們盼望適用於其他地方的經驗與範例。但她並未被愚弄——長期受苦受難的聖瑪爾塔居民會不會被愚弄，也令人懷疑。這兩方都知道，聖瑪爾塔的道德秩序是很脆弱的。維和警察的執法確實改善了居民的生活。只是沒有人知道資金補助能否持續、政治承諾能否維持，或者一旦奧運會閉幕，全世界的關注轉向他處，可怕的舊日時光會不會重來。隨著巴西經濟衰退，舉辦奧運的鉅額債款支付期限來臨，以及首都巴西利亞（Brasilia）的政治危機讓菁英階層陷入癱瘓，良好的警察執法與平凡美德帶給聖瑪爾塔的脆弱秩序，存活機會恐怕很渺茫。[9]

在墨西哥城、孟買、伊斯坦堡、約翰尼斯堡和里約等二十一世紀的全球城市中，全球化將貪腐所得的大量金錢傾瀉進了在地政治體系，來自鄉鎮和村莊的大量移民則湧進了棚戶區和非正式聚落，帶來了新的人潮。這兩股趨勢在聖瑪爾塔這樣的地方匯聚在一起。國家需要控制這些不受管轄的空間，棚戶區的人民則要求秩序。警察和販毒幫派戰鬥，以決定哪一方的秩序占上風。警察若不能獲勝，平凡的美德就無法蓬勃發展，但感染了政治菁英的貪腐若不徹底被清除，警察就不可能獲勝。貧民區的人民都明白這點。他們受到自身社會持久不變的不公義和貪腐現實充分的薰陶。儘管貪腐或警察暴力在巴西都不是新鮮事，看來確實新鮮的——至少在我們看來，是一點微薄的希望——則是社會光譜兩端同時上升的政治期待：新興的中產階級選民對政治菁英貪腐的憤怒，以及貧民區中一種新起的意識，體認到警察若不誠實執法，他們的平凡美德就不可能維繫住聖瑪爾塔的道德秩序。

卡內基團隊抵達里約時，巴西最高法院剛結束席爾瓦（Luiz Inácio Lula da Silva）總統政府的高級官員，針對「高額月費醜聞案」（Mensalão scandal）的行賄罪指控提出上訴的聽審過程。一位國會議員揭露，執政的工人黨（Partido dos Trabalhadores, PT）政府官員每月付給他月費（mensalão），換取政府提出的法案在國會獲得通過。

我們不免疑惑，席爾瓦何以墮落到行賄的地步？其中一個原因是政黨體系的零碎化。我們得知，巴西總統無法指望在眾議院掌握四分之一以上的席次。席爾瓦自己的黨就是個難以駕馭的政治同盟，除了靠理念，還得靠同樣程度的政治酬庸才能結合起來。為了維繫自己的同盟，並爭取一群少數黨的支持，席爾瓦總統的團隊，或許是席爾瓦本人決定了他們必須花錢行賄。此事歷時一年多未被察覺，而後突然爆發在大眾眼前。四十位國會議員遭到懲處並開除公職。席爾瓦辯稱對此事全不知情，但這場醜聞已經損害了這位就職時自稱不同於其他前任總統的聲譽。我們抵達里約時，最高法院的公開審理經由電視轉播，已經讓這起事件成了眾人議論紛紛的頭條新聞。[10]

我們的團隊在一個濕熱的六月天和法官、政治人物、新聞記者及學者會面，討論貪腐問題。會談地點在聯邦法院的文化會館，這是一幢壯觀的十九世紀建築，座落在里約一條寬敞的林蔭大道上。我注意到，在我們討論的主持人席位上，擺放著西塞羅和查士丁尼

（Justinian）的石膏頭像。我想著，這可真是一雙對貪腐略知一二的搭檔。西塞羅的《論責任》（*De Officiis*）向歐洲菁英傳授市民德行長達一千年之久，查士丁尼法典則將羅馬法學植入歐洲及全世界法律體系的構造中。現代的全球反貪腐規範與論述，全都從這些羅馬文獻傳承而來。[11]查士丁尼和西塞羅都明白，好的機制能向上提升鞏固美德，壞的機制則會向下沉淪腐蝕美德。他們兩人想必都會把一種具體的貪腐形式——政治中的權錢交易，看作共和國自由及自治的最大威脅。

我們和巴西專家學者們的「全球倫理對話」，將我們投入複雜的在地準則之中，它們讓全球規範的實行變得無比困難。專家們對我們說，我們真正必須了解的是，為何巴西的普通公民一再讓貪腐行徑眾人皆知的政治人物連選連任。[12]

其中幾位專家將巴西的問題追溯到葡萄牙語本身。葡萄牙語沒有一個詞彙能夠說明「負責交待」（accountability）。另一些專家則論證，貪腐在葡萄牙帝國殖民時期已經成了巴西政治文化的流行病，也有一些人將問題根源定位在巴西國族獨立時期，還有一些人則主張，問題出在現代巴西人看待法律的心態。巴西人有一種鑽法律漏洞的方法，即所謂「小手段」（jeitinho），耍弄小手段的人並不會被蔑視、反而得到崇拜。法規本身並未獲得支持，因為大眾都知道，官僚利用法規「製造難題，以推銷解決方案」。在一些法律學者看來，選民懈怠的根本原因深深埋藏在歷史上看待拉丁美洲國家的心態之中。公共機制被看作是統治菁英代代相傳的財產，他們被允許運用公共財為所欲為，只要有些好處能向下涓滴給窮人。一位專家論證，唯一一種令巴西選民震驚的腐敗，是完全不讓窮人分一杯羹的腐敗。「他偷竊，但他會做事」（葡萄牙語稱作 rouba mas faz）是一句稱讚的話。[13]

一位政治學者告訴我們，貪腐、賄賂和酬庸是一套認可且反映出社會深刻分歧，而又極力防止這些分歧將社會完全撕裂的政治體系所不可或缺的潤滑劑。有一位專家對我們說，在巴西這個全世界所得分配不均程度最嚴重的地方，買票是富人和窮人結盟的唯一一種方式。

其中一次這樣的結盟讓席爾瓦得以執政。我們得知，巴西選民在高額月費醜聞案中姑且相信了席爾瓦，因為在他任內，約有兩千九百萬巴西人得以躋身中產階級。窮人家庭尤其受益於家庭津貼（Bolsa Familia）計畫，這項計畫提供一千一百萬個貧窮家庭資金，讓他們的子女上學。[14]

一九八〇年代自軍人執政轉型為民主政體，使得獨立的法院、非政府組織和自由的媒體成立，而這些機制以民主的公開透明精神彰顯貪腐文化問題，實際上使貪腐問題更加清晰可見，政治殺傷力也更強。因此，巴西所具備的良好機制，對美德產生悖論式的影響：法院和自由的媒體讓揭弊者得以公開告發，但公開舉發的雪崩效應，看來卻只是讓大眾更加確信巴西的政治文化無藥可救。

其他專家學者則表示，我們不應誇大巴西民眾的懈怠。巴西並不缺少全球反貪腐規範的有力倡議者；除了巴西透明組織（Transparência Brasil），還有自由的媒體，以及在高額月費案中將犯罪者繩之以法的獨立司法。這些獨立機構都需要得到大眾的持續支持。但它們也全都不斷遭到施壓，司法獨立承受的壓力尤甚。在我們的全球對話中，一位年輕法官告訴我們，她入行的第一份工作，是被派往一個小鎮上的法庭，當地的一個大人物造訪她的辦公室，劈頭就問：「你的門隨時開著嗎？」當她回答不是，既不向他也不向其他人開門，他就不再理會她。她前任的門從來不曾關上，這點再清楚不過。

和我們對談的巴西專家們以悲觀的語調總結一整天的對話。他們一致認為，只要政治人物和選民繼續互相勾結維持貪腐現狀，反貪腐的全球規範就無法改變政治文化。但在他們提出這個結論時，一陣異樣的喧囂突然在聯邦法院大樓的窗外響起。我們向窗外看去，留意到身穿巴西國旗綠黃兩色的示威者們正從法院大樓外經過，而且人數越來越多，他們手持標語、揮動著看板。

我提議我們一起下樓到街上去，了解一下發生什麼事。於是我們推遲後續的討論，和兩位聯邦法官一起加入示威群眾的行列，此時已多達數千人。

二〇一三年六月那一週的接下來幾天，我們都在街頭；這時，巴西各大城市全都因為反貪腐的大規模示威而停擺，首都巴西利亞也不例外，那兒的示威者爬上了國會大樓的屋頂，並試圖衝進總統府而和警察大打出手。[15]專家學者們告訴我們，巴西人對於貪腐都聽天由命。示威抗議卻讓我們看到並非如此。

後來得知，首先引發抗爭的導火線是公車和客運票價調漲。我不免疑惑，這為何會讓大規模抗爭一發不可收拾？參與我們全球對話的一位記者提供了一部分解答。當我們詢問哪一種貪腐最能吸引她，她的回答是：避稅。她以一種我們在世界各地都聽過的說法表示，因為「我們已經付了兩倍代價」。我們花錢支付衛生、運輸及警察服務，但從稅金得到的回報卻一文不值。於是我們得自掏腰包再花一次錢：子女就讀私立學校、家宅雇用私人保全，以及通勤所需的私家車。她繼續說，所有這些事全都發生在席爾瓦政府投注數十億元整修足球場館，好讓巴西舉辦世界盃的一年之中。

這個解釋讓我們對於街頭為何擠滿了示威者，公車和客運票價調漲又為何引發如此強烈的民怨產生了第一印象。削減大眾服務，同時投注數十億元修建頂級運動場館，在示威者看來已經不只是愚蠢行為了。這是蔑視人民的羞辱，清楚表明了政治人物關照自身的致富機會，更甚於選舉他們上台的人民利益。而在抗爭的背景中，最高法院審理高額月費案產生的憤恨餘味也同樣揮之不去。

六月那一週，我們在里約加入的示威群眾是年輕的白人中產階級：上班族、銀行出納員、律師祕書、人力資源事務員以及技師，他們來自市中心的辦公室，和鄰近院校的大學生走在一起。我們沒有看到多少穿西裝打領帶的主管或貧民區居民。

遊行示威者立刻就對我們說自己並不關心政治。對其中許多人來說，這是他們生命中頭一次參加示威抗議。看來他們之中沒幾個人對前衛或基進的政治姿態感興趣。這正是上街遊行的平凡美德：公民認為他們受夠了。許多人將巴西國旗披在身上，以表現自己的愛國情操而非政黨傾向。看不出這場遊行受到預先籌劃的跡象，就算有計畫，也是最低限度的。看來是臉書動員發揮效果。我們遇見各個自備標語牌和口號的隊伍。其中一個由市立圖書館員組成的隊伍在城市公園的草坪上席地而坐，正在爭論看板上要寫些什麼。最後，其中一人拿起氈尖簽字筆草草寫下：「壞事太多了，一張海報說不完！」

那第一個下午，我們在越來越密集的人群中迂迴行進時，我看見一位年輕女子拿著手寫的標語牌，上面寫著：「人民覺醒了！」另一張標語則是：「新的巴西來臨了。」其他看板則譴責國會通過法律，限縮檢察官調查貪腐案件的職權。這些示威者對抗的是他們的政治人物，而不是反對體制。他們顯然還是相信檢察官只要得到機會，就能將罪行繩之以法。

就在那第一個下午，隨著人數持續增加，群眾也充滿好奇，他們感受到自己的力量，也意識到他們與世界其他地方抗爭運動的親緣關係。一位示威者對我說，這是他們的阿拉伯之春，就像開羅的解放廣場（Tahrir Square），另一位則說像是不過幾星期之前伊斯坦堡蓋齊公園（Gezi Park）的示威。而在一小群基進人士看來，這正是他們加入全球反資本主義運動的時機。有些人戴著幾年前首次出現在紐約占領華爾街抗爭的小丑（the Joker）面具。

到了示威者在里約商業區中心一座十八世紀殖民風格，被高聳的辦公大樓遮蔭的大教堂門前集結的時候，群眾已經擠滿了廣場，鼓手們在一輛平板卡車的後方平台上演奏，樂聲已是震耳欲聾。

突然，一群身穿紅色T恤的中年男女打出了巴西總工會（Central Única dos Trabalhadores, CUT）的旗幟，這是與執政的工人黨同一陣線的工會。群眾中的青年男子猛地衝上前去，推倒了工會旗幟，搶走工會成員散發的傳單，將傳單拋向天空。眾人開始高呼：「出去！出去！出去！」沒過多久，工人黨的支持者就被趕進一條後巷，拖著大旗消失無蹤。

群眾的情緒立即黯淡下來。示威者趕走了企圖收編他們的政治投機分子，這時卻面臨了與開羅解放廣場和伊斯坦堡蓋齊公園的群眾相同的問題。反政治的抗爭若不走向政治化、推舉合適的領導階層、組織聯盟平台、施行紀律並驅除滲透者，又要如何成功？

一位示威者跟我們說過：「沒有領導人的話，就不會有人被腐蝕了。」問題在於，沒有領導者的話，就沒有行動方向了。你若是看不起現在統治自己的政治人物，又要用誰替代他們？這些問題得不到解答，講台上的領導人也無法鼓動或吸引示威者情緒，群眾開始逐漸散去。

夜幕低垂時，一個更暴力的團體接手現場，隨即有人向商業區的窗戶投擲石塊，碎玻璃灑滿了人行道。稍後，一群群四處流竄的蒙面人拿著球棒開始破壞提款機。由此釋放的暴力十分驚人，破壞行徑在全球反資本主義的修辭中自行正當化。隔天早晨，當驚嚇的群眾瞠目結舌地望著破壞現場，前一天興高采烈的心情一掃而空，新的焦慮逐漸浮現。我聽見一個人這麼說，那時她正看著被洗劫一空、碎玻璃灑了滿地的提款機：「天主拯救我們，要是貧民區也進來的話怎麼辦。」新興中產階級發動了示威。這時他們卻害怕豁出去的人們進來接手。

※

當我們在二〇一三年六月那一週結束時離開里約，反貪腐示威已經解散。但由此點燃的火苗仍在悶燒，並在往後數年間再次成為燎原大火。高額月費醜聞案之後，另一樁更大的醜聞在二〇一五年成了報章雜誌的頭條新聞，涉案者包括龐大的國營石油集團——巴西石油（Petrobras）。多達數十億美元的巴西能源收益，流入了執政的工人黨高層手中。[16] 巴西石油醜聞案重新激起了二〇一三年的怒火。街頭示威和有力的司法調查，最終將總統羅塞芙（Dilma Rousseff）彈劾下台，儘管她竭力自稱是「憲法政變」的犧牲品，但她抹黑檢察官和法官名聲的企圖卻失敗了，因為大眾堅定不移地支持司法行動。接著在二〇一五年六月，第三起醜聞爆發，這次涉案的是巴西的營建巨頭——奧德布雷希特集團（Grupo Odebrecht），集團主席奧德布雷希特（Marcelo Oderbecht）以行賄政治人物的罪名遭到逮捕，收賄者包括推翻羅塞芙總統的一方。[17]連同新任總統泰梅爾（Michel Temel）在內的這些政治人物隨即也成為調查對象，當他們也被拖下水，憤怒的大眾不免疑惑究竟還有沒有人能收拾殘局。曾經一度自信即將成為大國，在全球南方國家中興起成為巨人的國度，到了二〇一六年卻因經濟崩潰，加上軍人統治結束以來最嚴重的憲政危機而陷入癱瘓。至於普利西亞少校也調職了，從聖瑪爾塔來到荷西亞（Rocinha），這是一個更棘手的貧民區，對抗販毒幫派的戰鬥仍在如火如荼進行著。普利西亞少校得同時在兩條戰線上作戰：既要對付幫派，又要對付自己的警察同仁。荷西亞的前任指揮官懷疑一位無辜的貧民區居民為幫派通風報信而施以酷刑凌虐，隨後殺害，因此被解職起訴。[18]

巴西這個全球道德化故事，提供幾項經驗教訓。它揭示了菁英勾結的文化足以對抗全球規範的程度，在這個例子裡，對抗的是通行全世界驅除貪腐罪惡的咒語。的確，全球規範本身，乃至非政府組織共同體中的每一個國際倡議者，都沒有機會改變一個國家的政治文化，除非全球成為在地，除非這些規範在國內能獲得強力支持。而在巴西，反貪腐的訴求唯有在贏得大眾支持，以及聯邦檢察署和法院等機構理解到，積極投入這項全球號召可以提高自身權力、鞏固體制之後，才能燃燒起來。

倘若問題終究要回到這項規範為何能夠延燒，那麼真正要緊的還是人民群起對抗找藉口鑽漏洞的在地文化。全球規範的傳播者，像是國際透明組織、世界銀行等國際組織都只能袖手旁觀。要解釋巴西人民的反抗，在那些劇變的六月天裡，決定性的因素看來是道德反感，是示威者認為自己被政治人物作踐的感受。這種感受的產生出人意表。巴西年輕人已經聽天由命太久了，但再也不會了。他們找到市民德行，還有國家屬於自己、國家的道德健康決定於自己願意挺身捍衛真正價值的情感。

巴西事件的最後結果卻顯得希望渺茫。歷經三年的民憤和司法調查，巴西的政治體系仍陷於碎裂，謀私自利的文化仍然原封不動。巴西恰恰揭示了一個名義上的自由憲政，可以被應得權益（entitlement）和謀私自利的文化腐蝕得何等徹底，正如西塞羅和查士丁尼一千年前的警告。儘管如同西塞羅和查士丁尼所告誡的，貪腐是共和政體最古老的試探，二十一世紀貪腐的與眾不同之處，則是政治菁英與巴西石油等國家資本主義巨頭，乃至奧德布雷希特集團等私有資本主義巨頭之間惡性的相互依存關係。少了大公司的獻金，政治人物就無法進行大規模的民主競選；少了唯有政治人物才能提供的執照和法規特許，資本主義巨頭就無法確保對市場的寡占控制。良好的機制——在巴西的例子裡是自由媒體和獨立司法——通常會在交易完成之後得到消息，經由媒體揭發和司法起訴而得以懲治違法之徒，但官商勾結的系統性模式看來注定會重演。要是政治菁英的德行敗壞，廣大選民又與政治菁英的貪婪上下相賊，良好的機制也不足以挽救共和國。經濟全球化，尤其是一九九〇年代以來流入巴西的大量金錢，則腐蝕了政治菁英，並制伏了自由民主政體為了掌控貪腐問題而設立的機制。全球化也擴大貧富之間的鴻溝，也削弱了理應讓警察在聖瑪爾塔及其他貧民區正當執法，成為不分貧富共有價值的規範。包括媒體、反貪腐的非政府組織、國際銀行及機構在內的國際行動者，都對這樣的趨勢予以譴責，這些行動者組成了全球警戒網，在奧運會等全球盛事助陣下持續施加壓力。可是到頭來，終究只有巴西自己，只有她的民主政體、自由機制，以及最重要的，巴西人民洗雪恥辱的義憤，才有可能扭轉拖垮這個國家的共謀與勾結。

---

1 Mario Pezzini, "An Emerging Middle Class," *OECD Observer,* 2012, http://www.oecdobserver.org/news/fullstory.php/aid/3681/An_emerging_middle_class.html .

2 Jonathan Watts, "Voices of Brazil: The Police Chief Pioneer," *The Observer* (London), January 26, 2014; Donna Bowater, *Daily Telegraph* (London), October 19, 2013.

3 World Bank, World Development Index, Brazil, http://wdi.worldbank.org/table/2.9 .

4 Human Rights Watch, "Good Cops Are Afraid: The Toll of Unchecked Police Violence in Rio de Janeiro," *Human Rights Watch,* May 2016.

5 Clarissa Huguet and Ilona Szabó de Carvalho, "Violence in the Brazilian Favelas and the Role of the Police," *New Directions for Youth Development* 119 (2008): 93–108; Rogerio F. Pinto and Maria S. Do Carmo, "The Pacifying Police Units of the State of Rio De Janeiro: Incremental Innovation or Police

Reform," *Public Administration and Development* 36 (2016): 121–131; Erika. R. Larkins, "Performances of Police Legitimacy in Rio's Hyper Favela," *Law and Social Inquiry* 38, no.3 (2013): 553–578; Suketu Mehta, "In the Violent Favelas of Brazil," *New York Review of Books,* August 15, 2013, http://www.nybooks.com/articles/2013/08/15/violent-favelas-brazil/?pagination=false .

6 M. Alves and P. Evanson, *Living in the Crossfire: Favela Residents, Drug Dealers and Police Violence in Rio de Janeiro,* (Philadelphia: Temple University Press, 2011), 113–133.

7 Bianca Freire-Medeiros, Márcio Grijó Vilarouca, and Palloma Menezes, "International Tourists in a 'Pacified' Favela: Profiles and Attitudes. The Case of Santa Marta, Rio de Janeiro," *Die Erde* (Berlin) 144, no.2 (2013): 147-159.

8 Janet Tappin Coelho, "Brazil's 'Peace Police' Turn Five. Are Rio's Favela's Safer?," *Christian Science Monitor,* December 19, 2013.

9 Natalia Viana, "Brazil's Security Plans for the Olympics Raise Eyebrows," *Open Society Foundations,* August 5, 2016; Anna Jean Kaiser and Andrew Jacobs, "Security Force of 85,000 Fills Rio, Upsetting Rights Activists," *New York Times,* August 7, 2016, http://www.nytimes.com/2016/08/08/world/americas/rio-olympics-crime.html?_r=0 .

10 Michael Clausen, "Corruption and Democracy in Brazil: An Interview with Timothy Power," *Brasiliana: Journal for Brazilian Studies* 1, no.1 (September 2012); Carlos Pereira, Timothy J. Power, and Eric D. Raila, "Coalitional Presidentialism and Side Payments: Explaining the Mensalão Scandal in Brazil," Occasional Paper BSP 03-08 (Oxford: Brazilian Studies Programme, Latin American Centre, University of Oxford, 2008).

11 Marcus Tullius Cicero, *De Officiis* (*On Duties*), ed. M. T. Griffin and E. M. Atkins (Cambridge: Cambridge University Press, 1991); 查士丁尼皇帝統治時期，則在公元五二九到五三四年間頒布《民法大全》（*Corpus Juris Civillis*），成為現代民法的根基。

12 Manuel Balan, "Surviving Corruption in Brazil: Lula's and Dilma's Success despite Corruption Allegations and Its Consequences," *Journal of Politics in Latin America* 6, no.3 (2014): 67–93.

13 參與我們討論的人包括利瑪（Roberto Kant de Lima）教授、米瑟（Michel Misse）博士、莫辛諾（Gláucia Mouzinho）博士、戈梅斯（Abel Gomes）、內托（Odilon Romano Neto）、奎洛斯（Arthur Gueiros）、威利斯（Jean Wyllys）、伊歐里歐（Rafael Iorio），以及卡內基國際學人杜亞特（Fernanda Duarte）博士。

14 Amaury de Souza, "The Politics of Personality in Brazil," *Journal of Democracy* 22, no.2 (2011): 75–88.

15 *Soccer Politics*, "Corruption and the 2013 Protests in Brazil," blog entry by Vishnu Kadiyala, 2013, http://sites.duke.edu/wcwp/world-cup-2014/politics-in-brazil/corruption/ .

16 Monica Arruda de Almeida and Bruce Zagaris, "Political Capture in the Petrobras Corruption Scandal," *Fletcher Forum on World Affairs* 39, no.2 (Summer 2015): 87–97; Monica Arruda de Almeida, "Managing Public Perceptions: New Wealth and Corruption in Brazil," *Fletcher Forum on World Affairs* 36, no.2 (Summer 2012): 51–55; E. E. Dellasoppa, "Corruption in Brazilian Society: An Overview," in *Policing Corruption: International Perspectives*, ed. R. Sarre, D. K. Das, and H. J. Albrecht (Oxford: Lexington Books, 2005); 另見 Kurt Weyland, "The Politics of Corruption in Latin America" (conference paper presented at the University of New Mexico, September 1997); Michael Clausen, "Corruption and Democracy in Brazil: An Interview with Timothy Power," *Brasiliana: Journal for Brazilian Studies*

1, no.1 (September 2012), 107–120; Pereira, Power, and Raila, "Coalitional Presidentialism and Side Payments."

17 Daniel Gallas, "Brazil's Odebrecht Corruption Scandal," BBC News, March 7, 2017, http://www.bbc.com/news/business-39194395 .

18 Brad Brooks, "Rio's Slum 'Pacification' Effort Stalls as Killings Tick Up," Reuters News, August 4, 2016.

第四章 波士尼亞——戰爭與和解

二〇一四年六月二十八日這一天，是從黎明時分宣禮員（muezzin，穆安津）召喚信士禱告的粗嘎詠嘆中開始的。附近有兩座清真寺，都是一五四〇年代由土耳其帝國的技工和石匠興建的，較小的一座就在歐洲飯店（Europa Hotel）後方，另一座則是壯麗的大清真寺，有一片由石板鋪成的寬闊廣場，入口處有一座噴泉，以及由大理石和黃銅打造的淨身處。這時是塞拉耶佛（Sarajevo）的齋戒月。清真寺今天會被人潮擠滿。

在我十一歲那年，我們全家人到塞拉耶佛度假。我的母親在門外等候，而我的父親、弟弟和我洗淨雙腳，走進了格齊・胡色雷貝伊（Gazi Husrev Bey）大清真寺，在圓頂大殿坐下，身上投射著灑落在古老地毯上的一道道光線。對於一個習慣了基督教教堂的小男孩，這目眩神迷的一刻令我終身難忘。大殿中沒有圖像、沒有祭台，沒有一個可供視線聚焦之處，只有遼闊而回音繚繞的靜謐圓形空間，以及遠處的陰影裡，一位老人盤腿席地而坐讀書。

當塞拉耶佛上方山區的塞爾維亞人在一九九二到一九九五年的戰爭期間炮轟清真寺，這同時也是對一種特定信念（或者其實只是錯覺？）的攻擊：伊斯蘭教數百年來都屬於歐洲大陸，猶太人、基督徒和穆斯林，更別提塞爾維亞人、克羅埃西亞人和波士尼亞人，在這片大陸上至少也能和睦相處一段時日。

由於小時候曾在南斯拉夫住過兩年，對於誰是塞爾維亞人，誰又是波士尼亞人或克羅埃西亞人毫無概念，南斯拉夫的分裂在我看來顯得特別悲慘和難以理解。當塞爾維亞人在一九九一年入侵克羅埃西亞，我花了幾星期遊走於斯洛維尼亞東部，兩個新興國家邊境上的村莊戰爭前線。我在武科瓦爾（Vukovar）的廢墟遭到槍擊，也在塞爾維亞軍的前線度過一夜，與克羅埃西亞敵軍僅僅相距兩百公尺。[1]

村莊戰爭是很個人的事，雙方的男人們曾在同一間加油站工作，或追求過同一個女孩，如今卻在相隔不遠的掩體中廝殺，距離近到他們拉起電話線，在每天夜晚的交火間歇打電話辱罵對方。我在雙方陣營都停留了幾天，試著探詢信任和共同生活的美德是如何彷彿在一瞬間消失無蹤，代之以如此令人困惑且不斷升高的仇恨。他們自己也不明白兄弟怎會變成敵人，過去的朋友竟對彼此開槍。看來，在塞爾維亞人和克羅埃西亞人都能仰仗狄托（Josip Broz Tito）總理的威權國家保護時，這樣的美德並不難維持。一旦狄托去世，共產體制瓦解，自由的人民能夠舉辦選舉，他們就選出了國族主義政治人物，這些人的訴求是對南斯拉夫聯邦瓦解之後的生存問題「誰來保護我？」提供一個解答。曾經信任同一個國家的朋友和鄰居，如今各自投奔到國族主義軍閥和槍手的保護傘下。平凡的美德消失了，取而代之的是仇恨、恐懼和憎惡。

我寫過三本書討論南斯拉夫的災難，包括《血緣與歸屬》（*Blood and Belonging*），但我是在安全的倫敦寫作，而我的記者同業們卻共同承受塞拉耶佛的危險，他們從機場沿著狙擊手走廊（sniper alley）狂奔到假日飯店（Holiday Inn），行經《解放報》（*Oslobodenje*）大樓被炸毀的廢墟，塞爾維亞人從帕萊鎮（Pale）射出的子彈，在他們身邊的混凝土地面上砰砰作響。[2]

當戰爭結束，局外人對波士尼亞提出的問題也變了。此時的課題是如何協助仇敵和解，如何找回失去的信任與寬容美德。對於所謂的國際社會來說，波士尼亞成了再造失落的寬容及社群共存美德的大規模演示計畫。北大西洋公約組織的部隊在街上巡邏，海牙的國際刑事法院努力伸張正義，預期在正義實現後能獲致和解，歐洲聯盟則派出監督人員，引導交戰的各民族回歸民主，還有一小群在北美和歐洲最好的大學接受訓練的青年，湧入此地傳授衝突預防、轉型正義、人權、和解和經濟發展。如今回想起來，波士尼亞是一項道德全球化重要實踐的菁華和頂點：接受普世主義的道德紀律，以及和解與寬恕技能訓練的局外人，試圖勸說飽受摧殘的局內人接受他們的道德準則。[3]

而現在，絕大多數的局外人都離開了。國際刑事法院的工作即將告一段落，歐盟的監督人員也各自回國，普世主義者的大軍則前往其他地方，來到阿富汗、中非共和國、蘇丹和緬甸。波士尼亞得自力更生。還有諸如巴西的貪腐和警察暴力、奈及利亞的資源詛咒，[4]以及到處發生的氣候變遷等等新問題。

戰爭結束十九年，也是第一次世界大戰爆發一百週年之時，我們卡內基研究會團隊來到塞拉耶佛，紀念卡內基遺贈創立研究會一百週年，以及那場摧毀卡內基絕大多數夢想的世界大戰一百週年。沒有一個人比他更盼望商業和技術的全球化，以及隨之而來的道德觀念全球化會讓戰爭不再可能發生，也沒有一個人在一九一四年的炮火響起時比他被現實更加殘忍地敲醒。

我們在大清真寺隔壁的格齊・胡色雷貝伊圖書館集合，參加紀念活動。這座大樓和清真寺一樣，都在圍城期間遭到損毀。戰後重建圖書館時，資金卻不是來自歐盟，而是由卡達人提供。既然戰爭結束了，這一切全都是塞拉耶佛向東漂移過程的一部分。波士尼亞全國各地的清真寺，宣禮塔都曾被克羅埃西亞人或塞爾維亞人的炮火摧毀，後來都靠著波斯灣國家提供經費重建起來。就好像歐洲再也不把這個地方當成自己的一部分。

格齊・胡色雷貝伊圖書館距離那條狹窄的街道只需步行五分鐘，一百年前，就在那條街上，奧匈帝國皇儲伉儷的座車轉錯了彎而倒車調頭，給了身染肺結核，同時在他的時代裡也是國族主義聖戰士的波士尼亞塞裔青年普林西普（Gavrilo Princip）機會，從口袋裡掏出手槍，近距離射殺大公和他的妻子蘇菲，引發了一連串事件，在六週之內讓六個帝國投入一場全球大戰，最後全都在戰爭中被摧毀。[5]普林西普的槍擊使得奧匈帝國在波士尼亞分崩離析，卻只帶來巴爾幹半島各民族爭奪霸權的殊死鬥爭，並在一九八〇年狄托去世，他的「兄弟團結」政權隨之瓦解之後重新上演。[6]為我們揭開後帝國時代序幕的漫長歷史就從這裡開始，在巴爾幹半島上，一場爭取自決的鬥爭首先摧毀奧斯曼帝國，隨後摧毀奧匈帝國，最後瓦解歐洲本身的秩序。

在世界其他地方，第一次世界大戰的紀念活動都會由昔日的敵人齊聚一堂。今天，法國和德國的領導人能夠並肩站在一起，一同追憶彼此共有的愚行，並誓言絕不重蹈覆轍。在塞拉耶佛卻不是這樣。塞爾維亞人抵制紀念活動，因為他們確信穆斯林會利用紀念儀式，將兩場戰爭歸咎於他們：首先是普林西普點燃一九一四年的世界大戰，而後是一九九二到一九九五年塞拉耶佛的受難。

我們在格齊．胡色雷貝伊圖書館的禮堂會合時——以波斯灣國家的純白大理石築成，看上去像是機場或購物商場——禮堂裡的多數座位都空無一人。塞拉耶佛人自己避不參與。他們寧可讓外國人來紀念一九一四年的大戰，因為他們知道局外人又要來宣講和解、原諒、調和等等令他們厭倦至極的美德。我們這場紀念活動的主辦人，塞拉耶佛市地位最高的穆斯林教長——大穆夫提（grand mufti）身著長袍和纏頭巾，起身以波士尼亞語緩緩宣讀一段文字。但他所說的並非簡潔俐落的老生常談，而是一段讓所有人都專注聆聽的話。他說，人們若是感受不到彼此擁有共同的政治前途，他們是無法與過去和解的：「我們對未來並沒有共同的展望。但這是讓我們對過去開展共同想像的唯一方法。」

一九九五年岱頓協定（Dayton Accords）簽署二十多年後，[7*]波士尼亞還是沒有政治前途可言。這是一場被凍結的衝突，政治體系在這個國家的「構成民族」中間四分五裂：塞爾維亞人在北部和東部建立自己的共和國；克羅埃西亞人在西部極力鼓動與鄰國克羅埃西亞結合的政治實體，波士尼亞的穆斯林則害怕克羅埃西亞人和塞爾維亞人會把剩下的國土瓜分掉。儘管聯邦機構理應由這三個民族所共享，實務上每一份工作和職位都由每一個民族輪流擔任，或直接分配給他們；但事實證明，岱頓協定所落實的卻恰恰是它力圖克服的族群隔離。[8]

研究會執行長羅森索是一位瘦長結實，認真而風采翩翩的倫理學家，他在大穆夫提之後登上講台。他談到和解是一個「再次下定決心，運用理性和經驗一同重建人生」的契機。卡內基研究會的理事魯普（George Rupp）隨後發言，在一套共同價值的全球倫理脈絡中討論和解，這套全球倫理也就是多元文化主義，它尊重宗教及政治權威的差異，但也致力實現一項原則：人類交流之中的權威來源必須可供所有人一體運用。[9]

牛津大學倫理、法律及武裝衝突研究中心聯席主任羅丹（David Rodin）接著講話，他主張被戰爭撕裂的人群，如今能夠以共同信奉一套全球倫理為基礎實現和解，包含在這套倫理之中的人權及戰爭法，都是一九一四年尚未出現的價值。

牛津大學的國際關係教授羅伯茲爵士（Sir Adam Roberts），對於全球倫理在這些方面的實用性並不那麼樂觀。他指出，普林西普發射的子彈摧毀了從奧斯曼帝國到奧匈帝國統治下，一度蓬勃發展的跨族群調和。一百年過去，此地的跨族群秩序仍然遙不可及。他說，二十世紀的歷史是一段「在焚燒中學習」的故事。我們焚燒了，但我們學習得太晚。

研究凡爾賽和約及第一次世界大戰的起源貢獻卓著的歷史學家麥克米蘭（Margaret MacMillan）指出，十九世紀的歐洲人深信全球化讓人類的心靈與智慧結合為一體，使戰爭不再可能發生。但在他們的新興倫理之中，至少有一項核心要素，實際上卻把歐洲菁英們推向災難，那就是民主。當現代國家為自己贏得大眾選民的效忠，這些選民就成了國家最強烈的捍衛者。在大眾民主之前，戰爭是「內閣戰爭」，由國王的內閣官員決定，為了菁英們的目標而進行的聲望與榮譽之戰。內閣戰爭僅僅局限於他們自己的欲望和暴力。俾斯麥的參謀總長，一八七〇年在色當（Sedan）擊潰法國的普魯士人老毛奇將軍（Helmuth von Moltke），在退休時發出警告：內閣戰爭在大眾民主的時代裡，將由他所謂的「人民戰爭」

取代。老毛奇提醒：「點燃戰火的人有禍了。」[10]民主最為突飛猛進的一百年同時也是總體戰的世紀，這並非巧合。

克羅埃西亞裔的美國歷史學家巴納克（Ivo Banac），則將會議拉回到波士尼亞的脈絡。他和藹地駁斥戰後湧入波士尼亞，試圖教導在地人和解及衝突預防新技術的所有這些局外人。巴納克指出，和解不是一套技術或一個過程，不是由外地人來傳授給本地人學習的。這是一段緩慢的沉澱過程，隨著雙方的戰士衰老死去，一度不共戴天的仇敵慢慢接受彼此作為對手而共同生存。巴納克以雙目失明的阿根廷作家波赫士（Jorge Luis Borges）重新敘述的該隱與亞伯故事，為整場紀念活動畫下句點：

亞伯死後，亞伯和該隱二人又見面了。他們在沙漠裡行走，老遠就互相辨認出來，因為兩人身材都很高大。兄弟二人席地而坐，升起一堆篝火，吃著東西。和日暮黃昏感到勞累的人一樣，他們都不做聲。天際出現一顆還沒有起名字的星辰。在火光輝映下，該隱看到亞伯額頭被石塊砸破的傷痕，剛拿到嘴邊的麵包掉了下來，他請求亞伯寬恕他的罪行。

亞伯回答說：

「是你殺了我，還是我殺了你？我記不清了；眼前我們待在一起，和以前一樣。」

「現在我知道你確實寬恕了我，」該隱說：「因為忘懷意味著原諒。我也要試圖忘懷。」

亞伯緩緩說道：

「正是這樣。只要內疚不止，罪責就繼續存在。」[11]

隔天，我和史都華，以及我們的隨行翻譯萊拉・伊凡迪奇（Leila Efendic）一同駕車，沿著一條蜿蜒的兩線道路，穿越連綿起伏的田園，前往塞拉耶佛東方兩小時車程的斯雷布雷尼察（Srebrenica）。我們的嚮導穆罕默德・杜拉柯維奇（Muhamed Durakovic）坐在前座助手席，他是個身材魁梧而蒼白的人，大約四十五六歲，在海外為國際失蹤人口委員會（International Committee on Missing Persons, ICMP）工作。他通常在利比亞工作，但軍閥如今掌控當地，情況變得太危險，因此他返回家鄉。[12]當我們接近斯雷布雷尼察這個他出生的地方，他向外張望貧瘠的牧草地，偶爾有匹馬藏身在樹蔭下，然後他開始緩緩地說話。他的聲音時高時低，恰好蓋過了引擎聲。而我們聆聽著，就像托爾斯泰的中篇小說《克魯采奏鳴曲》（*The Kreutzer Sonata*），一個男人在黑暗的火車車廂中向一位同行旅客傾訴一生的祕密。穆罕默德正是那位傾訴生命故事的陌生人，我們則是沉默的聽眾。[13]

「斯雷布雷尼察曾經有三萬七千人口。我們有礦場——銀礦和鋁土礦——也有林場。我父親在國有林場當護林員。從前這裡有百分之八十三是波士尼亞人，但我高中時代最要好的朋友是一個塞爾維亞人，名叫德拉甘（Dragan）。突然之間，在一九九二年，塞爾維亞人開始搬離這個城市，好像他們已經被警告將來會發生什麼事。接著民兵部隊從貝爾格勒來到，把我們的房子燒了，只留下車庫給我們。我們的鄰居說我們應該搬進塞爾維亞人的空屋，但我們沒有。我們在自己家的車庫住了三年。來自其他村莊的難民開始湧進斯雷布雷尼察。一九九三年，法國將軍莫里永（Philippe Morillon）來到這裡，在郵局二樓演講，對我們說聯合國會來保護我們。一開始有一個營的法軍，然後是一營加拿大兵，都是年輕人，搞不清楚狀況，但他們很棒。國際組織也在這裡——無國界醫生（Médecins sans frontières）、國際紅十字會、聯合國難民署（UNHCR）。然後荷蘭人來了，一九九五年來了五百人，進駐波托查里（Potocari）的工廠。我會說一點英語，因此成了本地警察和荷蘭營（Dutchbatt）之間的聯絡人。我們把武器交給了聯合國，但塞爾維亞人不交武器。他們在上面的山區，從狙擊步槍的瞄準鏡就能看到我們，他們開始在街上射殺我們。然後糧食短缺了。聯合國派出護送車隊載運糧食給我們，但塞爾維亞人阻止了他們，聯合國一點辦法也沒有。到了七月，塞爾維亞人進駐，荷蘭人袖手旁觀。穆拉迪奇（Ratko Mladic）遊行穿過鎮上，我還記得他在塞爾維亞電視上講話：『我們從土耳其人手裡攻下了這個城鎮，現在該復仇了。』」

「他們把所有女人——包括我母親和兩個姐妹——裝上巴士，送到圖茲拉（Tuzla），荷蘭營在一旁看著——然後他們帶走男人。」他從車窗裡指著樹林。在道路兩旁茂密的森林深處，就是斯雷布雷尼察的男人被槍殺並扔進淺淺墓穴的地方。

「我和那些決心翻山越嶺，逃往圖茲拉的男人在一起。我準備得很充分：我帶了指南針、背包、飲水和食物，和我父親一起離開。那時一片混亂，深夜時分，他們炮轟我們。我們找到一條小徑，然後又迷路了。我們身邊都是傷患，都是嚇壞的人。我和我父親失散了。我以為我失去了他。和我同行的那個男人接近一條道路時——就是這條，當我們的休旅車駛過，他指著那條路——月亮升起了，我說：兄弟，你要穿過這條路的話，他們會把我們都給殺了。於是我們回頭。我又找到了我父親。我們大吵一架。他說他要回去找一個塞爾維亞人村莊，請求他們收留。他說：我這輩子沒做過壞事，他們不會殺我的。我對他說他瘋了。我們繼續前進，隔天看到了恐怖的事：腐爛的屍體，以及還沒斷氣，但被塞爾維亞人裝上詭雷的人體。我父親雙眼無神，大受驚嚇又筋疲力竭，他無法理解自己看到的事。不久，我們這群人就只剩六個。我們穿過被遺棄的波士尼亞村莊，空無一人，所有人都走了，只有動物到處游盪。我還記得有一隻小牛跟著我們。牠也嚇壞了。那時，我們正在前往傑帕（Jepa）的方向。我記得有一天夜裡，我們悄悄接近一間房屋，那兒有一位留著大鬍子的塞爾維亞士兵正在院子裡劈柴。我父親認出了他，想去跟他說話。但我輕聲說：不要。」

「我們在夜間行動。我還記得有一次，有三個騎馬的塞爾維亞士兵就在幾英吋之內和我們擦身而過。我們到了傑帕，卻找不到我的姐妹，於是我們繼續步行到克拉達內（Kladane），我軍的前線就在那裡。從我們離開斯雷布雷尼察的那一夜，走了三十七天才到達我軍的前線。我父親和我，我們一起走到了。我臉上長滿鬍子，全身髒兮兮，體重掉了好多。我去理髮店刮臉，問他們打到塞拉耶佛的電話還通不通。他們說是通的，我記得我祖父的電話號碼，於是撥號。他接了電話。我說我們都還活著。我們都哭了。」

「你們知道，」他說：「我父親帶了一把手槍，還有足夠他殺死我和他自己的子彈。有一次，當我們深夜在樹林裡，他說他要扣下扳機先殺了我再自殺，他流著淚問我會不會原諒他？我說我會，但我求他不要這麼做。」

「基本上，我活到現在他都對我很嚴厲，我做的每件事他都批評。但我救了他一命。爸爸也同意，但他現在會說：『你就只做過救我一命這件事嗎？』」

他看著從車窗外掠過的樹木，那片曾經致人於死的森林，那個他勸說父親不要自殺的地方，然後把視線轉開，帶著男人強忍眼淚時的那副僵硬表情。

※

波托查里那間曾由荷蘭營借宿的工廠，也是女人被裝上巴士載走，男人被列隊押送到樹林裡的地方，如今還在，門窗緊閉而且上了鎖。道路的另一端是一座集體墓地，斯雷布雷尼察被殺害的男人屍體發現後就埋葬在這裡。[14]

我們和斯雷布雷尼察的母親們見了面，四位戴著頭巾，身穿波士尼亞長褲的女性，她們為了確保家中的男人們被好好埋葬而奔走了二十年。[15]

她們獲得的成果就躺在她們腳下，一排排延伸了兩百公尺的白色大理石墳墓，共有數千座，每一座墳上都標有姓名、出生日期，以及同一個死亡日期——一九九五年七月十二日。少了斯雷布雷尼察寡婦們的奔走，包括國際法院、國際失蹤人口委員會、北大西洋公約組織在內的國際社會，會不會投注資源尋找集體墓穴，派出鑑識團隊為那些在周遭森林中被發現的屍骸比對ＤＮＡ樣本，恐怕都值得懷疑。她們仍然信任自己的父親、丈夫和兒子，她們的紀念也帶著一種暴烈，但成為職業哀悼者實在是種悲苦的命運。如此強烈的紀念成了一個陷阱，因為她們現在都老了，人生已經所剩無幾。

她們也日復一日地和那些她們認定負有罪責的塞爾維亞人共同生活。有些塞爾維亞人如今仍在市政府或警察局服務。身為波士尼亞穆斯林，在塞族共和國（Republika Srpska）的生活就注定是這樣的，她們確信這個「政治實體」包庇了犯下種族屠殺罪行的人。

她們不相信「這樣一個計畫」——她們如此稱呼種族屠殺——會是由一般人創造出來的。她們曾和一般人作為鄰居，並肩生活在一起。每個人都保持距離，但舉例來說，為自己的孩子找一個塞爾維亞人當教父是有可能的。她們和塞爾維亞人曾經有過正常生活（normalne zhivot），儘管現在她們不得不自問，要是在一天之內，塞爾維亞教子就能把波士尼亞教母的喉嚨割斷，那麼「正常」究竟意味著什麼。

不，她們堅稱這個種族滅絕「計畫」不是由一般人創造的，而是出自那些「科學人」，擁有理念的人，來自外地，來自貝爾格勒的人之手。

這些寡婦們可以搬到塞拉耶佛，但她們還是留在塞族共和國裡，因為這是她們的家園。要是她們走了，計畫就得逞了。

她們被那些住在離家不到兩百碼之處，從家庭教育中學會這個詞的小孩說成「土耳其人」。她們看著「惡意教會」（spite churches）——塞爾維亞正教會（Serbian Orthodox）的教堂在周遭的山上建立。她們聽見教堂的鐘聲在屠殺紀念日敲響，聽起來就像是嘲笑。

夏希妲・拉克馬諾維奇（Shahida Rakmanovic）是一位深思熟慮、穿著講究的五十多歲金髮女性，住在波托查里墓地一英里外的一座美麗山谷中，那裡有蔥鬱的菜園，潺潺流過的溪水，還有果園。她在斯雷布雷尼察經營一間商店。她的丈夫是學校教師。一九九二年五月八日，來自貝爾格勒，由外號「阿甘」（Arkan）的國族主義幫派頭目拉茲尼亞托維奇（Zeliko Raznatovic）領軍的一夥民兵衝進她家，把她的丈夫帶走。他們當天就在警察局裡殺了他。

塞爾維亞人在一九九五年七月攻占斯雷布雷尼察，命令夏希妲的兒子們到波托查里報到準備押解出境。他們拒絕，逃進了森林裡。她冷冷地輕描淡寫道，荷蘭營的所做所為「從任何標準來看都不正派」：荷蘭軍人拋棄了波士尼亞人，他們一撤離到安全地方，就在薩格勒布（Zagreb）的飯店裡拍下自己喝酒跳舞的影片。從一九八九年以來任何一項道德全球化的觀點看來，聯合國和荷蘭營在斯雷布雷尼察的失敗，都稱得上是決定性斷裂的一刻：「國際社會」和陌生人彼此以人權連帶的雙重虛構，都證實了只是殘忍而空虛的幻想。

她自己被裝上一輛巴士，載往圖茲拉，在那裡住了兩年。她的孩子們到了法國，如今住在瑞士與法國邊境。

我問她今後會繼續留在山谷裡，還是到法國與孩子們團聚。「我很困惑。」她輕聲說：「我的孩子們要我和他們一起住。但現在我會留下來。我不要讓他們贏。只要我還是這個村子裡最後一個波士尼亞女人，他們就贏不了我們。」

「我犧牲了我的人生，」夏希妲說：「我是一個守護人。」她的臉紅了，但她沒有哭泣。她目不轉睛地盯著窗外蒼翠的菜園，還有在她的蘋果樹上閃閃發亮的光。

我說：「你打贏了記憶之戰。」由於斯雷布雷尼察婦女們的奔走，全世界都知道了這座城鎮的命運。她點頭。

她們贏得了對過去的戰鬥，卻輸了對現在和未來的戰鬥。像夏希妲這樣的波士尼亞人，曾經是波士尼亞東部的多數人口。由於種族清洗、屠殺和遷徙，他們如今的人口比例只剩百分之五。

暮色漸沉，夏希妲和我一起前去探訪一座波士尼亞人所謂的「惡意教會」——它座落在一個俯瞰波托查里墓地的山丘上，正教會的洋蔥形圓頂凸出樹林之上，從山谷裡的每一個位置都能清楚看到。這座更像是小禮拜堂的教會位於一條鋪石道路的盡頭，道路兩旁都是農場。入口上方架了鷹架，大門上方有一幅將近完成的基督聖像。門廊上斜靠著一面塞族共和國國旗。當我們走近，一位瘦長、皮膚黝黑，身穿被顏料染色的T恤和短褲的青年和我們擦身而過，他在我們走過時點頭致意，而後在我們轉身招呼他時停下腳步。原來他是一位聖像畫家，是來自貝爾格勒的塞爾維亞人，受本地司祭委託前來繪製教堂大門上方的基督聖像。他的英語很流利；當我說我唯一認識的聖像畫家是塔可夫斯基（Andrei Tarkovsky）電影中的盧布耶夫（Andrei Rublev），他笑了。他對這位中世紀俄國聖像畫大師的評價是：「他是我們宗教傳統中的林布蘭。」一位聖像畫家可以從五十種基督形象中任選一種，而他為這座波托查里墓地上方的教堂選了基督作為和平使者的形象。

我們站立交談的鄉間小路旁邊是一道鐵絲網圍籬，由堅固的混凝土柱支撐起來，圍著一片長滿野草，草長及腰的田地。這片被圍籬圈出的區域距離教堂大門約有五十碼。我問他為何這片田地被圍籬這樣隔開。他說，想必是因為這片田地是某人的私有財產。他漫不經心的笑了笑。夏希妲突然搖頭，憤怒地朝他看了一眼。她急切地輕聲說，這個肖像畫家在說謊。他一定知道。他怎能裝作不知道？這片田地被圍籬圈出來，因為它是一處第二墓穴。當最初拋棄死者的墓穴開始發臭，塞爾維亞人就挖出腐爛的屍骸，用卡車載到像這樣更偏遠的地方掩埋。這片田地到處都有屍塊，花了好多年做DNA鑑定，才能讓這些死者在波托查里被體面地安葬。這位肖像畫家聽著夏希妲說話，但沒有回應她咄咄逼人的注視。他的臉龐很溫和，毫無表情，簡直可說像一幅聖像。就好像他根本不在此時此地。然後，他以老派的客套和我握手致意，遞給我名片，繼續走上鄉間小路。

※

離開了斯雷布雷尼察，我們繼續前往鄰近克羅埃西亞邊境，位於薩納河（Sana）畔的普里耶多爾（Prijedor），一路上多半默不作聲。我還記得在戰爭期間，外國記者習慣把普里耶多爾稱做「黑暗之心」。那時它是囚禁波士尼亞穆斯林的一套集中營系統的核心。今天它是塞族共和國的地區首府，波士尼亞人過去占百分之二十左右，如今只有不到百分之五。到了市政府，我們得知原先願意接見我們的市長臨時取消了會面，但塞爾維亞人副市長會與我們見面。她是一位忙碌的市政官員，在一間木板裝飾的辦公室裡，等待她批閱的文件在桌上堆積如山。她很有禮貌，但侷促不安。我詢問她如何紀念那些被囚禁、甚至死在奧馬斯卡（Omarska）、凱拉特姆（Keraterm）、特諾波爾耶（Trnopolje）的養豬場和工業用地上的波士尼亞人，這些地方在一九九二年夏季，被塞爾維亞人改造成第二次世界大戰以來歐洲最大規模的集中營系統。[16]

我問她，當局採取了什麼措施紀念這些「事件」？她和市長在二〇〇五年——還是二〇〇六年？她記不清了——參加過這些「戰爭死者」的集體葬禮，她是這樣稱呼那些從墓穴中被挖出來重新安葬的人。她嘆口氣，望著窗外。「事情已經發生了。」她終於開口，神情陰霾而不快。「我們但願它不再發生。」

而在市政府門外，蘇本・穆伊吉奇（Sudbun Mujdzic）這位髮色鮮紅，身穿牛仔褲和休閒外套的瘦削中年人正等著我們。他是一小群仍然定居於普里耶多爾的波士尼亞穆斯林其中一人，照他的說法是「最後的莫希干人」（Last of the Mohicans）。

一九九二年七月，他和母親正在卡拉科沃（Carakovo）的鄉村住家準備午餐，父親則在河邊用鐮刀割草，這時他們看到身穿軍服的人站在路上，肩上扛著火箭推進榴彈發射器瞄準房屋。他的母親急忙揮舞著白布衝出門外，請求他們不要開火。這些民兵抓住蘇本和他弟弟，逼問他們的年齡。蘇本撒了謊，說他們才十七歲，年紀太小不能當兵。母親哀求不要帶走他們。民兵們正在道路盡頭把男人裝上巴士。民兵拿武器指著蘇本，要他和弟弟帶他們去找父親。當他們走到河岸上，再也無法前進，父親也不知去向，蘇本望著下方泥濘的河水，想著：「我就要死在這裡了。」

就在這時，其中一名巴士駕駛吼叫著要這些男人停下來。這個駕駛是塞爾維亞人，在本地的公車總站曾是蘇本父親的同事，他對民兵說，他會親手處理這兩兄弟。他把蘇本和弟弟裝上他的巴士，載他們到特諾波爾耶，這是一座被塞爾維亞人改造成集中營的養豬場。他們被關押在低矮的豬舍裡。就在那裡，蘇本從一位鄰居那兒得知，塞爾維亞人在河邊找到了正在割草的父親，他們槍殺了他，棄屍在村莊的井裡。

蘇本帶我們走一條被雨水打濕的泥濘道路，來到一片被挖掘過的荒涼田地，有一支法醫團隊最近在這裡又找到一千具屍骸，都是在一九九二年夏季被殺害的。這裡是一處第二現場，如同波托查里的惡意教會旁邊那個地點，屠殺之後幾個月，當第一現場的屍臭令當地人再也無法忍受，屍骸就被運來這裡丟棄。歷經一年有耐心的DNA鑑識工作，才能從稀爛的牙齒、毛髮和骨骼組織中辨別身分。

就這樣，當雨水積滿墓穴地點的坑坑洞洞，我想著：這正是平凡美德面對暴行的運作。身穿實驗衣的團隊一毫米一毫米地搜索整個地區，彎下身來，收回髒汙、被遺棄、被褻瀆的人體組織。他們將這些殘骸帶回實驗室，抽取DNA。實驗室再將DNA樣本與取自存活的表兄弟、母親與叔伯身上的樣本互相比對，工作數月之後，終於把樣本與消逝的生命、被撕裂的存在連結起來。然後，像蘇本這樣的人就能帶回殘骸，予以妥善安葬。

我無法理解蘇本是怎麼和其他人一起花費這麼多年做這件事的。我也無法想像，要堅持日復一日、年復一年地找回並安葬遺骸，需要何等的安靜沉著，以及何等對憤怒、絕望和徒勞的自制力。你又要怎麼一邊進行這項工作，同時又每天生活在對你的同胞幹下這種事的人群中？我也想起兩天前我們在塞拉耶佛舉辦的紀念活動，而我認為，波赫士錯了：沒有人能夠忘懷或寬恕。沒有人會把亞伯誤認為該隱，把殺人者誤認為被殺者。

我忍不住想，為什麼局外人竟試圖在這裡傳授和解，他們怎會以為自己擁有要求局內人遺忘、原諒、向前看的道德身分？誰給他們這種權利的？他們怎會以為這與他們相干？

要是碎裂的、被褻瀆的屍骸事隔二十年還在從這些可憐的坑洞中被發掘出來，局外人又何須驚訝，又憑什麼對和解緩慢到幾乎不存在，族群仇恨仍在悶燒，波士尼亞的政治仍受困於被壓抑的仇恨政治表示失望？

當我從墓穴走回來，我對道德說教的局外人感到憤怒，對我自己感到憤怒。我們憑什麼將自己的期待強加在這樣的人群身上？但蘇本自己的心情完全不同。他很愉快。他的故事變得太複雜，無法再將他束縛於單純的復仇渴望裡。在特諾波爾耶的豬舍，一位塞爾維亞上校將他和弟弟塞進一輛巴士，載他們到另一個地方，他們得以從那裡脫逃，先到了德國，再到芝加哥。他弟弟在特諾波爾耶被打得太慘，因此定居在芝加哥。但蘇本一直無法適應美國，於是又回到卡拉科沃的家屋，直到今天還住在這裡。

「他們」殺了他父親，但「他們」也救了他的家人。「他們」在市長辦公室裡統治，「他們」乘坐警車巡邏他的村莊，但「他們」並未阻撓搜尋遺骸，「他們」也沒有阻止蘇本完成自己的記憶工作——合宜地安葬死者。「他們」如今承認：「我們知道你受了苦，」然後他們會再補一句：「但我們也受了苦。」他生活在他們中間，他是最後的莫希干人。

卡拉科沃的鄉村房屋如今都塗上一層新的明亮鮮豔色彩，窗框和百葉窗是德國進口的，車道上則是瑞典和丹麥牌照的富豪轎車。蘇本解釋，村裡的波士尼亞人如今幾乎全都住在北歐，只在夏天才回來，讓子女們感受一下他們仍然稱之為「家鄉」的這個地方。蘇本對這一切都感到滑稽。離鄉的波士尼亞人雇用本地的塞爾維亞人擔任守衛保護財產，但夜間在村裡巡邏的其中一些守衛，卻是當年執行殺戮的民兵。如今他們則為不在家的波士尼亞人看守財產。而每個人都理解正在發生的事。

墓地位於村莊的最高處。三百九十三位穆斯林男人、女人和兒童，還有十二個克羅埃西亞人，一九九二年七月的同一天在此遇害，他們全都安葬在這裡的白色大理石墳墓中。克羅埃西亞人被認可為「兄弟」。這座空無一人，被七月下午的陽光照耀，下方的山谷和翻修一新的房屋盡收眼底的大理石墓園，是蘇本的傑作。他帶領全村，在父母親擁有的土地上將它完成。這位最後的莫希干人將它呈現給我們的時候，似乎對自己的記憶工作感到心平氣和。

蘇本在其中一塊大理石墓碑上，鐫刻了一句《古蘭經》銘文：「誰曾經做過最細微的善事，那時他會看見它；誰曾經做過最細微的壞事，他也會看見它。」

※

我們花了四個小時，迂迴穿越波士尼亞西部的山脈和深谷，才抵達位於西南部酷熱的橄欖樹林與葡萄園中的莫斯塔（Mostar）。深藍色湍急的內雷特瓦河（Neretva）穿越一道峽谷，將這座人口十二萬的城市一分為二。四百年來，有一座遠近馳名的橋，一座高聳入雲的淺色單拱石橋，將穆斯林區的清真寺和茶館，以及克羅埃西亞區的維也納式點心店連接起來。

一九九三年在莫斯塔爆發的戰爭，是一場鄰里之間的狂暴衝突，輕兵器在極其接近的距離內隔河對射，穆斯林在河的一邊，克羅埃西亞人在另一邊，以至於到了二十多年後的二〇一四年，河流兩岸最前線的房屋還是布滿密密麻麻的彈痕，屋頂向內塌陷，樹木和矮樹叢在空無一人的廢墟裡生長。

一九九三年十一月，在連日炮轟之後，一隊克羅埃西亞炮兵終於成功炸斷了莫斯塔橋，一聲爆炸就讓高聳入雲的拱橋掉落河中，如同一匹後腿直立的馬兒從空中跌下。其後則是對此事發生普遍產生的羞恥感，就連克羅埃西亞人也有這種感受。橋樑正是這座城市名稱的由來，因此它的毀壞——人人皆知是哪位指揮官下令的——也被廣泛視為一種病態的自殘行徑。[17]

如今拱橋重建了，但再也不是同一座橋了。老橋高聳著跨越河水，寬度僅容一輛驢車，它是十六世紀奧斯曼工藝的奇蹟，不用灰漿，僅憑重力和鐵齒輪支撐。新橋是維妙維肖的仿作，但沒有人會把它當成原來的橋，穆斯林還是會使用這座橋，但克羅埃西亞人不走這座橋，因為他們覺得對岸不安全。在穆斯林區的一端，有人以黑色顏料寫下這句話：「毋忘一九九三。」

眾多來到莫斯塔實踐衝突後解決與和解最新技術的局外人，只有一小部分還留在這裡。挪威的慈善救助組織南森中心（Nansen Center）執行計畫，將穆斯林和克羅埃西亞小孩送到挪威共度夏令營。救援工作者說，孩子們在挪威時，這項計畫能創造奇蹟，但他們回來之後就不再相見了。

本地的克羅埃西亞菁英非但不實行和解政治，反倒利用對市政機關的控制掠奪一切。偷盜行徑毫無廉恥，儘管人民發起了反貪腐抗爭，從二〇一四年二月開始遍及波士尼亞各大城鎮，引發了遊行示威，並對特別腐敗的市政府發動攻擊；但政治體系無論是由塞爾維亞人、克羅埃西亞人還是穆斯林掌控，對自身人民的憤怒卻都無動於衷。

「國際社會」曾經相信，推動雙方子女共學是實現和解的途徑，因此歐盟重建了莫斯塔高中（Mostar Gymnasium），提供穆斯林學生和克羅埃西亞學生共學的機會。然而，等到本地教師和官員接手的時候，高中內部卻成了一校兩制，克羅埃西亞人和穆斯林各據一方，課程、出入口、走道甚至廁所都各自分開。

一位來自雪城大學（Syracuse）的美國人類學家，在莫斯塔高中當了一年代課教師，她在學校的廁所裡發現了非常有趣的事。穆斯林和克羅埃西亞男孩女孩們想方設法，一起溜進廁所隔間裡抽菸、說笑和調情。老師們全都不知道，這成了兩個族群的青少年唯一的聯絡管道。要是在莫斯塔還有一線希望，就要從這些廁所裡尋找。[18]

卡內基團隊在穆斯林區一家魚餐廳的屋頂陽台一起度過了最後一晚，餐廳俯瞰古城，也看得見由探照燈從下方照亮的拱橋。我們的隨行翻譯萊拉打破了齋戒月禁食，和我們一起用餐。

我在我們傳閱過的一些戰爭回憶錄中留意到，每一個族群用來指涉死者的詞各自不同。萊拉在我的筆記本上寫下一整套詞彙：

克羅埃西亞語「死難者」：zrtve domovinskog rata
塞爾維亞語「死難者」：zertve otodzbinskog rata
波士尼亞語「死難者」：sehid odrombenog rata

三種語言共通的一個詞是「戰爭」（rata），但指稱死難者的字詞各不相同。穆斯林語言中的Sehid是指「殉教者」，而zrtve和zertve都沒有這層意義。

我也留意到斯雷布雷尼察、普里耶多爾和莫斯塔的人們談到今天和另一邊的人一起生活的情形時，他們全都說：我們「比鄰而居」，但不「共同生活」。我請萊拉寫下這些詞：

比鄰：jedni pored drugih

共同：zejedno jedni sdrugima

我同樣留意到，不論我們什麼時候用到「和解」一詞，人們都會被惹怒，不論萊拉什麼時候翻譯到這個詞，他們都表現出輕蔑或驚異。和我們談話的人一個又一個這麼說：「我們沒有和解。我們只是並存。」他們用的詞是什麼？我再次請教萊拉。

和解：pomirenje

並存：suzivot

每次我問到「寬容」，萊拉也留意到，他們用的詞反倒是指「忍受」。

忍受：podnositi

寬容：uvazavati

用餐結束時，我們向下眺望拱橋和流經橋下的藍黑色內雷特瓦河，這時我問萊拉，她對蘇本向下看著河水覺得自己死到臨頭，穆罕默德和他帶著手槍的父親在斯雷布雷尼察森林裡迷路，或是夏希妲和肖像畫家當面對質的這些事有什麼想法。她沒有直接回答，而是對我們說了自己的故事。

除了斯雷布雷尼察和傑帕，波士尼亞東部還有一個「聯合國安全區」——戈拉茲德鎮（Gorazde）。她在那兒長大，和哥哥、母親及父親一同經歷了塞爾維亞人的三年圍攻；駐紮在山坡上的塞爾維亞人切斷了水電，日復一日炮轟城鎮，理當保護他們的聯合國卻毫無作為。[19]萊拉那年十六歲。她母親的家人在德里納河（Drina）上的維塞格勒（Visegrad）被殺害，從城鎮中心的奧斯曼橋（Ottoman Bridge）被丟進河裡。她說，她的祖父被她母親的塞爾維亞人姊夫殺死。一家人挖了壕溝，以求安全出入商店，否則山上的塞爾維亞人會射殺他們。她還記得跨過德里納河上的橋是怎樣一回事：屈身快跑，一邊躲避狙擊手的槍火。「我們都知道他們是誰。他們是本地人。你在山坡上可以清楚看到他們。」

她從十六歲到十九歲都在轟炸中度過。她還記得火箭彈劃過空中的聲音，而你不知道會落在哪裡。「想到還是會讓我發抖。那就像一張紙從桌面滑落，掉在地上的聲音。然後是爆炸。」

「他們奪走了我們的童年。」她說。

我問她在過了將近二十年後的今天，有了工作、摩托車，以及在塞拉耶佛當譯者的職業生涯，她對這一切有什麼想法。

她想了一會兒。「也有塞爾維亞人和我們一起困在圍城裡。我們互相幫助。我想，我學會了不要一概而論。」她說，戈拉茲德現在發展得很好。當地的工廠把在地生產的皮革製成BMW和賓士汽車的座椅。塞爾維亞人和穆斯林都湧進城市找工作。她聳聳肩笑了。我們默默走過老橋返回旅館。

「我學會了不要一概而論。」沒錯，一定是這樣，要是你生活在這裡，你無法指責一整個民族奪走你的童年、殺害你的親人。你得將責任歸咎於具體個人。你盡力不去相信集體罪責。這種想法沒有幫助，因為就連個別罪行的個人正義都不容易伸張。國際法院來了又走了，和解的傳道士們也離開了，而你留在一個加害者與被害者每天在街頭彼此相遇的社會裡。

但我問自己，說真的，你怎能避免一概而論？道德生活除了從特定個案外推到整體，從這段經驗和這個人外推到整體甚至普世通行，還有什麼？道德生活不就是以部分借代整體的漫長提喻法（synecdoche）實踐嗎？

或許她要告訴我，只要人們不去一概而論，「國族」或「信仰」，「我們」和「他們」

之類的字詞就不會進入他們腦中，只要唯有「我」和「你」，人們就能共同生活、比鄰而居、差異毗連著差異，各有儀式及確信範疇，而不向對方提出要求，也就同時做到了共同生活「與」比鄰而居。他們來參加你們的洗禮，你們去參加他們的喪禮。尊重得到展現。沒有人試圖向別人強加任何事。這正是平凡美德的深層邏輯，從接受人們的樣貌、每天活在當下而來的寬容。

從普林西普的子彈到一九九〇年代的戰爭，為這個地區帶來死亡的國族主義意識型態，則正是一概而論：宣稱土地屬於「我們」而不屬於「他們」，宣稱「我們」由於信仰、語言或力量更強而夠格統治此地，「他們」則只配離開或死亡。

倘若真是如此，那麼，當一概而論種下了毒素，就不會有「普遍的」和解適用於此地，更不會有局外人能夠出力提倡的和解。當然，公開的姿態還是有幫助，政治領導人也總是很重要。想想一九七〇年德國總理布蘭特（Willy Brandt）在華沙猶太區紀念碑前下跪的一幕——但這樣的高尚表現對於這些地區的領導人來說，都是期望過高了。不，真正重要的和解會非常緩慢，就像冰河融化那樣，一次改變一顆心和一個頭腦，經過幾個世代，讓記憶的痛楚逐漸被歷史取代。每一具屍骸都必須得到體面的安葬。既沒有捷徑，也沒有簡便的解藥。還得再過很久，高中的歷史教科書才會教導學生同一套歷史。每一件重要的事都會在個人心中慢慢發生，就像蘇本建成了卡拉科沃的墓園，塞爾維亞副市長回家問自己「過去的詛咒何時才能化解」，夏希妲決定自己要留在山谷還是前往法國，以及萊拉有一天決定要把什麼樣的戈拉茲德戰火童年告訴子女。

你在波士尼亞學到，沒有任何事會永久持續，就連仇恨和怨憤也不會，痛苦的壁壘也不能永久持續，因為無論人類的記憶有何不同，他們在此時、此地、此刻，都得日復一日地生活在一起。

這段如冰河融化般緩慢的和解正在發生，不是與「敵人」，也不是與「他者」，更不是與「他們」和解，而僅僅是與「過去已成過去、已經結束了」這個概念和解。它發生得太緩慢，沒人能感受到，但它確實正在發生。唯一可見的和解徵兆是，至少從一九九五年九月到現在，波士尼亞沒有一個人為了凶殘的一概而論喪生，只要歐洲其他國家持續監督，將來大概也不會再有人犧牲。一九一四年六月爆發，自此間歇持續到一九九五年的那場戰爭，如今終於落幕了。為此，我們今天應當感謝那些從苦難中領悟了一概而論之害的勇敢心靈。

---

1 Michael Ignatieff, *Blood and Belonging: Journeys into the New Nationalism* (London: Chatto and Windus, 1993); 另見 Michael Ignatieff, *The Warrior's Honor: Ethnic War and the Modern Conscience* (New York:

Metropolitan, 1998); and Michael Ignatieff, *Virtual War: Kosovo and Beyond* (Toronto: Penguin Canada, 2000).

2 David Rieff, *Slaughter house: Bosnia and the Failure of the West* (New York: Touchstone, 1995); Samantha Power, *A Problem from Hell: America and the Age of Genocide* (New York: Basic Books, 2002); Roger Cohen, *Hearts Grown Brutal: Sagas of Sarajevo* (New York: Random House, 1998); Zlatko Dizdarevic, *Sarajevo: A War Journal* (New York: Fromm, 1993).

3 Kathryn Sikkink, *The Justice Cascade: How Human Rights Prosecutions Are Changing World Politics* (New York: Norton, 2012); Ruti G. Teitel, *Transitional Justice* (New York: Oxford University Press, 2000); Richard J. Goldstone, *For Humanity: Reflections of a War Crimes Prosecutor* (New Haven, CT: Yale University Press, 2000); Louise Arbour, *War Crimes and the Culture of Peace* (Toronto: University of Toronto Press, 2002); Gary J. Bass, *Stay the Hand of Vengeance: The Politics of War Crimes Tribunals* (Princeton, NJ: Princeton University Press, 2002); Rory Stewart and Gerald Knaus, *Can Intervention Work?* (New York: W. W. Norton, 2011); Martha Minow, *Between Vengeance and Forgiveness: Facing History after Genocide and Mass Atrocity* (Boston: Beacon Press, 1998); Martha Minow and Antonia Chayes, eds., *Imagine Coexistence: Restoring Humanity after Violent Ethnic Conflict* (San Francisco: Wiley, 2003).

4 譯注：資源詛咒（resource curse）是指一個國家擁有豐富的自然資源，卻因經濟發展遲緩、威權統治及內戰頻繁等因素而陷入困境。詳細定義可參考李佳怡，〈從委內瑞拉看石油對國家發展的詛咒〉，菜市場政治學，http://whogovernstw.org/2016/11/01/chiayilee1/（二〇一八年三月二十八日瀏覽）。

5 Christopher Clark, *The Sleepwalkers: How Europe Went to War in 1914* (New York: Harper Collins, 2012).

6 Noel Malcolm, *Bosnia: A Short History* (London: Macmillan, 1994); Ivo Banac, *The National Question in Yugoslavia: Origin, History, Politics* (Ithaca, NY: Cornell University Press, 1988); Jacques Rupnik, ed., *International Commission on the Balkans, Unfinished Peace* (Washington, DC: Carnegie Endowment, 1996); Jacques Rupnik, *Le Déchirement des Nations* (Paris: Seuil, 1996). 譯注：原文將狄托去世年份定於一九八三年，應是一九八〇年之誤。

7* 譯注：原文將岱頓協定時間記為二〇〇五年，應是一九九五年。

8 Richard Holbrooke, *To End a War* (New York: Random House, 1998).

9 Carnegie Council on Ethics in International Affairs, Sarajevo Symposium, June 28, 2014, https://www.carnegiecouncil.org/programs/archive/sarajevo/index.html .

10 Margaret MacMillan, *The War That Ended Peace: The Road to 1914* (New York: Random House, 2013), 333.

11 Jorge Luis Borges, "Legend," in *Collected Fictions,* trans. Alan Hurley (London: Allen Lane, 1999). 譯注：本段引文參照波赫士著，王永年等譯，《波赫士全集》（台北：台灣商務，二〇〇二），第二冊，《影子的頌歌》，〈傳說〉，頁六二五。

12 International Commission on Missing Persons, http://www.icmp.int .

13 Leo Tolstoy, "The Kreutzer Sonata" (1889), in *The Kreutzer Sonata and Other Short Stories* (New York: Dover, 1993).

14 J. W. Honig and N. Both, *Srebrenica: Record of a War Crime* (New York: Penguin, 1996).

15 Swanee Hunt, *This Was Not Our War: Bosnian Women Reclaiming the Peace* (Durham, NC: Duke University Press, 2004).

16 Roy Gutman, *A Witness to Genocide* (New York, Macmillan, 1993); Ed Vulliamy, *Seasons in Hell: Understanding Bosnia's War* (New York: St. Martin's Press, 1994).

17 Michael Ignatieff, "When a Bridge Is Not a Bridge," *New York Times Magazine,* October 27, 2002, http://www.nytimes.com/2002/10/27/magazine/when-a-bridge-is-not-a-bridge.html?pagewanted=all .

18 Azra Hromadzic, "Bathroom Mixing: Youth Negotiate Democratization in Postconflict Bosnia and Hercegovina," *Polar: Political and Legal Anthropology Review* 34, no.2 (2011): 268–289.

19 Joe Sacco, *Safe Area Gorazde: The War in Eastern Bosnia, 1992–1995* (Seattle, WA: Fantagraphics Books, 2000).

第五章 緬甸——道德敘事的政治

瑪素茵寺（Masoeyein Monastery）是一座由僧舍、教室，以及在曼德勒午後陽光下閃耀的金塔構成的校園。當我們駕車駛入大門，可以從僧舍的窗口清楚看見僧侶們的個人物品，就裝在雙層床尾端鉤子上懸掛的塑膠袋裡。他們從村莊帶來的行囊，堆放在僧舍門口的行李架上。袈裟掛在門外的曬衣繩上晾乾。光頭在陽光下閃閃發亮的僧侶走過，但他們一看到外國人下了廂型車，就把裸露的褐色胸膛遮蓋起來，將袈裟拋上肩頭。

稍早之前，我們看到他們漫步在林蔭茂密的曼德勒街頭，藏紅色的隊伍懶洋洋地行進，挨家挨戶接受食物布施，裝在堆疊整齊的鐵鍋中帶回寺院。布施食物的家庭累積了功德，得以尋求僧侶護佑。

緬甸的佛寺擁有的權威，與統治緬甸的國防軍（Tatmadaw）這個集野蠻暴力、政治權力及競租行為（rent-seeking）於一身的大黑箱不相上下；自二〇一〇年以來，軍方正以蟹行般的慢動作一點一點將國家推向民主轉型。

這個歷經七十年軍事獨裁的封閉社會，正向世界開放。一位全球人權女傑也已準備好接掌權力。緬甸社會頭一次不得不自問，民主國家的意義是什麼，又屬於誰？屬於信奉佛教的多數人口，還是在此建立家園的數百個少數族群，尤其是穆斯林？人權、佛教、伊斯蘭教等全球論述，正為了形塑緬甸的轉型而較量。

緬甸對於二十一世紀的全球公民社會運動來說，有如一九九〇年代的波士尼亞：它是一項行動訴求、一個實驗室、一個募資機會、一處訓練場，最重要的是，一個展現出奉行普世價值的局外人能夠幫上忙，引領分裂社會邁向和解與和平的所在。也就像在波士尼亞那樣，當普世與世俗的意識型態遭遇宗教意識型態的抵抗，局外人也正為了道德全球化的限度而記取沉重教訓。

我們來到瑪素茵寺是為了和一位特別的僧侶談話，他比其他僧侶更為積極地投身政治舞台，並對決定緬甸國族前途的權利提出要求。

我們被引進一間存放著上座部佛教（Theravada）經典的藏書閣，每一部經典都以透明的塑膠套包裝。透過窗戶，我們可以聽見誦經聲從我們後方的一幢樓房傳來。在午後凝滯的高溫下，沙彌們正在反覆唸誦經文，如此嗡嗡作響的轟鳴聲，我先前只在巴基斯坦的一座伊斯蘭教經院（madrassa）聽過。

如今更名為「緬馬」（Myanmar）的緬甸，是一個擁有五千一百萬人口的有待開發國家，它被中國、印度兩大文明擠壓，境內雜處的各民族都決心保持自身有別於彼此的認同。一位英國殖民官員稱緬甸為「多元社會」（plural society），如同奧斯曼帝國統治時期的波士尼亞，不同族裔和宗教比鄰而居，但不共同生活。[1]

緬甸在我們後帝國想像的創造過程中占有核心地位。除了康拉德的著作之外，幾乎沒有哪一部著作，比歐威爾的《緬甸歲月》更加無情地刻劃出帝國的幻滅和直率的種族主義。緬甸自身推翻歐洲帝國統治的解放運動，也提供了嚴酷的事實。[2]翁山蘇姬（Aung San Suu Kyi）的父親所領導的獨立運動，始終無法讓國家統一的根基深入民間，而這正是尼赫魯（Jawalharlal Nehru）的國大黨（Congress Party）在一九四七年之後得以將整個印度凝聚起來的關鍵。翁山（Aung San）等國族主義者不曾在緬甸領導過一場大規模的民眾起義，反而是在與英國工黨政府的一連串高層談判中運用策略實現獨立之路，那時工黨政府正準備放棄英屬印度和巴勒斯坦，對緬甸脫離英國求之不得。[3]但國父翁山還沒來得及完成建國準備工作，就遭到政治對手暗殺。

獨立也開始了國家的四分五裂，中央政府無力遏止。邊境和山地的族群接連發動反抗，至今仍在戰鬥，使得緬甸成為全世界內戰持續最久的地區。緬甸獨立後的領導人都無力阻止國家分崩離析。隨後，軍方在一九六二年奪權，他們自稱是唯一有能力掌控緬甸邊區的國家機構。[4]

在多元社會裡，每一個族裔或宗教團體都有自己的寺廟、清真寺、學校和教堂，以及節日、婚俗和葬儀。直到現在，每一位緬甸公民都會攜帶身分證，上面列出他的族裔身分。國家承認的族群共有一百三十五個。一位緬甸知識分子這麼對我說，我們身為鄰居住在一起，但「我們彼此並不熟識。我們並存，但不共同生活。」[5]在洛杉磯或皇后區的並存是一回事，對國家憲法的認同早已一勞永逸地解決了；但在一個憲政遊戲的基本規則都還沒界定好的國家，卻是另一回事。在緬甸多數佛教人口看來，多元創造了持續令人惱怒的政治狀態，因為任何地方一切政治都必須解答的生存問題，在此仍然無解：這是誰的國家？是我的還是你的？

除了邊區民族之外，權利訴求帶給佛教多數人口最大威脅的則是穆斯林，儘管穆斯林只占總人口百分之六到百分之十。[6]生活在孟加拉灣沿岸貧窮產米地帶若開邦（Rakhine）的穆斯林少數族群——羅興亞人（Rohingyas），是最受鄙視和恐懼的一群，因為他們是穆斯林、家境貧窮、人數由於來自孟加拉的移民和旺盛生育率而穩定增長，在全國最貧窮的邦成了土地和工作的競爭者。看來，絕大多數的穆斯林令人恐懼，不只是因為他們在緬甸境內人數增長，也因為伊斯蘭教向全球各地進軍。[7]

在寺院藏書閣裡，有個身穿牛仔褲的青年正在架設攝影機，準備拍攝我們。一位年輕僧侶帶著世界各地政治人物助理的煩擾舉止，拿著至少三支手機走進來，詢問我們訪談的主題。我們說想要討論族群和宗教關係。他消失了。然後是漫長的停頓，幾分鐘過去。突然之間，就好像一直都在書架後面密切觀察我們那樣，威拉杜（Ashin Wirathu）現身了。

他身材矮小、體形圓潤，年約四十出頭，有著光滑的淺色皮膚，以及警惕而專橫的目光。他身穿橙黃色的袈裟。他摘下金邊眼鏡，將手機放在桌上，問我們是誰，有何貴幹。我們向他說明卡內基研究會。他打斷我們。安德魯・卡內基？他以英語讀出這個名字，我們點頭，他也意味深長地點了頭，但還是充滿猜疑。他說，回到緬甸來的美國人最壞。

《時代雜誌》在二〇一三年將他選為封面人物。[8]他的臉孔出現在標題「佛教恐怖主義的臉孔」上方。內頁的報導則是〈當佛教徒變壞〉，他在其中被引述的發言，包括指稱歐巴馬總統「被黑人穆斯林血統汙染」，緬甸的穆斯林則是「激進的壞蛋」。軍方政權在二〇〇三年以擾亂社會為由監禁了威拉杜，但二〇〇九年軍方控制逐漸鬆弛之後，他就建立一個名為「九六九運動」的全國性組織，為他的政治巡迴行程獲取資助。[9]他的集會總有數千人參加，他們前來聆聽他抨擊穆斯林接管國家，然後追蹤他的臉書專頁，把他的光碟和文宣帶回家，內容充斥著穆斯林男人危害緬甸女性的逼真情節。

他確實是個十分全球化的僧侶。他確信自己正在為整個處境艱困的佛教文明戰鬥。在我們遇見的緬甸人之中，他絕非唯一一個提到二〇〇一年三月神學士聖戰組織炸毀阿富汗西部舉世無雙的巴米揚大佛，或佛教在穆斯林統治的印尼地位持續衰弱的人。佛教基本教義派確信，倘若不從緬甸的清真寺驅除來自孟加拉和巴基斯坦的宣教者、不制止穆斯林人口移入若開邦、不逆轉穆斯林生育率的攀升，前述這些事件就是即將應驗在緬甸佛教的徵兆。

在這種佛教遭受危害的前景上，威拉杜也有其他國家的極端主義盟友互相呼應，尤其是斯里蘭卡。[10]他越是成功地在國際上將自己塑造成全球佛教的護法者，追隨者遍及全世界，也就能在國內爭取到越多追隨者。

我向他請教緬甸佛教的與眾不同之處。他把身體向後靠，輕敲著背後書架上的經書。他說，佛教有三大經典（即律藏、經藏、論藏），但有些佛教徒並未全部遵行。比如日本佛教就允許僧侶娶妻，穿著的袈裟也是灰色而非藏紅色。「他們以為佛法有自由解釋的餘地。我們不然。佛經教導我們做什麼，我們全都奉行。我們才是原初的佛教。」

這正是佛教版本的原教旨主義（fundamentalism），確信經典的純正無誤，在蔓延全球的相對主義和衰落浪潮中奮鬥求生。威拉杜要說的是，倘若伊斯蘭教基本教義派正在發展中，佛教也必須挺身而出，收復失落的榮光。斯里蘭卡極端僧侶發起的武道巴拉塞納（Bodu Bala Sena）運動是他的盟友，說法也大致相同；該運動意譯為「佛教力量」，如同威拉杜的九六九運動，他們也被廣泛指控煽動斯里蘭卡多數佛教人口的暴力行為。

宗教極端主義在斯里蘭卡和緬甸兩國抬頭絕非意外，這兩國歷經數十年內戰，最根本的問題「國家屬於誰？」卻還是無解。基本教義派受到追隨，是因為他們對國族認同的生存問題給出不妥協的解答。

沙彌在隔壁樓房裡的誦經聲傳入我們耳中，穩定而毫無抑揚頓挫，宛如蜂鳴。威拉杜拍了拍背後的經書。「我們要捍衛我們的宗教。」他繼續說：「要是佛教消失，世界也就毀滅了。」

二〇一三年，佛教徒暴民被穆斯林強暴一名佛教徒女孩的指控激怒，在密鐵拉（Meikhtila）鎮上暴動行凶，造成三十多人死亡時，威拉杜是這麼說的：「現在不是鎮靜的時候。現在是奮起行動，讓熱血沸騰的時候。」[11]

他說，穆斯林正在攻擊佛教徒，因此我們必須要求國會制定種族保護法案。這四項法律禁止一夫多妻制，也禁止佛教徒女性婚後改宗伊斯蘭教。但這些法律其實與一夫多妻制無關，甚至與保護女性不被強迫改宗無關；它們本質上是僧侶們聲稱緬甸是佛教國家，僧侶則是緬甸最神聖事物——女性尊嚴保衛者的政治手段。

我問他，為什麼佛教徒女性需要你們的保護？

「我們的女性從我們身邊被奪走，並且被迫改宗。她不改宗的話就會被排斥、逐出家門，喪失繼承權。我們的女性要是在穆斯林丈夫的家中打坐或舉行佛教儀式，就會被打。她們不但被打，子女還被搶走。由於穆斯林的一夫多妻制，他們的生育速度比我們更快。不久他們就會在若開邦成為多數，危害我們在當地的人民。」

他以毫不高亢、與隔壁誦經聲不時交織的低吟聲調，追述一九四二年穆斯林戰士屠殺若開佛教徒，造成三萬若開人死亡的歷史。如今在若開邦首府實兌（Sitwe），佛教徒在自己的土地上反倒成了少數。但他完全不提佛教徒在密鐵拉對穆斯林鄰居的反制屠殺。

我們或許對他的道德選擇性印象深刻，但他也強烈抨擊我們的道德選擇性。從歐巴馬總統到人權觀察，國際社會都在回應羅興亞人的訴求，卻不為貧窮無助的緬甸佛教徒設想。

我問他二〇一五年十一月大選過後，緬甸佛教徒的處境會是如何。「要是政府模仿美國和英國的民主，」他說：「國家就有分裂的危險。平等、人權、民主都是危險的東西，對女人尤其危險。她們都是單純的生物，膽小又容易受騙。」我們的緬甸隨行翻譯茱蒂（Judy）以如同獅身人面像的冷靜沉著，將這些話全都傳達給我們。後來當我們自己人在一起，她大笑：「這些和尚懂得什麼女人？」

「要是選舉結果由翁山蘇姬的全國民主聯盟（National League for Democracy, NLD）獲勝，」威拉杜繼續說：「穆斯林就會取得興建清真寺和持有土地的權利，清真寺裡存放的武器還會比現在更多。」

他發出的訊息是一套封閉迴路，不受任何反駁影響。

「強大的穆斯林總是贏，」他說：「弱小的緬甸人總是輸。」

威拉杜的性偏執狂和暴行故事，令我想起一九九〇年代在前南斯拉夫聯邦各國聽過的類似說法。塞爾維亞指揮官那時說過同樣的話，克羅埃西亞人也是；就連穆斯林偶爾都有自己的變體。這些謾罵總有一種怪異的沉悶性質：時間節奏放慢到令你無法分辨他們談論的暴行究竟發生在一三九二年還是一九九二年；既然他們全都做出相同的指控，你也分不出誰是加害者，誰是受害者。在這密不透風的媒介中，事實不復存在；一切論述全都自我說服且自我強化。[12]

這些謾罵都有一套產生效力的脈絡。當國家秩序提供的生存安全在任何地方瓦解，機制帶來的社會信任隨之瓦解，平凡美德也就消亡了。人們很快就成了列寧主義者：對他們唯一重要的問題是「誰／向誰？」而在激烈生存威脅的局勢中，道德生活也被簡化成了尋求保護：因此你只聽自己人的話。正如我們在波士尼亞所見，即使不甚牢靠的和平已經實現二十年，這種令人窒息的道德氛圍仍舊揮之不去。

緬甸不是波士尼亞，現在不是，但願以後也不會是：國家並未解體，國家的軍警仍能鎮壓屠殺或暴動，他們在穆斯林遭受屠殺時也未必總是袖手旁觀。

但緬甸確實面臨著足以威脅生存且結局未知的轉型。轉型不會隨著二〇一五年大選而平安告成。實際上，它得歷經數十年，在國際社會開拔前往下一個動人的道德大戲舞台之後很久仍在進行。民主轉型並未解答「緬甸屬於誰」這個問題：它僅僅創造出機制，讓解答問題的較量能在體制內進行。多數人並不知道自己為了維繫國家統一需要讓步多少；少數族群也不確定自己有沒有可能得益於和平與聯邦政府。正是在這些生存充滿不確定的狀態中，極端主義僧侶取得了發言機會。

威拉杜的論述既開脫真正的加害者，又極力攻擊假想的威脅。他以一個愛好和平的宗教語言包裝偏執和煽動，但他或許並未存心欺詐。反過來說，要是他沒有表現出完全誠懇的模樣，也就不會產生效力。

他的論述把自己的國家想像成老實無辜的女性，緬甸的敵人則是兩面三刀的強大穆斯林。這套論述不只傳遞威脅，也傳遞希望。它指向一個緬甸人口純屬佛教徒，國家道德由僧侶守護，穆斯林受到應得懲罰的光明未來。威拉杜的性偏執狂論述，給了緬甸的國族問題一個令人心動至極的解答。這個國家只屬於我們。怪不得聽眾們蜂擁而來聽他講話。

一年前，就在曼德勒的街頭上，威拉杜的臉書貼文散播一個純屬虛構的謠言，指稱兩名穆斯林茶館老闆強暴一位緬甸女員工。群眾迅速集結，事態接二連三，騷動平息時，佛教徒和穆斯林各有一人遇害。[13]警方不得不宣布宵禁、封鎖臉書以平息謠言。當我們在一年後抵達時，曼德勒仍如履薄冰，不安地等待下一次星火燎原。

威拉杜送我們上了小巴，我們毫無笑容地合照一張之後，我們出發去拜訪一個自稱為曼德勒和平委員會（Mandalay Peace Committee）的團體。它是由佛教徒、穆斯林、基督徒、印度教徒、政治運動者和新聞記者共同組成，他們在騷亂爆發時極力闢謠、安撫憤怒的群眾，並協助警方清理街道。和平委員會包括一群年長男性和一位女性，在曼德勒一間教會樓上的會議室集會。在人們期待國家維持和平的真空狀態中，緬甸公民社會填補了空缺。在樓上房間裡吹著風扇散熱的和平委員會，正是平凡美德在曼德勒展現的審慎端莊面貌。

我說我剛去見了威拉杜，委員會的一位僧侶就把我拉到一旁耳語：「要不是軍方允許，這個人說不出這些話的。」「我們僧侶制止不了他。」他悲傷地補充：「這是政治，不是宗教。」接著他說，他得先告退回寺院去。最近要和信仰其他宗教的人會面變得有點困難，他溫和地笑著說，然後鞠躬，匆匆搭上車。

正如這位僧侶的離開所示，這個跨信仰團體是很脆弱的，但它還是團結起來了，因為溫和的佛教徒和衛理公會信徒、印度教徒、穆斯林同樣感受到佛教極端主義的威脅。比方說，即使在騷亂過後一年，衛理公會還是在晚上九點之後鎖上神學院大門，不許神學生外出。穆斯林社區的伊瑪目和商人同樣憂心。他們由一位身穿T恤和短褲，名叫哈利的短小精悍男子代表，向眾人報告激進伊斯蘭主義者經由講道、光碟，以及巴基斯坦激進宣教者來訪，煽動本地穆斯林社區的情況。哈利告訴委員會，曼德勒長久以來的宗教寬容，如今正遭受外來的激進伊斯蘭教團困。

和平使者的會議室裡，氣氛緊張到無法對騷亂產生一套共同認可的敘事，只有一個信念得到眾人點頭同意：伊斯蘭教這方和佛教徒那方的惹是生非者都是外人，還有一隻「看不見的手」——據推測是軍方情報部門在挑動事端，試圖阻撓邁向民主的緩慢進展。這套分析本身聽來有理，但我以為，這同時也是委員會試圖轉嫁罪責，掙扎著想要解答在多元社會中共同生活的群體，怎能在某一天突然分裂成敵我雙方，互相揮舞棍棒和投擲石塊這一仇恨之謎的方法。

委員會中最引人注目的缺席，是完全不見任何一位翁山蘇姬全國民主聯盟的官方代表。我們前往全民聯總部拜訪他們，那兒恭敬地張貼著這位「女士」（the Lady）的油畫肖像；全民聯黨員向我們表示，他們「以私人身分」協助委員會，但政黨本身不願捲入宗教暴力的政治中，尤其不願在大選前夕捲入。[14]

和平委員會裡沒有人質疑騷亂敘事本身——也就是兩名穆斯林兄弟強暴一位佛教徒員工引發衝突這個說法。然後我們前往城市另一端，在曼德勒的辦公室拜訪另一位僧侶加龍尼禪師（Galon Ni Sayedawa）。

騷亂當晚，佛教徒群眾包圍清真寺時，一位伊瑪目以手機連絡加龍尼禪師，請他儘快前來。威拉杜的臉書貼文讓群眾越聚越多了。他和同行的僧侶們在街頭一直待到清晨，極力勸說憤怒的佛教徒各自回家，並向驚慌的穆斯林保證他們不會受到攻擊。最後，宗教領袖總算讓城市冷靜下來。我問加龍尼禪師和平是否真正恢復了，他的表情看來充滿疑慮。沒錯，他確認，來自巴基斯坦神學士分子的伊斯蘭極端主義者正周旋於各處清真寺，因此他和本地的伊瑪目攜手合作，盡力維持和平。他們共同發出這樣的訊息：「勿聽謠言，安心度日，不容煽動者製造事端。」

在我們準備離開時，他隨口多說一句：我們聽聞的曼德勒騷亂起因說法大錯特錯。自稱被強暴的女孩不是佛教徒，而是穆斯林，實際上也沒有被強暴。警方在這個故事被威拉杜的臉書貼文公布之後大肆宣傳，但事實並非如此。這一切全是城內兩位穆斯林之間的商業糾紛，其中一位花錢收買這個女孩指控對手強暴。加龍尼禪師透過金邊眼鏡冷靜地看著我們，不再多說一句，脣邊露出一抹微笑，好像是在說，我們在這裡所見的一切都與表象大相逕庭。

※

這是仰光的一個六月傍晚，在熱浪的重壓下，雨季在鐵皮屋頂上轟鳴，挾帶著垃圾和廢棄物的水溝染成了褐色；車流在滂沱大雨中動彈不得，人人心情愉悅，尤其是塞滿我們小巴旁邊那輛隨停公車（jitney），身穿校服的少男少女們，他們擁擠著在暴雨中尋找遮蔽，一面閃躲從載著他們回家這台老爺車開敞的兩邊灑落的雨簾，一面咯咯笑著。塞車是一幅令人愉快的失序景象，駕駛咒罵著揮舞手臂，女士們在前座為自己搧風，衣衫襤褸的街童在車陣中來回飛奔，叫賣飲料和肉串。透過雨簾，我們可以看見燈火通明的汽車展示中心在壅塞的高速公路兩旁一字排開，陳列著只有菁英買得起的車款：BMW、奧迪和賓士。路旁的廣告看板宣告，占地二十四英畝的「高級」公寓大樓即將落成。隨行翻譯告訴我們，那片土地曾是軍營和閱兵場，後來軍方將土地賣給親信。

自從軍政府在二〇〇九年准許人民進口車輛，仰光破爛的道路系統就車滿為患。[15] 中國、印度和新加坡商人爭相併購土地、資源及經營特許。國際連鎖飯店大發利市，所有這些新的財富全都如同季風雨一般，湧進這個水溝流淌汙水、大英帝國時期舊建築的廢墟仍然雜草叢生、窮人蹲坐在路邊小攤販售燒烤肉串的城市裡，人人都在凶險的轉型期亂局中奮勇爭先，有些人富貴榮華更上層樓，有些人眼看發達列車通過而不得寸進，還有些人被掃到路邊去。

軍人政權放任仰光衰敗，它也始終不能牢牢掌控這座城市。二〇〇二年，他們開始在一片無人地帶興建無生氣的新首都奈比多（Naypitaw），好讓自己覺得安全。太耽於逸樂、太沒秩序、太過混亂的仰光，不會再次屈服於軍人統治，也不會輕易向威拉杜之流傾瀉的仇恨低頭。

但威拉杜提出極端主義解答的那個問題——「這個國家屬於誰？」還是得不到答案。曾經一度，整個觀望著的世界都以為有一個人擁有正確答案。她是國父的美麗女兒，捨棄牛津學者的平靜人生，回國承擔由僧侶、學生，以及參與父親獨立鬥爭的老兵共同參與的運動領袖之責。他們一同奮鬥，要從國防軍的手掌中解放國家。

她對國族問題的回答是堅決的：緬甸屬於願意在民主法治下共同生活的每一個人。她的答案由於自身的勇氣，由於她願意為信念付出幾近無限的代價，包括失去丈夫，與子女斷了聯繫，以及軟禁在家十五年而獲得威信。

她的故事成了道德典範對於國際政治的力量展現。要是少了她，緬甸政權的人權侵害恐怕不可能成為世界各國運動者共同投入的全球議題。要是少了她，緬甸政權恐怕根本不會覺得有必要對外開放，賭上讓出權威而不喪失權力的可能性。

要是少了她，西方各國政府恐怕不會為了緬甸轉型投注這麼多心力。西方在緬甸當然有利害攸關的戰略及經濟利益——石油及天然氣特許，以及對抗中國勢力——但首要利益仍在於道德。她的典範為西方民主提供必要的敘事：這是鮮活的個人見證，說明了對自由、民主和權利的嚮往普世皆然。爭取釋放她的運動成了轟動一時的大事。如同要求制裁南非的運動在一九八〇年代激動了大學校園，也如同國際干預拯救波士尼亞成為一九九〇年代自由派知識分子的共同訴求，緬甸自由也在二十一世紀初成了青年運動者全球串聯的戰鬥口號。參與其中就是一種自我表態。一位資深運動者對我說，回顧整個緬甸運動，我們為之奮鬥的緬甸其實多半只存在於想像中。他懊悔地補上一句：如今我們開始認識到真實的緬甸了。

醒覺是從二〇一〇年開始。「女士」終於獲釋，投入國會競選並且獲勝，而後在憲法保證軍方握有支配局面所需席次的國會中就職。她從此不再是象徵，失去偶像光環。她成了政治人物。

而她幾乎立刻就讓人失望。當她被要求主持一個委員會，調查軍警在緬甸內陸一處由中國人經營的銅礦對民間抗爭者及僧侶施暴一事，她所起草的調查報告卻不能對軍方提出有力的譴責，至少在大多數國外社會運動者看來是這樣。在局外人看來，軍方是罪魁禍首；但在「女士」看來，軍方是國家機構之一。局外人因此意識到，她不只是一個接受西方教育的人權運動者，她也是緬甸國防軍創建者的女兒。

隨之而來的是羅興亞人問題。隨著若開邦的佛教徒在孟加拉灣沿岸的貧窮村莊對他們的羅興亞人鄰居施暴，隨著羅興亞人乘船逃難，悲慘地在大海上漂流，試圖向馬來西亞或印尼尋求庇護，隨著緬甸政府將流離失所的羅興亞人禁閉在難民營中並禁止離開，國際社會的抗議聲浪愈發高漲，但「女士」的回應依舊模稜兩可。[16]她一再表示：我們必須理解，若開邦的佛教徒也和穆斯林一樣貧困，一樣悲慘。她在澳洲演說時告訴聽眾，她不會用「種族清洗」一詞指稱羅興亞人受到的迫害。人權觀察亞洲區總監席夫頓（John Sifton）立即予以駁斥，對於她不能行使自己的「道德權威」大失所望。她仍堅持自己不能在若開人和羅興亞人之間偏袒任何一方。「我想要努力達成這兩個社群的和解。要是我偏向其中一方，我就無法做到。」[17]

人權觀察執行長羅斯（Kenneth Roth）嚴厲地評述：「全世界顯然都誤以為，她身為一名備受尊崇的權利受侵害者，也會是一位堅持原則的權利捍衛者。」[18]羅興亞人聲援團體「阿拉干計畫」（Arakan Project）的雷瓦（Chris Lewa）更進一步認為，她的沉默等同於和迫害者狼狽為奸。[19]

「女士」卻不為所動。她要說的是，政治人物不能無視人民的恐懼。她會把道德譴責留給人權絕對主義者，但她的職責是讓自己的政黨勝選執政，同時確保民主轉型本身不被族群內戰的浪潮一掃而空。

由於她和外國人結婚，子女不是緬甸人，她已被禁止出任總統。她在自己國家中的身分不斷受到質疑。倘若她譴責威拉杜之流的僧侶，以及若開邦惹是生非的佛教徒，她就能滿足國際人權社群，卻也會破壞自己在國內的威信。她必須決定哪一群聽眾對自己至關重要，而她選擇了自己的人民，一如人們對翁山之女的期望。

在仰光後街一間小辦公室裡的全民聯中央委員會，包含許多曾被長期監禁的運動前輩在內的黨內高層領導，以疲於爭辯卻毫不退讓的不妥協姿態，堅稱局外人無權向他們提及羅興亞人問題。他們說，任何人使用「羅興亞人」這個詞，都是在對這個必須由緬甸人自行決定的認同問題進行可恥的新殖民主義干預。沒錯，他們也承認，全民聯在這個問題上失去了「國際友人」的支持，但也就是這樣。

我見到的唯一一個對羅興亞人說了好話，看來是認識真正的羅興亞人而非意識型態抽象概念的緬甸人，是曾在若開邦首府實兌和他們關在同一個監獄的政治犯。這些前政治犯表現出的，是一種曾與之共患難的真誠情誼：在獄中長期服刑、伙食惡劣、老鼠肆虐、受盡羞辱和打壓，同時也承認羅興亞人因為各種荒謬的理由而入獄——例如依照習俗舉辦婚禮而未經警察允許[20]。

曾在獄中和若開人一起服刑的運動者是僅有的例外。其他同樣為了政治理由入獄的人卻毫不同情羅興亞人。現年五十歲，清瘦結實有如運動員的高柯吉（Ko Ko Gyi），是某些外交官看好的未來總統人選；他毫不留情地批評歐巴馬總統二〇一四年訪問緬甸。總統絕對不該在談話中使用「羅興亞人」這個詞，他每次這麼做都在為我國的教派對立火上加油。高柯吉說，局外人就該管好他們自己的事。「這就像東歐的局勢，」他解釋：「當民主到來，國族主義也隨之而來。」因此他說：「民主首先是多數統治，需要時間和空間才能一併納入人權。你們得給我們時間。」

但國際人權運動——國際特赦組織、人權觀察及其他團體——的職責並非給任何人時間。普世主義意味著決心漠視政治交易，尤其是為實現轉型而做出的道德妥協。國際社會由於堅持原則而建立起了強大的成員和影響力，不論提出的事實有可能是那些奮力領導國家走向民主的人們多麼不願面對的。

但也有些國際社會成員感受到，人權社群的絕對主義姿態至少也是無濟於事。在美國大使館裡，對於來訪的政治人物、專欄作家以及國際非政府組織沒有能力理解轉型期政治的真正複雜程度，有著一種深刻的挫折感。[21]當然，為羅興亞人私下施壓是個好主意，但公開呼籲翁山蘇姬給予羅興亞人平等的公民權，卻只會落入威拉杜與極端分子的圈套。

※

二〇一五年十一月八日的大選結果，翁山蘇姬獲得一次決定性的勝利。她被禁止出任總統，但她掌握了政權。到目前為止，軍方同意選舉結果，同時伺機而動。選舉只是轉型過程眾多步驟的其中之一，而轉型最終的模樣仍然渾沌不明。威拉杜的影響力或許會衰退，就像眾多極端主義者在人們厭倦了毀天滅地的預言之後失勢。而在這段進兩步退一步、看似永遠到不了目的地的轉型中，國際社會大可開拔前往更加振奮人心的現場。會有其他社會、其他英雄人物受益於他們的道德熱情。

國際社會的全力重壓，包括美國國務卿、聯合國人權問題特別報告員、非政府組織、聯合國人權事務高級專員在內，全都無法讓「女士」拒絕給予羅興亞人權利的立場鬆動分毫。她說，她需要政治「空間」推動若開邦的各民族邁向對話與和解，在此同時，局外人應當避免使用「爭議性」詞彙。在人們最近的記憶中，還沒有哪位人權英雄或女英雄，曾如此讓信仰國際主義，並以她的苦難作為奮鬥訴求的普世主義者們徹底失望。[22]

緬甸的故事說明了，道德敘事在涉及所有人的政治中發揮的決定性作用。任何社會最重要的爭論，總是與誰屬於這個社會相關。在洛杉磯、皇后區和波士尼亞，每個人都把這個爭論從事實問題轉為價值問題——換言之，轉變成「誰『應當』算是『我們』的一分子」這個問題。

我們在波士尼亞看到了這些歸屬權的爭鬥能夠帶來什麼——一場至死方休的戰爭，創造出以族群定義的政治空間；其後則是令局外人感到挫敗的政治靜止狀態，他們發現自己無法說服這些族群飛地的領袖們談成共同公民身分的條件。

在成功的多元族群社會裡，至少在那些有更多財富可供爭奪的地方，誰是社會一分子的問題，至少在理論上是由法治的運作、確保程序平等的機制，以及完全包容的修辭安排的。由於這些社會的道德作業系統，多元得以從始終有所不足的日常現實，轉變為一種不容捨棄的願望。這份願望既是多元文化社會的長處，也是安全閥，當這些價值遭受詆毀時則成了恥辱——但也激勵社會走上迢遙而緩慢的自由之路。

而在一個像緬甸這樣的多元社會，在一個從一九四七年就陷入內戰的社會中，這樣的語言始終無法深入人心。國族主義者的鬥爭創造了國家，卻沒有創造出國族。誰是國家一分子的問題至今仍未解答，至今也還是包括「女士」、軍方、僧侶及公民社會在內的政治體系持續奮力解決的首要問題。

我們的這一切旅程所顛覆的，則是美國政治學說中的一項公理：一切政治都是在地的。[23]事實上，無論在美國、波士尼亞還是緬甸，都再也沒有在地的政治了。在美國城市中，種族與警察執法的政治，永遠都會經由全球範圍的奴隸制度歷史表達出來。沒有一個在佛格森走上街頭的示威者只是為了抗議這個密蘇里州小鎮上的警察，他們同樣也在反對白人特權的全球遺緒。而在緬甸的佛教徒看來，國家的命運與佛教作為全球宗教的命運休戚相關，而佛教正與擴張中的伊斯蘭教鬥得難分難解。

這些鬥爭的全球化是不可避免的事實，但它們的振幅遍及全世界，使得在地的靈性或世俗權威都難以掌控。每一場信仰、主義或種族之間的在地戰鬥，只要有人聲稱面臨存亡關頭的不只是在地認同，更是全球認同的終極問題，都有可能被煽動成國際性的燎原大火。在地菁英能放下身段共同從事政治工作就有可能獲得的解決之道，像是曼德勒和平委員會試圖達成的那樣，一旦參戰各方全都訴諸全球通行的終極對決陳腔濫調，就無法獲得在地解決。

對於所有這些平息狂熱思想和暴力有所成效的群體來說，從曼德勒的公民團體，到我們在洛杉磯南部交談的宗教及鄰里團體，將衝突維持在可控制的範圍，意味著將全球轉回在地。平凡的美德意味著創造出空間一同從事真正的政治活動，以此對抗文明及宗教衝突的全球性陳腔濫調。真正的政治發生在一般人經由共同互動，理解到彼此擁有全球性陳腔濫調所無法表現的利益之時——無論是和平，抑或只是平靜。正是這些陳腔濫調，也就是我的波士尼亞翻譯所說的一概而論，使得鄰居走上陌路、對手成為敵人、朋友變得不共戴天。曼德勒、波士尼亞和洛杉磯南部的調解過程，意味著在不同信仰和信條之間建立網絡，而它們或許除了不讓暴力占上風之外別無共通點。這樣的共通性就足夠了。就是在沒有和平委員會、沒有僧侶對伊瑪目說話、沒有牧師對街頭上憤怒的青少年講話，也沒有在地政治將不同人群縫綴結盟的時候，全球性的仇恨才能獲得速度和強度擺脫任何人的控制，就連挑起仇恨的人都控制不了。

局外人和國際社會可以協助平凡美德獲勝。但我們始終必須謹記我們所背負的歷史包袱。我們說，我們來到這裡是要尊重「你們的」自決、「你們」為自己決定的權利。但這種後帝國式的謙遜，卻與我們對於自身價值觀普世通行，以及我們承諾在世界各地捍衛它們，即使在（或者尤其是在）自決的多數民意，想要從民主前途的願景中排除某個少數群體時也要挺身而出的信念，存在著令人不安的矛盾。

人權運動者把自己不「從事」政治活動當成專業榮譽的問題，但儘管做出了這些否認，人權運動根本上仍與它們所關注的社會有連帶關係，尤其是那些歷經複雜轉型過程邁向民主的社會。然而，倘若人權運動決心實現轉型成功這個目的，它也必須下定決心採取必要手段——那就是促成民主轉型所需的不完善政治過程。

還有一個事實，就是局外人沒有權力（但願有過）決定任何地方的在地轉型要進行得多快還是多慢。我們在最重要的問題上終究沒有身分地位：這是誰的土地？由誰統治？

我們自己的身分在道德上的可疑性質，始終值得我們銘記。在我們經過的所有這些地方——波士尼亞、緬甸、日本、巴西，以及美國的市中心貧民區——我們都只是過客。理解的起點在於認知我們自己在多大程度上不可能完全介入他人的道德及政治兩難。

我們發現，道德想像未必總是能應對建立連帶的挑戰，也就是如他人所見理解世界的要求。但我們得嘗試。對他人的生命和鬥爭感同身受是有可能的，但我們也應當承認同情共感有其限度。這並非背棄連帶，只是承認連帶的限度，接受這一切畢竟是「他們的」，而不是我們自己的鬥爭，要承擔後果的也是他們而不是我們。不僅如此，人類連帶的一切展現也有道德風險的層面。像我們這樣生活安全無虞的人會採取道德立場，聲援世界彼端受侵害者的人權。但在世界彼端性命遭受威脅的人，往往卻正是為「我們的」信念付出代價的人。倘若為了我們的承諾，乃至有時伴隨承諾而來的錯誤付出全部代價的是他們而不是我們，那麼看在他們份上，我們應當盡可能充分理解潛藏於我們自身確信及信念中的危險，並且盡可能避免。

1 J. S. Furnivall, *Colonial Policy and Practice: A Comparative Study of Burma and Netherlands India* (Cambridge: Cambridge University Press, 1948/ New York: New York University Press, 1948). 多元社會「是以最嚴謹的定義呈現的混雜，因為他們（各色人種）並存但不混合。每個群體都保有自己的宗教、文化和語言，保有自己的觀念和做法。他們只有在市集進行買賣時，才以個人的身分往來。……並且……在同一個政治單位下，不同的族群共生並存，但各自分立。甚至在經濟的範疇裡，勞動力也依照族群來劃分。本地人、中國人、印度人和歐洲人各有不同的功能，而且每個主群體內的次群體也具有特別的職業。」Julie Pham, "J. S. Furnivall and Fabianism: Reinterpreting the 'Plural Society' in Burma," *Modern AsianStudies* 39, no.2 (May 2005): 321–348; UNFPA, Myanmar Census, 2014. *United Nations Population Fund Myanmar: Country Profile, 2016*,. http://myanmar.unfpa.org/en/country-profile-0 . 譯注：此處多元社會定義的引文，參照考科特（Richard Cockett）著，廖婉如譯，《變臉的緬甸》（台北：馬可孛羅，二〇一六），頁五四。

2 George Orwell, *Burmese Days* (1934; New York: Harcourt, 1974).

3 Michael W. Charney, *A History of Modern Burma* (Cambridge: Cambridge University Press, 2009).

4 Thant Myint U, *The River of Lost Footsteps: A Personal History of Burma* (New York: Farrar, Straus and Giroux, 2006); Martin Smith, *Burma—Insurgency and the Politics of Ethnicity* (London: Zed Books, 1991).

5 作者與萊帕（U Hlaing Bwa）訪談，緬甸神學院，仰光，二〇一五年六月十五日。

6 Ian Holliday, "Ethnicity and Democratization in Myanmar," *Asian Journal of Political Science* 18, no.2

(August 2010): 111–128.

7 “When the Lid Blows Off: Communal Violence in Myanmar,” *The Economist,* March 30, 2013, http://www.economist.com/news/asia/21574506-sectarian-violence-was-not-supposed-be-part-myanmars-bright-new-direction-when-lid-blows ; Nehginpao Kipgen, “Conflict in Rakhine State in Myanmar: Rohingya Muslims’ Conundrum,” *Journal of Muslim Minority Affairs* 33, no.2 (2013): 298–310, DOI: 10.1080/13602004.2013.810117; Akm Ahsan Ullah, “Rohingya Refugees to Bangladesh: Historical Exclusions and Contemporary Marginalization,” *Journal of Immigrant and Refugee Studies* 9, no.2 (April– June 2011): 139–161; Joshua Kurlantzick, “Myanmar: The Next Failed State?” *Current History* (September 2011): 242–247, http://www.cfr.org/burmamyanmar/myanmar-next-failed-state/p25710 ; Greg Barton and Virginie Andre, “Islam and Muslim–Buddhist and Muslim–Christian Relations in Southeast Asia,” *Islam and Christian–Muslim Relations* 25, no.3 (2014): 281–285; Azeem Ibrahim, *The Rohingyas: Inside Myanmar’s Hidden Genocide* (London: Hurst, 2016); S. K. Kosem and A. Saleem, “Religion, Nationalism and the Rohingya’s Search for Citizenship in Myanmar,” in *Muslim Minority State Relations: Violence, Integration and Policy,* ed. R. Mason (London: Palgrave Macmillan, 2016), 212–224.

8 “When Buddhists Go Bad,” *Time,* July 1, 2013.

9 Tin Maung Maung Than, “Myanmar in 2013: At the Halfway Mark,” *Asian Survey* 54, no.1 (January / February 2014): 22–29; 另參看Nick Cheesman and Htoo Kyaw Win, eds., *Communal Violence in Myanmar* (Yangon: Myanmar Knowledge Society and Australian National University, 2015)。

10 “Buddhism in Myanmar,” http://www.buddhanet.net/e-learning/buddhistworld/burma-txt.htm ; Ranga Sirilal and Shihar Aneez, “Hardline Buddhists in Myanmar, Sri Lanka Strike Anti-Islamist Pact,” Reuters,

September 30,　2014.

11 "When Buddhists Go Bad."

12 Michael Ignatieff, *Blood and Belonging: Journeys into the New Nationalism* (New York: Farrar, Straus and Giroux, 1993), chap. 1; Michael Ignatieff, *The Warrior's Honour: Ethnic War and the Modern Conscience* (Toronto: Penguin Canada, 1998), chap. 3.

13 Mong Palatino, "The Meaning of the Mandalay Riots in Myanmar," *The Diplomat,* July 12, 2014; Soe Zeya Tun, "Myanmar Police Arrest 5 as Calm Returns to Mandalay after Riots," Reuters, July 3, 2014.

14 作者與丁塔（U Tin Htut）、溫苗苗（Daw Win Mya Mya）、南山孟（Nan San Moon）訪談，曼德勒全國民主聯盟總部，二〇一五年六月十五日。

15 關於仰光交通、計程車系統，以及汽車市場的精采討論，參看Ardeth Maung Thawghmung, "The Politics of Everyday Life in Twenty-First Century Myanmar," *Journal of Asian Studies* 70, no.3 (August 2011): 641–656.

16 Jane Perlez, "For Some, Daw Aung San Suu Kyi Falls Short of Expectations in Myanmar," *New York Times,* November 12, 2014, http://www.nytimes.com/2014/11/13/world/asia/for-some-daw-aung-san-suu-kyi-falls-short-of-expectations-in-myanmar.html .

17 Tim Hume, "Aung San Suu Kyi's 'Silence' on the Rohingya: Has 'The Lady' Lost Her Voice?," CNN, June 1, 2014.

18 Kenneth Roth, "Rights Struggles of 2013," in *Human Rights Watch World Report*, 2014 http://www.hrw.org/world-report/2014/essays/rights-struggles-of-2013 .

19 "The Arakan Project," *Insight on Conflict,* https://www.insightonconflict.org/conflicts/myanmar/

peacebuilding-organisations/arakan-project/.

20 作者與密杜（Myat Thu）、苗翁兄（Myo Aung Htwe）訪談，仰光政治學校，仰光，二〇一五年六月十九日。

21 作者訪談所得的背景消息，美國駐仰光大使館，仰光，二〇一五年六月十九日。

22 Aung San Suu Kyi Tells UN That the Term Rohingya Will Be Avoided, *The Guardian*, June 20, 2016, https://www.theguardian.com/world/2016/jun/21/aung-san-suu-kyi-tells-un-that-the-term-rohingya-will-be-avoided；"Joint Press Availability, U.S. Secretary of State and Aung San Suu Kyi," Naypyidaw, May 22, 2016.

23 Thomas P. (Tip) O'Neill and Gary Hymel, *All Politics Is Local: And Other Rules of the Game* (Holbrooke, MA: Bob Adams, 1994).

第六章

福島

——韌性與不堪設想的事變

日本總理大臣菅直人（Naoto Kan）那時正在國會議事堂的辦公室裡，他看見頭上的枝型玻璃吊燈開始叮噹作響、搖晃，而後越來越猛烈地左右擺動。[1]震動持續四分鐘。總理大臣就地掩蔽，他預期玻璃吊燈會掉下來。等到可以安全站起來了，他立刻前往內閣危機處理應變中心坐鎮指揮。最初接獲的回報是好的：全日本五十四座核能發電機組都啟動緊急應變措施，順利停機。過了一小時，消息卻急轉直下：福島第一核電廠（Fukushima Daiichi）發生「全電源喪失」。

在福島第一核電廠二十五英里之外的南相馬市（Minamisoma），一位魚商從小鎮碼頭上的工廠窗戶看著海浪，他以為這只是另一個美麗巨浪，像他之前曾經衝浪過的那種，直到他發現外海作業的漁船被巨浪捲起拋向岸上。

在核電廠五英里外的浪江町（Namie），町役場的一位年輕職員正駕車繞行町內的沿海地帶，以擴音器呼籲民眾先行疏散躲避巨浪，這時他從後照鏡看到，齊胸高的巨浪撲上車後的柏油路。

在石卷市（Ishinomaki）的一所小學校，七十四位學生在海嘯來襲前的地震過後聽從指示留在操場上；有三位老師抗命，帶著三十四位學生前往高處避難。遵命留下的師生都被捲走了。[2]

海嘯過後，一個濱海社區的店主在當天晚間前往消防隊從事志願服務。隨後六小時，他都在從被巨浪捲進稻田，四腳朝天的車輛和船隻裡將屍體拖出來，直到天色昏黑失去能見度為止；他同時發現這些死者都是他的朋友。

在福島第一核電廠的控制室，廠長吉田昌郎（Masao Yoshida）和員工們起先以為電廠能夠撐過地震。但在海嘯來襲，他們頭上的燈光減弱，眼前巨大的控制面板變暗之後，他們才意識到自己正面臨使用說明書上從未提及的狀況：全電源喪失。[3]

對於所有這些人來說——總理大臣、魚販、店主、小學教師、町役場職員，以及核電廠廠長——二〇一一年三月十一日[4*]下午兩點四十六分，正是他們進入不堪設想領域的時刻。不堪設想並不等於不可想像。這次三合一天災的任何一個部分——芮氏規模九點零的大地震、浪高十五公尺的海嘯，以及核電廠事故——都是有可能想像到的。但這三件事同時發生，卻超出了人們對可能性的預期，使得這樣的經驗變得不堪設想。5

※

像是十世紀日本那樣的傳統社會，在一千年前也曾遭受毀滅性的海嘯侵襲，但傳統社會對於命運有著各種包羅萬象的分門別類，為不堪設想經驗的意義提供了解釋框架。一般人會體驗到許多超乎他們理解能力的時刻：除了洪水，還有饑荒、瘟疫和人命夭折。他們面對這樣的禍患，可能會對天神高深莫測的意旨如此嚴酷而憤憤不平，但他們不會認為自己有能力理解禍事的意義，更不會予以預期或預防。面對天災的勇氣是由肅然接受的韌性所構成的。一千年前在福島海濱高聳的山壁上建造的神社，界石標示出公元九一七年海嘯水位所及之處，這正是古代社會對現代社會發出的警告，但卻被置若罔聞。這些神社同時也是對韌性、以及向高深莫測神意順服的證明，這種順服是我們今天難以想像的。

現代對於不堪設想之事的體驗，則是全然不同的層次。我們的預期是由數百年來的科學對於地震、海嘯等自然現象所積累的知識，以及從現代生活所習得，對現代國家有能力運用這些知識保護人民的信心而決定的。

當不堪設想的事變發生，我們的問題不再是上天對我們做了什麼？而是為什麼沒人照顧我們？為什麼沒人預測到這件事？為什麼現代國家的保證毫無用處？

沒有一件事比起我們反覆遭遇不堪設想之事，更能打擊我們對於現代國家，乃至向國家提供專門知識的預報事業的信心。不堪設想的事變已經成了二十一世紀向我們展現的未來面貌。

福島災變讓人想起了二〇〇五年九月，紐奧良（New Orleans）第九區的防洪堤在卡崔娜颶風全力吹襲下潰決的事件。生還者質問陸軍工兵部隊，為何沒有將堤防加固到足以抵擋第三級颶風，正如棲身於學校體育館的日本災民們質問政府和核電作業員，為何不曾預期到十五公尺高的海嘯。在紐奧良和福島兩地，公民與公共機構之間的信任契約都在不堪設想的事變中破裂。[6]

當英國石油公司（BP）的鑽油平台「深水地平線」（Deepwater Horizon）在二〇一〇年發生爆炸，原油漏入墨西哥灣，捕蝦漁民、旅館老闆及濱海居民都不能理解，為何一家在全世界最先進的經濟體中營運，受到複雜的政府法規系統規範的全球大公司，竟會連續八十七天都無法阻止原油從破裂的海底鑽井口外洩。

二〇〇八年九月，當全球第四大金融服務公司雷曼兄弟（Lehman Brothers）突然破產，世界各地的千百萬人都在問：所有的風險管理專家、所有運用各種模型的經濟學家，以及所有的監理單位怎能錯得這麼離譜。而現在，當一般人努力靠著工資重建生活時，曾受他們信任監管抵押貸款和房地產市場的同一批權威又告訴他們，這種事絕不會再發生一次。但我們全都認為它有可能還會發生。

不堪設想的事變是被建構而成的現實，它之所以變得不堪設想，正是因為風險管理專家、保險公司、銀行家、監理單位和政府打造了一個深層結構，以寬慰人心的期待否認不堪設想之事有可能發生。他們全都告訴我們：要對個人的冒險負責，但公共風險——全面性的衝擊——就留給我們處理。我們會陪伴著你。

但他們沒有。

因此現在，歷經颶風、生態浩劫和金融災難之後，我們懷著被政府和專家欺騙，他們對即將面臨的風險不比我們更了解的這種感受面對未來。

不堪設想的事變還有另一個超乎自然、生態或金融不可想像風險的面向。它也包含了一種感受，那就是我們再也無法確定其他人類可能對我們做出什麼事來。畢竟，預測需要仰賴一些對於其他人類樣態的穩定期待。然而二十一世紀卻是以這樣一樁駭人聽聞的人類野蠻行徑揭開序幕，使得我們的期待框架比以前更不牢靠。倘若你在二〇〇一年九月十一日早晨向搭上班機前往紐約的妻子或丈夫道別，或是在那個晴朗明亮的早上，在前往世界貿易中心的通勤地鐵站送別他們，你恐怕無法想像，你和你親愛的人都在一次不可思議的人類惡意演練裡被隨機選中。九一一事件敲碎了我們腳下堅固的地面，為我們開啟了一個未來再也不可信任的世界，因為其他人類為我們示範了一次別出心裁、計畫周詳的暴行，令我們沒齒難忘。

自九一一事件以來，由於伊斯蘭聖戰，以及其他不計其數的地方遭受的攻擊，再也沒有什麼經驗比起從不堪設想之事中存活，同時試著予以理解更具全球性了。

為了應對新的威脅，我們給予政府的權力若非在戰爭時期則難以想像，但我們犧牲了公民自由卻沒能換得生活更安全的信心。當我們走路去上班、送孩子上學、排隊買電影票，或在機場候機時，我們仍然意識到自己在任一時刻都是容易遭受攻擊的「軟性目標」（soft target）。

我們不再擁抱未來，不再想像燦爛的明天，我們如今以減少傷害、強化自衛能力和風險管理的語言思考未來。

風險管理及預測這門專業大幅成長。銀行家和投資人在進行金融投注前都要諮詢「國家風險」（country risk）專家；建築師和工程師則諮詢地震學家，確保自己的「設計基礎」預期到未來的地層運動；修築防洪堤和防坡堤的工程師，也要向氣象學家諮詢極端天氣事件；保險精算師為保險公司計算風險；疾病控制與預防中心（the Centers for Disease Control）巡查全球生物圈及世界各國公共衛生體系，找出潛在的流行病。無論大國或小國，各國外交部都有一個政策規劃部門，職責是為決策者草擬「即將發生的事態」。每一國的情報機構也努力從一片喧囂中偵測出信號，察覺攻擊即將發生的漸強音。[7]

不幸的是，我們不會察覺這些專家避免的風險，只會察覺他們無法阻止的風險。正是因為我們對風險管理殘留的信心，才讓不堪設想的事態在發生時令我們目瞪口呆。科學與技術既有的進步是十足充分的，從手機到盤尼西林，科技的確讓我們更安全；但進步觀念作為一種關於未來的敘事，卻只是一首催眠曲。進步讓我們掌握著面對未來的同樣這些武器，在不堪設想的事變發生時卻把我們繳了械。

歷史學家會提醒我們，未來總是以超乎設想的方式到來。我們對時代的焦慮毫不新奇。現在始終是不定型、怪異而令人恐懼。唯有在事後回顧，歷史才不再是一團混亂，並經由分析與反思而呈現出清晰可辨的意義。

前所未見的是我們在預測技術上的進步，與這些技術無法避免傷害時所感受到的無助憤怒之間的否定辯證。預測技術的日益精進並不能阻止未來以駭人的型態降臨。除此之外，前所未見的還有我們正在控管先前不曾以全球規模存在過的人為風險，包括核能反應爐爐心熔毀、氣候變遷和極端天氣事件等等全球奇觀（global spectacular）的恐怖主義。

這一切全都在考驗我們的韌性。我們在不堪設想的事變中遭受的重擊，使得我們在某種負面意義上變得更為個人主義，執迷於自身，盡可能把一切都留給自己的家人和親友。個人主義的文化比較欠缺韌性，對自身提供基本生存保證的集體能力也比較缺乏自信。

我們應對風險的方式愈發個人主義，這是因為我們一度以為理所當然從現代國家得到的保證似乎再也不可靠了。一九四五年之後興起的「福利國家」向我們應許社會連帶和集體保障，但在一九八〇年代保守主義反革命揭開序幕的漫長年代，以及隨著九一一事件而來的大規模恐怖主義和金融危機時代中，我們向下修正了自己對現代國家的期待與希望。德國社會學家貝克（Ulrich Beck）在一九八〇年代提出的「風險社會」（risk society）概念，指的是一個政治抱負降低到防範最壞情況發生的社會。[8]規避風險的政治視野所應許的安全必須付出代價：不只是更多的監控，也喪失了信心十足的冒險精神。

全球的中產階級大眾或許人數比以往更多。壽命或許也更長了，但我們對未來的信心卻沒有變得更強。[9]由於不堪設想的事變，一種憤世嫉俗的懷疑傳遍了我們的政治及公共生活。我們生活在失去信仰的道德環境中：被危言聳聽的資訊淹沒，卻對科學和政治失去信心，不再相信公共機構能夠防範最壞情況。怪不得韌性成了我們這個時代所必需的美德。

※

日本對韌性知之甚詳。從一九四五年到現在，它已經從毀滅性的戰敗，兩顆原子彈摧毀廣島和長崎，一場造成重大傷亡的地下鐵恐怖攻擊，[10]以及二〇一一年造成將近兩萬人死亡，並引發重大核電意外的海嘯中復甦。

二〇一一年的大災難在日本激發了一場自我省思的討論，探討為何在以上這些經驗之後，秩序、紀律、服從、尊重、禮節等等社會中至關重要的美德，卻不利於社會預期最壞情況並及時採取行動的能力。

這些美德，尤其是對營運公司及監管單位的信任，共同促使核電意外的發生看似不可想像。第一個教訓是由黑川清教授（Prof. Kiyoshi Kurokawa）領導的調查團隊所撰寫，一份義憤填膺而清楚有力的報告書所闡明的：以不可想像的概念塞責，既是託辭也是藉口。[11]當日本「原子力村」（nuclear village），也就是創造日本核電產業的監管單位及營運商勾串而成的集團發言人宣稱，這場核電意外是「想定外」（そうていがい），也就是不可想像的，這種發言激起了日本民眾的憤怒。

大眾在事件發生之後也意識到，這是一次遲早會發生的災禍。一九九五年的阪神大地震，以及二〇〇四年的東亞海嘯，理應促使風險管理師重新檢驗一座興建在海岸邊，備用發電機位於海平面高度的核電廠每一項特徵。這座核電廠的「設計基礎」可以承受六到七公尺高的海嘯，但在二〇〇六年，東京電力公司（Tokyo Electric Power Company, Tepco）的一份內部報告對更大的海嘯襲擊核電廠時可能出現的狀況發出警訊，公司卻毫無作為。[12]

和我談話的一位東京電力公司前任主管，懷著羞愧與驚愕回顧自己的自滿：「如今回想起來，讓我最難受的是，我甚至不知道『全廠斷電』是怎麼回事。我在公司裡認識的人也沒人知道。我們甚至搞不懂這個詞是什麼意思。沒人有這個概念。」[13]鑑於人類想像力的無遠弗屆，嚴格說來，應當沒有任何事情是超乎設想的。這正是悲觀論者的用處，領導人的職責則是明察何時應聽從他們的警示；然而，卡珊德拉的神話也正提醒我們有多難得這麼做。[14]

黑川報告稱福島災變為「日本製」的災難，並將罪咎擴及於四面八方，譴責「根深柢固的日本文化傳統：我們的反射性服從；我們的不願意質疑權威；我們的固守成規；我們的群體主義；以及我們的孤立褊狹」。這份報告責怪了這麼多人，以至於幾乎找不到最終的責任者。

我在東京的辦公室拜訪黑川教授時，他也親口承認這個事實。「人們以為我說每個人都有責任，因此就沒有人需要負責了。其實我要說的是，我們都必須為國家做出的決策負責。這是我向我國社會菁英們提出的『不願面對的真相』。」[15]

查明一場災難的個人責任，必然意味著有人要入獄服刑——引人注目的是，至今還沒有人入獄，儘管有三名東京電力的高階主管被起訴。[16]最顯眼的受害者則是總理大臣菅直人，他在災難過後五個月被迫辭職下台。如今，菅直人說，這次經驗促使他成為反核運動者。他確信，日本唯一安全的能源策略是完全不使用核能。

黑川和菅都把眼光放遠：控管高風險科技的唯一可行之道是振興民主。按照黑川的說法，我們若是缺少「民主社會朝氣蓬勃的力量：勤奮的監管單位、為日本人民服務的誠實官僚、積極的檢察官、警覺的代議士、勇敢的揭弊者、不屈不撓的新聞記者、獨立自主的學者、發達的非政府組織，以及最重要的，踴躍投票的一般大眾」，[17]就不可能與高風險科技安全共存。

倘若重振民主是解答，那麼日本的體制還需要漫長的努力才能承擔這項責任。災難本身對大眾信賴體制的能力帶來長遠的傷害。不同發言人互相矛盾、中央政府不和地方政府聯繫、在輻射汙染區域負責安定民心的官員，也沒有從監管單位或東京電力方面得知任何資訊。[18]

歷經這一切之後，日本民眾不知道還能相信誰。想要對是否重啟日本既有的核電廠取得民主共識，必定會十分困難。大眾無法決定誰對誰錯，於是退回各自的生活中，決策權仍然掌握在一九五〇年代至今決定日本能源政策的「原子力村」這群緊密聯結的官僚、政治人物和公司主管手中。

即使如此，這場災難還是改變了核能辯論雙方的力量對比。福島災變給了「反方專家」（counter-expert）身分，讓他們的意見有權利被聽取。[19]這些反方專家們贏得法院的假處分命令，阻止地方的核電機組運轉，運動的領袖們對自己的最終策略也直言不諱：他們要用法律訴訟手段盡可能拖延重啟核電的時間，或許需要十年，以迫使日本的大企業放棄核電，改用再生能源。反方專家們指出，自二〇一一年至今，日本生產的基本負載電力完全不靠核能，而他們期望辯論愈公開，討論愈開放大眾參與，日本就愈不可能決定繼續採用核能發電。[20]

在這些反方專家的壓力下，日本開始著手設置獨立於政治人物及營運商之外的監管單位；強制進行核電設施的重新設計，確保電源喪失不再發生；向大眾承諾採用智慧電網；打破地區能源壟斷；並推出激勵政策促進更均衡的能源組合，降低核能，提高再生能源使用。[21]

儘管有了這一切措施，似乎還是很難想像一個人口稠密、高度工業化的島國，所有化石燃料全靠局勢不穩的中東進口，石油的安全運輸又得仰仗穿越荷莫茲海峽（Strait of Hormuz）、麻六甲海峽等危險水域的航運線，它要怎麼完全不用核電就能生產基本負載電力。

目前全世界共有四百三十八座運轉中的核電廠，還有六十七座正在興建。即使在三浬島、車諾比，以及這場福島核災之後，全球能源系統仍致力於核能發電。[22]

但如今沒有人像以前那樣相信的，則是百分之百安全的核電機組這回事。

福島災變也在風險管理及預測技術的限度上給了我們另一個教訓。這是我們必須不斷重新學習的一課。人類所創造的一切事物，遲早都注定要出錯。正如美國社會學家培羅（Charles Perrow）在一九八〇年代對三浬島核災的一項開創性研究中主張的，這樣的事故在任何先進而複雜的科技系統中都是「常態」發生的。[23]因此，不堪設想的事變始終存在於人類的眼界之中。

日本方面的所有調查報告都指出，核災的根本原因存在於阻止監管單位及營運商準確預測風險的「心態」；隔離規律現狀中的人們，使他們不去設想重大災難可能性的「概念壁壘」；原子力村成員的共謀心理氛圍；阻礙地震學家理解海嘯專家所發出警訊，不同專業缺乏溝通協調的本位主義（stove-piping）；打從心底不願意提出假設性問題；監管單位及營運商理解風險的僵化二元方式，按照這種理解，核電廠只有安全和不安全兩種可能性；既然沒有人願意承認安全可能有程度之分，監管單位和營運商雙方也就這樣說服自己：核電廠百分之百安全。

這種概念上的否認與集體思考模式，是重大災害中反覆出現的因素。在一九八六年挑戰者號太空梭墜毀的官方調查報告中，羅傑斯調查委員會（Rogers Commission of Inquiry）成員、榮獲諾貝爾獎的物理學家費曼（Richard Feynman）也指出一種類似的心智習性：在發射日程和節省成本的壓力下，工程師說服自己，一旦斷裂就會導致氫氣洩漏、引發重大災難的O型環失效是可承受的風險。[24]

政府事故調查委員會委員長畑村洋太郎（Yotaro Hatamura）[25*]，在福島核災的調查報告總結看法中，也應和了費曼的某些結論，不過是以俳句般的精準表達出來：「可能之事發生。不可能之事也發生。」「不欲見即不可見。欲見即可見。」[26]

按照認知心理學家康納曼（Daniel Kahneman）、特沃斯基（Amos Tversky）的說法，我們人類是重複犯錯的機器，本質上就是傾向於錯估風險、在理應小心留意時輕忽、在該做最壞打算時盼望最好結果。[27]我們的「風險管理」方案，正是為了保護我們不受自己的一廂情願或粗心大意損害而存在。

但風險管理方案及程序同樣會讓常規化的思考根深柢固，導致人們忽視意想不到的信號。人類不安於現狀的警惕和臨機應變的具體能力，仍是不可或缺的。機器人會接管一切可供自動化的風險管理功能，但只有人類自己知道在說明書遺失、程序不再有效、科技不再回應控制儀器，或系統無法重新啟動時應當如何臨機行動——換言之，正是在不堪設想的事變用盡令人目瞪口呆的全力打擊我們之時。

門田隆將（Ryusho Kadota）為福島第一核電廠廠長吉田昌郎寫下的精彩傳記，也是一份研究成果，主題是所知世界一掃而空時堅韌不屈的臨機行動。[28]在電力喪失的黑暗中，與家人和外界隔絕，也沒有正常運作的儀器，由吉田領軍的十一位核心作業人員必須查出三座機組出了什麼問題，每一座機組的系統故障各不相同。他們手邊幾乎沒有參考資料：操作手冊全被沖走了。他們憑藉著數十年的電廠工作經驗、團隊忠誠和臨機應變的能力，盡可能理解一無所知的局面。要向核燃料進行注水，他們必須進入圍阻體，暴露於輻射之中，才能親手打開至關重要的閥門。他們指派已有兒女的年長員工進去應對高濃度的輻射，保護年輕員工免於可能致癌的劑量。一個措施無效，他們就改用另一個，即使氫爆讓屋頂嵌板掉落在他們頭上，他們仍持續不眠不休工作四十八小時。當他們接獲東京總理大臣官邸下達，要求停止將海水注入核燃料的不明智命令，廠長吉田陽奉陰違，指示同仁繼續進行。他們犯過錯誤，但沒有慌亂，也沒有拋棄職守；他們作為團隊通力合作，不互相爭吵，盡全力就地創造解決方案，而在大多數專家看來，他們已經盡力做到最好。他們無法防範三座機組的氫爆或隨後的輻射外洩，可是按照美國國家科學院（National Academy of Sciences）的說法，他們確實「降低了事故的嚴重程度，以及放射性物質向廠外擴散的強度」。[29]

福島第一核電廠控制室裡的男人們，讓人回憶起受困於世界貿易中心雙塔裡的男女們不同凡響的美德，他們不慌不亂，幫助彼此安全獲救；也讓人想起二〇〇五年紐奧良紀念醫院的醫生和護士，他們在被洪水圍困、電力中斷的醫院裡救助病人。[30]置身於極端情境中的人們並不總是驚慌失措；他們不會擅離職守、背棄同仁、拋下受苦的人。他們反而會設法在不可能的情境下盡其所能。既然終究沒有一種故障保險系統、機器人替身和操作程序能夠防止不堪設想之事發生，當一切全都失效，我們就只剩下韌性這項美德。

※

「韌性」這個字就像一枚被過度使用而磨平了的錢幣。因此我們得做點功課，重新找出這個詞真正的意義。《美國傳統英語字典》（*American Heritage Dictionary*）列出了兩個字義：其一是「從疾病、變遷或不幸中迅速恢復的能力」，在這個意義上附加的是「浮力」的概念，能在沉入水中之後浮出水面的能力。其二，在冶金學和材料科學的語言裡，韌性則是指「材料的一種屬性，在被彎曲、拉長或壓縮之後，能夠回復原有的形狀或位置」。

韌性材料至關重要的特徵在於伸縮性。最具韌性的材料是合金，它是多種元素的混合，不只有單一元素作用。比方說，德國新近研發的「形狀記憶合金」（memory alloys）可以被扭曲千百萬次又回復原形。記憶合金的隱喻意涵顯而易見：當我們協調一致，作為被聯繫起來的整體，在單一領導下將各自技能結合起來，我們的韌性比試圖單獨行動時更強。[31]

然而，隱喻同時也指向合作的反面。它們也把一個有韌性的人與毫無主見、流質易變的個人主義者相提並論。通常我們並不認為這樣的人在道德上值得稱許。他們是狄更斯（Charles Dickens）筆下的「機靈鬼」（artful dodgers）。韌性也可能是一種反英雄（anti-heroic）性格，一種彎而不折、被擊倒了還能彈起的能力。[32]

兒童心理學家告訴我們，一個人在成年之後能否發展出韌性的最佳預測因子，是他在童年初期能否受益於和一位成年人穩定、長期而持久的關係。看來，在成長過程中沒有一位成人協助他建立架構的兒童比較缺乏韌性：重大挫敗或不幸都會破壞他們的應對能力。[33]

日語對應於韌性的詞彙尤其能引人共鳴。日語中有一個字在災難過後經常用上：努力加油（頑張る）。我從字典裡學到，「頑張る」的意思是「堅持努力」、「撐過難關」。阪神大地震之後，「神戶加油！」（頑張る神戶）成為重建的口號。

一個源自禪宗佛教的相關詞是「忍耐」（我慢），意指「以耐心和尊嚴承受看似不可忍受之事」。另一個相關詞「忍耐力強」（我慢強い）則是指「忍人之所不能忍」。與這個概念相關的還有「沒辦法」（仕方が無い），意思是「認命」。

我們由此得知，韌性兼具積極和消極兩面。消極意義或許是我們從佛教、猶太教和基督教傳統繼承而來的，這些傳統都告訴我們，韌性包含了與不可抗力調和，順服神明的旨意。反觀現代的韌性則是積極的，如同工業合金般彈回原狀。

有沒有可能將韌性的消極和積極意義合而為一，也就是將接受不可抗力與克服困難的堅定意志結合起來？日語再一次派上用場。韌性一詞在日語的直譯是「回復力」，「回復」是回歸原狀之意，「力」則是力量。我的一位日本學生向我提到，「回復力」一詞不足以體現出堅韌的人們具有「堅定不移的性格」。因此在她看來，正確的日語對譯應當是「不屈不撓」（折れない心）。

這是很美好的可能性，我樂意採納，但它也大大提高了道德門檻。當我們讚揚某人的韌性，我們恐怕並不真正了解我們所造成的傷害。

在地震和海嘯過後前往東北救助生還者的志工，很快就學會了絕對不要講「加油」，因為當人們受到稱讚，他們會覺得自己被告知「你得靠自己了」，沒被稱讚的人則感到自己被譴責。[34]對他人韌性的稱讚以一種絕非故意卻隱含惡果的方式，反倒無助於安全地帶和危險地帶的團結：道德讚許成了未受損害的人們撇清責任的方式。

稱讚他人的韌性有可能成為一種道德殘忍的演練。它會讓生還變得像是一種成就，但生還者其實都知道自己的存活往往純屬偶然。稱讚他人韌性，好像生還有賴於個人素質，同樣忽視了公眾領導的關鍵作用：社區領袖和政府官員如何應變，是否善盡職責。在許多專家看來，重大災害過後集中關注於韌性，將會助長宿命論而非災害預防。這些專家主張，協助人們提升韌性的訓練課程，會把我們推向「學習與實際上不可忍受的風險共存的滑坡」。[35]

我們並非只能以韌性應對不堪設想之事。[36]我們可以預作準備，估量風險，為它可能發生編訂預算。今天的不堪設想之事，明天就有可能被完全預防。紐奧良潰決的防洪堤按照更高的標準重建；世界各地核能發電機組的備用電力全都遷移到高處。按照美國政府審計辦公室（U.S. Government Accountability Office）的說法，全世界所有的核能監管組織都採取了一些措施，專門應對「先前從未想像到的事故情況」，尤其是電源喪失。[37]而在二〇〇八年世界金融崩盤之後，銀行也禁止有損害全球經濟體系之虞的冒險行為。我們能從錯誤中學習。我們並非只能重蹈覆轍。[38]即使是這樣，當其他一切全都失效，我們仍然必須學會堅韌。地球上沒有別的地方比福島更適合教導韌性。

※

東京出發的子彈列車駛進福島市時，每一位下車的旅客都受到手持「歡迎來到福島！」標語的退休人員迎接。站長和站務人員也舉起白手套，親切揮手致意。而除了我們之外全是日本人的下車旅客，大多別過頭去，匆匆走下樓梯來到街上。

二〇一一年三月，當福島第一核電廠六座機組的其中四座接連損毀，它們釋放出放射性的銫、鍶、鈽、碘，在風雨中形成火焰狀的煙霧，向西北偏北方擴散，籠罩了一片五十公里長、十公里寬的區域。住在這個區域中的十萬人被緊急疏散，四年後仍不得返家。福島農民們抱怨東京的消費者不再購買他們的大豆和菜籽油。漁民們也說他們的魚沒人要。整個福島縣至今仍然活在恐懼與猜疑的陰影下，正因如此，任何造訪的旅客都會在車站受到歡迎。

政府將輻射汙染區域分為綠、黃、紅三區。在南端的綠區，政府極力勸說民眾可以安全回家；而在黃區，民眾可在白天進出檢查房屋，但入夜之後不得逗留。而在紅區則設置檢查站，由配戴面具的警察駐守，任何未經許可的人都不得進入。

當我們北行進入紅區，我們使用Safecast的輻射偵測儀測試自己的輻射曝露讀數，這個充滿電路的塑膠盒由美日兩國工程師共同研發，是大眾確信政府並未告知他們關於輻射水平的真實資訊，而以群眾募資做出的回應。輻射偵測儀與電腦和全球定位系統連線，因此輻射劑量的即時數據可以立刻上傳到伺服器中，與每一個持有偵測儀的人共享。Safecast提供日本全國各地輻射水平的即時概況，和警方與政府提供的數據互相匹敵。39

而在路邊，除汙團隊則穿戴面具、長靴、頭盔和手套，將全身皮膚完全覆蓋而進行工作，他們在雨中彎下腰，將好幾公分的土壤刮去，裝進大塑膠袋中載走，送往已除役的核電廠廠址進行最終貯存。除汙團隊每次換班後都要接受檢測，要是身上的輻射劑量過高，就會從這份工作被撤換；批評者指出，這些除汙人員被開除卻得不到補償。

你以為科學已經解決了輻射安全曝露量的問題。車諾比災變容許輻射汙染區域的民眾平安返回的標準是每小時一微西弗，日本政府則將標準訂為每小時二十微西弗。反核勢力和環保遊說者則堅稱政府的標準不安全，這次有兩位和我們搭巴士同行。

一西弗，也就是一千微西弗，讓你有百分之五點五的機會罹患癌症或遭受遺傳基因損害。那些在廣島和長崎原爆中曝露於四千五百西弗上下劑量的人，一個月內就因此而死。40

而在福島第一核電廠，緊急狀態最嚴重的時候，員工則曝露於一百七十到一百八十微西弗不等的劑量中。事隔四年，核電廠的輻射水平仍然過高，只能運用機器人和遙控裝置進行除役作業。

至今為止，死於福島災害的將近兩萬人都是因海嘯而死，沒有一人死於輻射曝露。醫生在全日本各地檢查三十萬名病人是否罹患甲狀腺癌，迄今發現八十四例，但無法確切證明是因輻射曝露致癌。[41]我們還需要幾十年才會知道福島災變的真正代價。

在一個輻射汙染區裡，你很容易在不知不覺間感受到某種不安。你預期樹葉應該都掉光了，稻田枯黃，樹木只剩枝幹。實際上樹葉卻還是閃閃發亮，稻苗一片翠綠，大樹和其他地方一樣濃隱蔽日。正是這樣的全然正常狀態令人不安。

在乘坐一個半小時的巴士，穿越林木茂密的山谷之後，我們來到海邊的南相馬漁港，前往一座魚產加工廠，它取代四年前在海濱被海嘯吞沒的那座。從漁港水道的出口可以看見大海，在雨霧中顯得灰暗無聲。

魚商高橋永真（Nagamasa Takahashi）以白色頭巾纏頭，身穿黃色風衣和齊膝靴。他的麻臉被雨水打濕，肌肉發達的身體也在牛仔褲中濕透了。出生在相馬市的他，親眼看見海嘯將他的工廠和住家一掃而空。如今他正在重建一座新的魚產加工廠，但不在福島。

在這座魚產加工廠裡，幾位穿戴著面具、白外套、長靴和塑膠手套的工人，正在金屬檯上加工一堆堆的灰色章魚，將它們切碎，再將碎塊丟進白色塑膠箱中，交付冷凍或裝船輸送。每一船魚貨都經由輻射偵測儀掃瞄，取得安全無虞的證明，但東京的消費者仍不願接觸任何福島產品。

當我問他三月十一日地震發生後的情況，他苦笑著搖頭。從警方發布的一張海嘯來襲前一分鐘由直升機上拍攝的照片，你也就可以想見這位魚商所看到的景象：磅礡的白色巨浪從地平線此端峰峰相連到彼端，在陽光燦爛的三月午後閃閃發亮，以令人畏懼的速度撲向岸上。

當他意識到地平線上的白色線條是海嘯襲來，他立即奔向城鎮後方松林掩映的砂質山壁上避難。他看著浪峰高過路燈桿的巨浪淹沒工廠，將外海的漁船捲起拋入田野，並摧毀棚架、房屋、蓋板、道路、商店、車輛，以及逃生的人們。

在城鎮後方的砂質山壁上，有一座數百年前的海嘯生還者修建的神社；神社保持完好，但神社下方的一切，包括現代工廠、房屋、船塢在內，全都在不到一分鐘內支離破碎。

隔天黎明時分，這位魚商返回山下，在瓦礫堆中遊盪。朋友的漁船橫躺在大街上和田野中，有的上下倒轉，有的側翻，船體外露，桅杆折斷，死者的屍體仍倒在街道和碼頭無人收拾。

有些屍體再也無法尋獲，或是被海水捲走，或是被埋進泥土深處再也找不到。直到今天，志工們仍在城鎮附近的海灘上四處尋覓，偶爾會發現一隻手錶或一根碎骨埋在沙中。接下來幾個月內都在清除瓦礫、拖走田地裡的漁船、把四腳朝天的車輛扶正、運走殘骸、找出值得保留或必須拋棄的財物。

「我們是一個小社區。鄰居都是朋友。每個人都失去了親人。」

其後漫長的日子他都不太記得，除了兩個月後的那一天，他在當地的一家餐廳用餐，餐廳送上了生魚片——正常地方的一頓正常午餐——而他開始哭泣。

在南相馬的另一區，我們在若松真哉（Shinya Wakamatsu）[42*]的味噌醬油店外見到他。這間整潔而未做裝飾的商店裡，堆著高高的大豆袋、味噌醬，還有裝著醬油的加侖罐。他今年三十八歲，是這個釀製味噌的家族第十代傳人。他在牛仔褲和白色風衣外穿著一件藍色圍裙。他的頭髮剪短了，身材瘦高而駝背，看來是個神經質的人，但有著大大的迷人笑容。他走出店外和我們交談，臂彎裡夾著他在二〇一一年寫下的日記。「要是沒留著這本日記的話，」他說：「我無法相信發生過什麼事。」

就在地震過後，一位友人從海岸公路上打電話給他，吼叫著說海嘯來了。他得拖著因為無法置信和恐懼而動彈不得的父親上車，但他設法載著全家人來到本地的一間體育館，打地鋪度日。然後他到消防隊支援。「我記得，」他說：「他們要我們堅強起來。」他一直工作到隔天早上，大多時候都在從瓦礫堆中挖出屍體。有些死者是他的朋友。這段記憶一直沉甸甸壓在他心頭。他在清晨四點回到體育館，倒頭就睡。「我深深感謝自己還活著。」

如今他擔憂自己生意的前景。他解釋，以前本地的農家會把自己種的大豆帶來，他們家會為這些農家釀製一批批味噌。但現在農人越來越少了，這個趨勢在海嘯過後變本加厲。許多農人再也無法把大豆帶來，因為他們的田地遭到輻射汙染。其他人則棄農離鄉。但他們一家堅持留下來。在屋後的棚子裡，味噌正在桶中發酵，每個桶子上都用粉筆寫著日期和批號。

我問他是怎麼堅持下來的。他說，我們家在這裡住了十代，就像野馬追祭典一樣。我沒聽懂他的意思。他停頓一會，低頭看著味噌桶，然後突然握緊雙拳，全身一時緊繃，說道：「我們會像武士一樣努力加油。」——他用的詞是「頑張れ」。

我後來明白，野馬追祭典是在每年七月底舉行的，紀念以騎術聞名的武士家族相馬氏長達千年的傳統。相馬氏的家主放出野馬讓武士追逐，並且獎勵能夠徒手將野馬捉回神宮的武士，以此訓練族人。這項演出年年舉辦。成千上萬的人潮在原町（Haramachi）和南相馬的街道上，夾道觀看來自日本各地、身穿甲冑的騎馬武士們行進穿越城市。相馬氏當代家主騎著領隊馬，吹響大法螺為競賽揭開序幕。神宮的神旗被射向天空，當神旗向地面飄落，騎馬武士們爭相搶奪飄落的旗幟，搶到就能獲勝。

海嘯來襲時，野馬追祭典遭受重創。馬場沖走，馬匹淹死，活下來的馬匹則在廢墟中遊盪，飢餓脫水。

海嘯過後的那個夏天，野馬追祭典停辦了，但在二〇一二年又重新舉行。一位二十歲的福島第一核電廠員工，和全家人一起逃到東京南方的千葉縣（Chiba），他對記者說這項祭典是他「人生的動力」。他說，要是沒有了祭典，「我可能就拋棄家鄉了。」另一位長者也從被撤離到日本其他地方的生活中歸來。他對記者說：「我身為相馬武士的後裔，無論如何都要回來。我的意志絕不動搖。」[43]

於是我明白了，這位味噌湯的釀製者是要告訴我，既然野馬追祭典能夠存續，他們也會生存下來。就好像他回身進入悠遠的時代，為自己和家人找到一處不會被巨浪捲走的定錨之地，得以安身立命。對他和這些被海洋滋養的人們來說，野馬追祭典是人生持續性至關重要的象徵。他們仍然繼續生活，也會一直堅持下去，就在核電機組二十英里之外，距離曾經洶湧而來，且極有可能再次襲來的大海更只有半英里。

※

我們從南相馬沿著濱海的六號國道南下，穿越一處檢查站，由佩戴白色頭盔和面具的警官駐守；他檢查過巴士駕駛的進入許可，而後揮手放我們進紅區。

在福島第一核電廠五英里外的浪江町，一切都保持著地震後幾秒鐘的樣貌：一道圍牆上有三英吋的裂縫；花瓶摔碎在起居室的地板上；一間日光浴室的窗戶倒塌成碎片；一塊以英文寫著「鈴木鐘錶、首飾、光學」的商店招牌倒在人行道上；市公車迴轉之處的候車亭空無一人；一塊寫著「蘿兒綜合美容院」的招牌，懸掛在百葉窗緊閉的商店上方；而在十字路口，唯一的號誌燈間歇閃爍著綠燈、黃燈、紅燈。

城鎮的這一部分被地震破壞，但逃過海嘯。我們重新搭上巴士，沿著濱海公路開往下方的城鎮，遠遠就看得見大海，白色浪花打進了沙丘，發出微弱低沉的聲響。

海嘯過後幾天由警方在這個地點拍攝的照片顯示，放眼所見盡是廢墟和殘骸：木屋化為齏粉，只剩一扇門可以辨認出來，各處則不時出現被海嘯席捲上岸的漁船。身穿白色防護衣，戴著青綠色手套和護目鏡的警察，將長竿伸入廢墟中搜尋屍體。浪江町共有五百八十六座房屋被捲走，還有六十五座倒塌。一百八十二人死亡，其中三十二人被海嘯捲走，無法找回。

如今整片平原是光禿、空曠而荒廢的，殘骸已被運走，完全看不出曾有一萬人在此生活的跡象，只有黑色巨浪刨去了所有路面之後，道路遺跡留下的筆直線條。

兩位町役場職員與我們同行，其中一位並不是本地人；但在海嘯過後，中川雅美（Masami Nakagawa）辭去東京私營企業的職位，來此工作。像她這樣的人都拋下自己原有的事業，志願加入復興廳（Reconstruction Agency）。為什麼？「似乎沒有別的事更值得做。」她輕聲說，而我們並肩佇立一會兒，眺望烏雲下荒涼潮濕的地景，在大約五英里外的遙遠彼端，我們看得見福島第一核電廠六支毫無遮蔽的混凝土煙囪。

她現在還這樣覺得嗎？她說，是的，這是她做過最好的決定。

她說，值得讚揚的並不是像她這樣的人。她所稱呼的那些「看不見的英雄」，是在隨之而來的恐慌和混亂中必須撤離居民，此後數年來始終支持被撤離的居民處理補償、安置及重新安置問題，並且回答那個無盡重複，卻永遠得不到直接了當答案的問題：浪江町的兩萬一千四百三十四位居民能不能回來，什麼時候才能回來？

緊接著地震和海嘯之後，浪江町役場職員們自身的韌性面臨極其痛苦的考驗。他們在等待未曾到來的命令時該怎麼做？當命令不合實際情況或無法執行，他們又該怎麼做？當不顧一切的人們，他們所認識的鄰居、朋友和親戚都要求對自己特案處理，他們又如何堅守規定？

當秩序開始崩解，町役場職員們在混亂中首當其衝。他們幾乎沒有準備──做過幾次沒人記得詳情的疏散演練──也和其他人一樣，除了從車上收音機裡聽到的，別無其他訊息。但成為浪江町故事中最不受注目卻又最重要一環的，也正是他們的韌性。

海嘯來襲時，小林直樹（Naoki Kobayashi）正開著町役場的公務車在街道上來回穿梭，以擴音器呼籲居民避難。現年三十出頭的他是個沉靜、溫和的人，給人的印象是重度疲勞的町公務員。「我真的記不得情況到底是怎樣，」他說：「到處都是恐慌。」他能說的只是，要是他再接近一點，沿著濱海公路再往前開，離海再近一點的話，他恐怕就沒命了。當他掉頭向高處行駛，他從後照鏡看到巨浪從身後撲來，像一群黑狗那樣追趕著他。

他家的房子被沖走了，隨後幾個小時他都不知道母親的下落，直到母親在町役場現身。他至今仍然對東京電力隱瞞消息感到憤怒。東電疏散鄰近的兩個町，卻讓距離核電廠僅僅五英里外的浪江町自生自滅。町役場職員自行決定疏散全町。他們運用社區無線電系統聯繫四十公里外的市長，詢問能否將居民疏散到當地，然後將居民載上巴士。有時需要連續進行四次疏散，才能讓被撤離的居民獲得長期居留之處。

那段時間的記憶一直沉甸甸壓在他心頭，災難過後一開始是以星期計算、然後是以月計算，再來則是以年計算。「最糟的是被我們的町民提問，卻給不出答案，完全得不到消息。我們感到責無旁貸。」結果是這些得不到指示的年輕町役場職員，得直接面對疲憊驚嚇的鄰居和朋友。

「我們覺得孤單又沮喪。」他說：「我們自己也是被撤離者，大多時候都和家人分開。我們承受了非常大的壓力。」

規則正在瓦解，指揮系統變動不定——他有時會接獲命令，有時又得自行決定——至於可供依循的程序，能遵行的也所剩無幾。他只能記得居民需求的壓力，以及居民的鮮明個性：體育館裡牙齒掉光的老太太對他吼叫，說是町的流動廚房供應的飯糰太硬，老人家吃不下去，以及他粗暴地回答她們時所感受到的，如今也還在感受著的羞愧。

我們視察了體育館，這個如今空無一人之處，曾是浪江町的家庭在找到臨時住所之前居留數月的地方。體育館很冷，沒有暖氣設備；每一家人都打地鋪；食物只夠基本需求；廁所也只有體育館的基本配備；在他們給我看的照片裡，可以看到一個個家庭在地墊上聚在一起，鞋子整齊排列在地墊旁，許多人戴著面罩，有些人靜靜盤腿坐著，雙手摀住耳朵隔離噪音，雙眼向下看。

這個町在海嘯來襲前有兩萬一千人口；如今，被撤離的居民四散於日本各地，而在最近一次調查中，將近一半的人表示他們不會再回家鄉。因此，浪江町正在為疏散命令解除後規劃的災民返鄉只有五千人規模，但沒人知道疏散命令何時會解除，也許是在輻射危害減退，銫一三七半衰期過去的二〇二〇年之後。[44]我問了現年三十一歲，仍然未婚，還在家鄉三十公里外的臨時町役場上班的小林直樹會不會回到家鄉。他停頓了一下。「他們是這麼說的。」

我們得在黃昏時分離開浪江町。町役場職員們排成短短的隊伍，向我們揮手道別，直到我們走遠。我們懷抱著各自的感觸。而我想著通往核電廠的光禿柏油路上，那座祭祀死者的臨時神龕：石膏佛像，凋萎的花朵，以日文寫著家族氏名和死者名字的木牌；除汙工人在四周留下作為祭品、沒被打開的啤酒；還有燒盡的殘燭。我也想著新設的町墓地，就在浪江町小學生前往避難的高地上，由此可以俯瞰整片人們曾經居住、此時土壤和生命跡象卻已一併刨除的不毛平原；如今墓地位在松林掩映的砂質山壁上，成了海嘯死難者的安息之地。

※

不堪設想的事變是不可避免的事實，但它同時也成了擋箭牌。我們注定會被命運和未來打得措手不及，但我們確實也能學會應變之道。韌性有許多種道德形式，從「機靈鬼」到一群人在壓力下觸發的團隊合作都是。它可能是積極的，也可能是消極的，可能是自私的，也可能是無私的；它可以習得，但它無法傳授。

當我們把自己從福島災變生還者身上學到的事結合起來，我們可以說，他們讓我們領會了作為一種潛在精神資源的韌性：默示的、親身的、有形的、難以言喻的，也是本能的，同時又是形而上的，是一種無論未來如何都能應對的信念。韌性也是社會和政治的：它有賴於信任公共機構，社會網絡、朋友和家庭。所有這一切本能的、形上的和政治的意義都創造出一種信心，由此產生活過今天、明天開始復元的簡單期望。

韌性極度有賴於機制。日本國政府失敗了，東京電力公司也失敗了。持續運作的機制是町役場。正是町役場職員發揮了難以言喻的韌性，組織疏散並支持被撤離的居民，才能讓每個人繼續服膺於同一套秩序。

當韌性展現為一種對他人的責任，它就上升到了美德的地位。倘若我們有能力實現這份德行，那是因為我們仍對這樣一個共同體的前途懷抱希望。在此有一種不可見的形而上學作用。

韌性有賴於對值得奮鬥的共同未來抱持某些共享信念。要是這樣的信念不存在，韌性又有什麼意義？活下去又是所為何來？沒有人想要獨自生存：當然，這是魯濱遜漂流記的教訓。

希望有許多種類型，從「抱持樂觀希望」到「抱著萬一的希望」，再到「激進盼望」這種在一切看似絕望時繼續相信未來的能力。[45]從李維（Primo Levi）[46]到娜傑日達・曼德爾施塔姆（Nadezhda Mandelstam）[47]和曼德拉，二十世紀有太多範例提供我們大量證據，證明人類即使在最黑暗的處境下，都能保持希望生存下去。[48]

希望與韌性之間的關聯很容易受到嘲弄，沒有哪一種嘲弄比得上狄更斯在《塊肉餘生記》（*David Copperfield*）刻劃的那個永遠愚蠢、卻也永遠樂觀的人物米考伯（Wilkins Micawber）那樣可愛；無論何時遭逢逆境，他都喜歡說：「總有機遇會發生的。」[49]我們至今仍然用米考伯（Micawberish）來形容那種不曾跳脫空想層次的希望。

我所談論的希望則是一種平凡的美德：它沒有自以為是的意味，因此會認為我們當然並不總是能夠避開最壞的處境。同時它也不憤世嫉俗：它做最壞打算，卻不以最壞的惡意看待人類。它是反烏托邦的：儘管它相信我們能隨著時間從錯誤中記取教訓，卻對我們能否根本改變毫無信心。它是理性主義的，卻質疑大寫的歷史（History）能否為人所知。它從過去、從武士時代的記憶中汲取信心，但也理解有時人類所能做的只是繼續前進、繼續邁向未來，無論目的地多麼不確定。但韌性有一種不可動搖的實質信心成份，它肯定我們會記取教訓，絕非注定無數次重演同樣的愚行。我確信，這份複雜的希望正是人類韌性的基礎。它不只是一種意向、一種遺傳特徵，也不只是一種對他人負責的心態。它還是一份深藏心中、通常不宣之於口，對於人類生命無論如何都能延續的抽象承諾，而這份承諾在我們不只能永存、更能戰勝的信念中，得到了最有力的表達。[50]

---

1 作者與菅直人訪談，二〇一五年六月六日；以及作者在福島縣與居民及官員的訪談，二〇一五年六月九至十一日。

2 "Kin Sue over Tsunami Deaths of 23 Kids at Miyagi School," *Japan Times*, March 20, 2014, http://www.japantimes.co.jp/news/2014/03/10/national/kin-sue-over-tsunami-deaths-of-23-kids-at-miyagi-school/#.VZqqy0sVpuY.

3 Elsa Gisquet and Malka Older, "Human and Organizational Factors Perspective on the Fukushima Nuclear Accident: March 11– March 15, 2011" (Paris: IRSN, 2015).

4 譯注：內文此處誤植為March 3, 2011。應是三月十一日。

5 Government of Japan, Cabinet Office, Nuclear Emergency Response Headquarters, "Current Status and Challenges of Evacuation Areas in Fukushima," June 2015; 作者與內閣府原子力被災者生活支援團隊的井上博雄（Hiroo Inoue）、有馬伸明（Nobuaki Arima）訪談，二〇一五年六月。

6 Michael Ignatieff, "The Broken Contract," *New York Times Magazine*, September 25, 2005, http://www.michaelignatieff.ca/assets/pdfs/TheBrokenContract.2005.pdf.

7 David A. Moss, *When All Else Fails: Government as the Ultimate Risk Manager* (Cambridge, MA: Harvard University Press, 2002).

8 Ulrich Beck, *Risk Society: Towards a New Modernity* (London: Sage, 1992).

9 Steven Pinker, *The Better Angels of Our Nature: Why Violence Has Declined* (New York: Viking, 2011).

10 譯注：即一九九五年三月二十日早上，奧姆真理教在東京地鐵施放沙林毒氣的攻擊事件，造成十三人死亡，六千二百五十二人輕重傷。

11 National Diet of Japan, "The Fukushima Nuclear Accident Independent Investigation Commission: Executive Summary" (Tokyo, 2012).

12 Richard J. Samuels, *3.11: Disaster and Change in Japan* (Ithaca, NY: Cornell University Press, 2013); "Nuclear Power in Japan," World Nuclear Association, http://www.world-nuclear.org/info/Country-Profiles/Countries-G-N/Japan/ ; Executive Summary of the Interim Report of the Japanese Investigatory Commission on the Fukushima Disaster, December 2011, http://www.cas.go.jp/jp/seisaku/icanps/eng/120224SummaryEng.pdf ; Final Report of the Japanese Investigatory Commission on the Fukushima Nuclear Power Stations of Tokyo Electric Power Company, http://www.cas.go.jp/jp/seisaku/icanps/eng/final-report.html ; National Diet of Japan, Official Report of the Fukushima Nuclear Accident Independent Investigation Commission (The Kurokawa Report), 2012, http://warp.da.ndl.go.jp/info:ndljp/pid/3856371/naiic.go.jp/wp-content/uploads/2012/09/NAIIC_report_hi_res10.pdf.

13 作者與半谷榮壽（Eiju Hangai）訪談，南相馬市，二〇一五年六月十六日。

14 Executive Summary of the Interim Report of the Japanese Investigatory Commission; 另參看 Final Report of the Japanese Investigatory Commission.

15 作者與黑川清訪談，東京，二〇一五年六月十八日。

16 Jake Adelstein, "Trial in Japan Will Delve into 'the Hidden Truths' of the Fukushima Nuclear Meltdown," February 29, 2016, http://www.latimes.com/world/asia/la-fg-japan-tepco-fukushima-20160229-story.html .

17 Kiyoshi Kurokawa, "Speech at GRIPS Commencement," National Graduate Institute for Policy Studies, San Diego, CA, September 17, 2013.

18 作者與福井由紀子（Yukiko Fukui）訪談，日本電視台，東京，二〇一五年六月十七日。

19 日本反方專業的一個典型事例，是由東京律師河合弘之編導及製作的紀錄片《日本與核能：核能帶給我們幸福了嗎？》（日本と原　私たちは原　で幸せですか？，二〇一五年）

20 關於身分（standing）這個概念，參看Michael Ignatieff, *Fire and Ashes: Success and Failure in Politics* (Cambridge, MA: Harvard University Press, 2013)。

21 Matthew Bunn and Olli Heinonen, "Preventing the Next Fukushima," Science 333, no.6049 (September 2011), 1580–1581.

22 Chatham House Asia Programme, "The Role of the Nation-State in Addressing Global Challenges: Japan-UK Perspectives," Conference Report (London, March 2015).

23 Charles Perrow, *Normal Accidents: Living with High-Risk Technologies* (New York: Basic Books, 1984).

24 Richard Feynman, "Volume 2: Appendix F — Personal Observations on Reliability of Shuttle," in *Report of the Presidential Commission on the Challenger Disaster* (NASA, 1986), http://history.nasa.gov/rogersrep/v2app.htm ; see also Richard Feynman, *What Do You Care What Other People Think?* (New York: Bantam, 1988).

25 譯注：原書的日文姓名拼寫偶有誤差。例如洋太郎應是Yotaro而非Yokara。

26 Final Report of the Japanese Investigatory Commission.
27 Daniel Kahneman, *Thinking Fast and Slow* (New York: Farrar, Straus and Giroux, 2013).
28 Ryusho Kadota, *On the Brink: The Inside Story of Fukushima Daiichi* (Tokyo: Kurodahan Press, 2014).
29 National Academy of Sciences, *Lessons Learned from the Fukushima Nuclear Accident for Improving Safety of U.S. Nuclear Plants* (Washington, DC: National Academies Press, 2014).
30 Sheri Fink, *Five Days at Memorial: Life and Death in a Storm-Ravaged Hospital* (New York: Crown, 2013).
31 關於形狀記憶合金的韌性，參看Jonathan Webb, "Memory Alloy Bounces Back into Shape 10 Million Times," BBC News, May 29, 2015, http://www.bbc.co.uk/news/science-environment-32886000 .
32 Charles Dickens, *Oliver Twist* (London, 1837–1839). 關於韌性在戰爭結束後的反英雄事例，參看Werner Sollors, *The Temptation of Despair* (Cambridge, MA: Harvard University Press, 2014); 另見Ian Buruma, *Year Zero: A History of 1945* (New York: Penguin, 2013)。
33 National Scientific Council on the Development of the Child, "Supportive Relationships and Active Skill-Building Strengthen the Foundations of Resilience," Working Paper 13 (Cambridge, MA: Center for the Developing Child, Harvard University, 2013). 感謝拉森德（Stephen Lassonde）提供我這條參考資料。
34 我十分感激地承認我在甘迺迪學院的學生古家齊（Ku Ka Tsai）對這段分析的貢獻。
35 Chiara de Franco and Christoph Meyer, eds., *Forecasting, Warning and Responding to Transnational Risks* (London: Palgrave Macmillan, 2011); 另參看Eva Illouz, "Ne déplaçons pas la source de la violence sur les victimes elles-mêmes," *Le Monde*, December 31, 2016。
36 Nicholas Nassim Taleb, *The Black Swan: The Impact of the Highly Improbable*, 2nd ed. (New York:

Random House, 2011).

37 U.S. Government Accountability Office, "Nuclear Safety: Countries' Regulatory Bodies Have Made Changes in Response to the Fukushima Daiichi Accident," GAO-14-109, March 6, 2014.

38 作者與黑川清訪談，政策研究大學院大學（GRIPS），東京，二〇一五年六月三日。

39 Azby Brown, "Issues at Fukushima Daiichi Nuclear Power Plant (FDNPP)," *Safecast*, March 23, 2015, https://medium.com/safecast-report/safecast-report-part-2-7c6e444aae38，二〇一五年七月六日瀏覽。

40 作者與青木人志（Hitoshi Aoki）訪談，福島，二〇一五年六月十九日。

41 "Fukushima Child Thyroid Cancer Issue," *The Hiroshima Syndrome*, http://www.hiroshimasyndrome.com/fukushima-child-thyroid-issue.html；另見"30 Fukushima Children Diagnosed with Thyroid Cancer in Second Check but Radiation Said 'Unlikely' Cause," June 7, 2016, http://www.japantimes.co.jp/news/2016/06/07/national/30-fukushima-children-diagnosed-with-thyroid-cancer-in-second-check-but-radiation-said-unlikely-cause/#.V5hweGMq7dk.

42 譯注：原書拼寫為Shinoya，有誤。

43 "Historic 10th Century Japanese Wild Horse Chase Gets Back in the Saddle One Year On from Disaster That Crippled Nearby Nuclear Plant," *Daily Mail*, July 29, 2012, http://www.dailymail.co.uk/news/article-2180871/Historic-10th-Century-Japanese-wild-horse-chase-gets-saddle-year-disaster-crippled-nearby-nuclear-plant.html；Ayako Tanaka, "Japanese Horses Struggling in Wake of Disaster," June 7, 2011, http://www.chronofhorse.com/article/japanese-horses-struggling-wake-disaster.

44 譯注：日本政府在二〇一七年三月三十一日解除浪江町的疏散命令，但返鄉定居的人口迄今仍只有數百名。

45 Jonathan Lear, *Radical Hope: Ethics in the Face of Cultural Devastation* (Cambridge, MA: Harvard University Press, 2006).

46 譯注：一九一九—一九八七年，猶太裔義大利化學家、作家，第二次世界大戰末期被囚禁於奧許維茲（Auschwitz）集中營十一個月，幸得生還。戰後重新從事化學工作，並撰寫《如果這是個人類》、《終戰》、《週期表》、《滅頂與生還》等多部著作，回顧集中營的見聞與體驗，為納粹的種族滅絕留下動人的見證。一九八七年因憂鬱症墜樓身亡。

47 譯注：一八九九—一九八〇年，蘇聯作家，詩人奧西普・曼德爾施塔姆（Osip Mandelstam, 1891-1938）的妻子。奧西普由於寫詩諷刺史達林，在史達林的大清洗期間被捕喪生，此後娜傑日達不斷遷居躲避逮捕，在將近二十年的國內流亡之中，憑藉記憶保存丈夫的詩作遺產。史達林時代結束後，她除了設法出版丈夫的著作，更寫下《心存希望》、《被放棄的希望》兩部回憶錄在西方發行，對蘇聯一九二〇年代之後的文化及道德墮落提出批判。

48 Nadezhda Mandelstam, *Hope against Hope: A Memoir* (New York: Atheneum, 1970); Primo Levi, *The Drowned and the Saved* (New York: Vintage, 1989); "Living the Legacy," Nelson Mandela Foundation, https://www.nelsonmandela.org.

49 Charles Dickens, *David Copperfield* (London, 1850).

50 一九四九年諾貝爾文學獎得主福克納（William Faulkner）在諾貝爾獎晚宴上的演說，一九五〇年十二月十日。http://www.nobelprize.org/nobel_prizes/literature/laureates/1949/faulkner-speech.html。

第七章
南非
——彩虹之後

在對抗強者的戰鬥中，德行對弱者來說是比暴力更強的武器。在任何實力較量中，倘若武力是主宰者，就會是強者得勝。但強者的弱點在於道德領域。在理念的戰鬥中，擁有德行的人取得的正當性，可能更大於手持武器的人。此處所說的美德是一種稀有品項：願意為理念犧牲的美德。平凡的美德面對壓迫只能屈服並承受，但這種非凡的美德卻能讓暴政向它屈膝。種族隔離政權判處曼德拉終身監禁，以為這樣就能把他永遠圈禁在羅本島監獄（Robben Island）。但他的監禁反而讓捉拿他的政權耗盡力量。當他在一九九〇年走出監獄重獲自由，他成了美德凱旋歸來的象徵。翁山蘇姬在緬甸也是借助同樣的動力而執掌政權。[1]

南非政權毫不費力地遏制了非洲民族議會（African National Congress）的武裝游擊隊「民族之矛」（MK）所發動的暴力威脅，[2]但他們無法應對德行的挑戰，它表現在非洲民族議會的外交策略上，使得南非政權成了道德上的賤民。非洲民族議會的道德訴求，是以兩種相持不下的願景為基礎：其一是由《非洲人權與民族權利憲章》（African Charter）明定的，南非屬於「生活於境內的所有人」，不分白人、黑人、有色人種和亞裔；其二則是黑人自決與多數統治的泛非主義（Pan-Africanist）理想。[3]

曼德拉兼容並蓄的視野之所以在一九九四年之後取得優勢，乃是因其嚴峻的必要性。曼德拉獲釋之後，國家瀕臨內戰邊緣。白人菁英和非洲民族議會領袖雙方都不得不展開夥伴關係談判，將國家從內戰邊緣拉回來。雙方都明白內戰的損失將不堪設想。基於必須防止進一步流血的這份共同認識，非洲民族議會成了第一個在先進經濟體中取得政權的國族解放運動，這個經濟體集中化的資本誘因（capital-incentive）產業，依靠外國市場提供銷路和資本。[4]

這些不尋常的情勢，以及無論少數還是多數都無法靠著暴力取勝的共同認知，有助於解釋更進一步的悖論：一場馬克思主義傾向的非洲國族解放運動，最終竟創造出一個以全世界最先進的自由主義憲法為支柱的自由民主政體。憲法承諾保障少數人的財產與安全，以及多數人的政治權力和經濟正義。

非洲民族議會領導人自身和種族隔離時期法律交手的經驗，有助於他們接受一套自由主義憲法。[5]曼德拉從自己在種族隔離時代的法庭上擔任律師、後來又成為被告的經驗中理解到，法律有時能夠保障弱勢者。因此非洲民族議會在新憲法中採納了獨立司法、上訴權以及法治原則，也因此，當憲法法院對曼德拉就任總統之初的一項決策提出異議，他立即遵從。

對抗種族隔離的戰鬥一旦勝利，推翻種族隔離的美德同盟就開始瓦解。為了賦權於黑人，必須採取平權措施（affirmative action）讓白人走路。為了賦權於黑人，印度裔和有色人種都被拋在腦後。將轉型期同盟凝聚在一起的正義美德，如今成了離間族群關係的楔子。白人少數族群接受新的制度安排，因為他們無處可去，而且有太多白人都知道種族隔離無法長久延續。[6] 儘管黑人賦權政策將大多數白人逐出公領域，他們很快就在私營部門站穩腳跟。白人接受政治上的少數地位，以換取自由主義憲法的保證。曾經一度拒絕給予多數人這些保證的南非白人（Afrikaners），如今成了人權和法治最熱情的捍衛者。[7]

但這樣的協議十分脆弱。財產權保障的分配方式，讓白人擁有超過百分之九十的可耕地，以及絕大多數礦場和礦藏資源。保障這種分配的權力遲早都會受到挑戰。

這還不是唯一一種逐漸消解一九九四年協定的動力。南非解放運動同意接受自由主義的制衡原則以鞏固權力，但他們上台執政之後，卻憎惡這些妨礙他們行使權威的機制障礙，像是自由媒體、獨立司法審判，以及反對黨。[8] 非洲民族議會掌權時著手馴化獨立機構，他們不只將國會裡的反對黨看成對手，更視為敵人。在姆貝基（Thabo Mbeki）總統任內的很短時間，以及朱馬（Jacob Zuma）任內更多時候，新興菁英們將自身貪腐合理化，說成是多數人長久以來被否認的分霑利益權利。

穆加比（Robert Mugabe）統治的辛巴威，為這種全新型態的統治指點了明路。同樣在肯亞，解放戰士也運用權力讓自身族群的菁英自肥。而在盧安達，解放鬥爭的勝利者鞏固了自己和幹部們永久掌權的地位。走遍非洲各地，除了迦納等國之外，這個模式一再重演。為何南非的解放運動不該屈服於同一套辯證法？朱馬總統挪用千百萬的國家資金，為他在祖魯家園（Zulu homeland）的私人產業添購設施；非洲民族議會的裙帶權貴們則從南非既不需要也買不起的軍火交易中侵吞傭金；國營航空公司、電氣設施和電力公司，也全都遭到新經營者的掠奪。[9]

西方的批判全被當成耳邊風，因為非洲獨裁者們隨時都能轉而依靠中國。中國的貸款和補助無須以人權為附加條件。[10]

因此，解放二十五年後遊歷南非的任何人都會問的問題是：這個以美德戰勝暴政開始的故事，是否將以暴政在不知不覺中復辟作為結局。

※

我在一九九七年九月第一次造訪南非，報導真相與和解委員會（Truth and Reconciliation Committee, TRC）在印度洋岸的工業城伊莉莎白港（Port Elizabeth）舉行的特赦聽證會。[11]

聽證會地點在黑人城鎮新布萊頓（New Brighton）中心的百年廳（Centennial Hall）。我在擁擠的大廳裡坐了一星期，聽著恐嚇威脅社區長達數十年的白人警察，上台站在三位委員組成的小組面前，揭露自一九七〇年代起針對黑人異議人士的毆打、拷問和法外謀殺請求特赦。

聽眾都專注聆聽，許多人戴著耳機，好聽懂從英語或南非荷蘭語（Afrikaans）口譯成他們的母語——科薩語（Xhosa）的證詞；當一項特定的罪行被講述出來，一陣有如浪潮洶湧而來的聲音就會傳遍聽眾席，因為他們全都發出憤怒或痛苦的呢喃。

真相與和解委員會是為了查明真相而成立，不只是種族隔離時期的犯罪，也包含解放運動的犯罪。黑人憎惡這種將可恨政權的暴力和解放鬥爭的暴力等量齊觀的暗示，但他們接受真相與和解委員會對兩者的裁判權，因為曼德拉要求他們這麼做。城鎮社群被告知，這些罪行沒有機會讓人入獄服刑：犯罪發生在數十年前，證據已被湮滅，南非的深層勢力（deep state）無法穿透，非洲民族議會對自身加害者的忠誠也是牢不可破的。[12]因此，特赦是委員會將加害者從沉默的藏身處引誘出來的誘餌。

當時，我對整個社會願意一同經歷以「和解」為名的真相淨化過程留下深刻印象，聽證會每天晚上都在南非電視台公開轉播。但和解的確切意義卻始終不明：要「對」種族隔離的事實和解？要「與」加害者和解？還是要與解放運動曾用「火項鍊」私刑處死對手的事實和解？和解的意義有很多種，這些意義全都是艱難的任務。即使在當時也很明顯，這項工作需要幾個世代才能完成。

一九九七年，在新布萊頓的大廳裡，我坐在一位憤恨難平的女性喬伊絲・姆廷庫盧（Joyce Mtimkulu）身邊，她聽著兩位警察陳述他們一九八二年在伊莉莎白港的一條街上，綁架她投身社運的兒子希菲沃（Siphiwo），將他塞進後車箱，載往一處偏遠地點，下藥之後向後腦開槍加以射殺，然後升起營火焚燒屍體，他們則暢飲啤酒；最後將骨殖裝進黑色垃圾袋，再把屍骸丟進附近的河裡。我隨著喬伊絲回到她位在新布萊頓鎮上，一塵不染的家屋，問她終於得知真相是不是一件好事。儀態威嚴的喬伊絲，輕蔑也一如女王。她嗤之以鼻：「哪來的真相？他們根本沒說實話。他們給他吃藥，讓他不會覺得痛苦的那個故事是騙人的。」在喬伊絲看來，那些警察自稱他們要為她兒子解脫最後一刻的痛苦，似乎是一種令人憎惡的不誠實。如此的不誠實玷汙了特赦的許諾能從他們口中取得的任何真相。她要的是毫不保留的全部真相，而她對自己在一生最重要的道德交易中竟被如此欺騙感到憤怒。[13]

喬伊絲與事實和解了，儘管只是所謂的事實；但她怎能與殺害她兒子的凶手和解？局外人竟要求她原諒他們，這又是何其殘忍的道德完美主義？

另一方面，真相的美德則較易理解。當時似乎對所有人而言，查明冷酷的事實是任何政治轉型必經的第一步。倘若各方無法接受某些基本的實情作為共同基準，就不能創造出共同的政治前途：他們反倒會持續為了過去而爭鬥。這正是波士尼亞的模式。

儘管不曾有一個社會能生活在真相中，正如沒有任何個人能生活在真相中，但一套不可容許的謊言即使為數不多，卻足以斷送一個社會從暴政向自由轉型的契機。比方說，一九九七年我在南非時，就很容易想像得到，未來的某個時刻，當少數群體難以度日，某些年華老去的種族隔離時代老兵，乃至他們的子女就會忍不住說：過去也沒這麼糟。同樣地，當統治國家的多數人難以度日，他們也會忍不住說：我們是一場正義的解放戰爭繼承者，我們什麼都能做。[14]

時隔十八年，二〇一五年十二月，我再次造訪新布萊頓的百年廳，了解真相與和解委員會如此奮力查明的真相，是否克服了種族隔離和解放鬥爭雙方不可容許的謊言。我在珍娜・切瑞（Janet Cherry）陪同下前往，她是當地大學的教授，當年也以委員會的研究員身分參與同一場聽證會。她是一位頭髮斑白、眉清目秀的五十多歲女性，出身開普敦的自由派學者家庭，為黑人的鬥爭奉獻了一生。我們都持續追蹤姆廷庫盧案，但她告訴我的後續發展令人惘然。警察在聽證會上作證，說他們把喬伊絲之子的屍骸丟進了大魚河（Fish River），但後來的調查證明他們連這點都說謊：他的屍骨在凶殺現場附近的一個化糞池底被發現。我們都很疑惑，他們為何非要對這點撒謊？這就像是真相與和解委員會試圖為全體南非人共同打造的真相基礎，出現了一條小小的裂縫。

那些不可容許的謊言呢？珍娜說：沒錯，在白人郊區的花園裡，的確有許多對美好舊時光的依戀，但至少沒有人想要假裝種族隔離並非建立在拷問和殺戮之上，正如今天沒有一位解放鬥爭的勝利者還會宣稱鬥爭無可非議。

珍娜帶我到城鎮中心的南非人壽保險大樓（Sanlam Building），這是一個黑暗而被廢棄的地方，占地廣大，她在一九八〇年代曾多次在此遭受審問。我們抬頭凝視著向上伸入黑暗中的樓梯，有這麼多人都走過這段長路，來到惡名昭彰的六樓接受訊問。一九七八年，就是在這裡，黑人運動者畢可（Steve Biko）遭到警察毒打，重傷而死。

珍娜以一種謙遜的態度，對年輕時代勇於抗爭的自己感到自豪。她在南非人壽保險大樓的審訊過程中不曾崩潰，但從那時起，對解放鬥爭堅持信念始終並非易事。當非洲民族議會向法院提告，試圖阻止真相與和解委員會公布它對非洲民族議會酷刑拷問告密者，對平民發動恐怖攻擊的調查結果，她當然不可能樂見此事。[15]

身為一位對一九八〇年代在伊莉莎白港共同挑戰種族隔離的廣泛聯盟自豪的運動者，珍娜如今對非洲民族議會以領導鬥爭唯一進步力量自居的方式感到很灰心。那時的非洲民族議會若不是在游擊隊營區、在羅本島監獄，就是流亡海外。她記得，伊莉莎白港真正上演的鬥爭，是由一群出身各種族的在地運動者領導的。只有到了現在，執政的非洲民族議會才自稱始終領導她家鄉的鬥爭。

非洲民族議會重寫伊莉莎白港鬥爭歷史的行動，與他們支配在地政治的笨拙嘗試是齊頭並進的。那天下午稍後，這一點就完全展現出來。珍娜帶我去參加伊莉莎白港海濱一場反對婦女遭受暴力的示威。南非女性不分種族遭受的暴力程度，都高得令人不安。[16]因此我們為了一個至關重要的訴求而加入遊行，儘管在一個天氣宜人、暮色漸濃的十二月午後，出來參加的人數少得令人失望。我們啟程，人數約有一百人，沿著伊莉莎白港的海濱大道前進。儘管這場示威並不是由非洲民族議會發起，卻是由非洲民族議會婦女聯盟的領袖指揮。執政黨無所不在，「霸權地」接管示威，站在前排領導隊伍，並堅持遊行打出的旗號必須是非洲民族議會的綠、黃、黑三色。

珍娜和我看著三輛潔淨的新款白色賓士轎車尾隨遊行者，而後在停車場會合。示威遊行結束後，當我們其他人都零零散散地步行回家，解放鬥爭的繼承者們則滑進三輛豪華轎車，迅速乘車離去。

※

一九九七年，南非人在電視上收看真相與和解委員會的聽證會。二〇一二年，他們則收看馬里卡納事件（Marikana）的調查過程，在警方開槍射殺三十四名礦工之後。這兩者的對比足以說明南非從解放至今走過的道路。

馬里卡納是在約翰尼斯堡（Johannesburg）東北方的一處鉑金礦，由總部設在倫敦的倫敦礦業公司（Lonmin）所有，該公司的非執行董事有許多政商名流，包括現任非洲民族議會政府的副總統拉馬福薩（Cyril Ramaphosa）。[17]

二〇一二年八月十日，馬里卡納的鑿岩工人離開工作崗位，要求提高薪資。當他們所屬的全國礦工工會（National Union of Mineworkers, NUM）拒絕向管理階層轉達他們的訴求，罷工者遊行前往工會辦公室抗議。他們在工會辦公室遭到槍擊，顯然是從辦公室內向外開槍的，造成兩名罷工者死亡。隔天，工會幹部被發現陳屍於礦場。這些無預警罷工的工人們（wildcatters）接著以長矛和砍刀武裝起來，遊行到倫敦礦業辦公室抗議，遭到催淚瓦斯和塑膠子彈伺候；隨後爆發的混戰中，兩名倫敦礦業的保安人員被殺。警察隨即包圍了抗爭者，此時抗爭者的領袖是一位綽號叫曼布許（Mamboush）的年輕鑿岩工人。[18]身上裹著淺綠色毛毯的曼布許和警方談判，答應只要准許他的群眾遊行到「山頭」，那是礦場中央一處光禿的紅色岩石露頭，他們就會放下武器。警方卻不信守協議，反倒發射催淚瓦斯驅散群眾，導致兩名警察被殺。接下來的兩個夜晚，罷工群眾們在山頭周圍紮營露宿，此時人數已達三千人；他們如今以長矛、大刀和砍刀全副武裝，並配戴著民俗治療者——祭師（Sangoma）發放的符咒，罷工者相信這種符咒可以把警察的子彈變成水。由一名黑人副總裁代表發言的倫敦礦業拒絕協商，其他方面試圖介入也不得要領。同時，拉馬福薩代表倫敦礦業，請求警方和非洲民族議會政府動用武力終結罷工。

結局在二〇一二年八月十六日中午降臨時，既倉促又殘酷。當曼布許帶領一群武裝罷工者走下山頭，警方朝他們開槍。警方的第一輪齊射就殺死十六人，包括曼布許，他跌落在警察腳下的塵土裡，身中十四彈，仍然裹著綠色毛毯。隨後二十分鐘內，警方攀上了山頭的岩石，又射殺了十六名罷工者，有些人在試圖投降時被殺，有些人則被瞄準後腦開槍。這是一九六〇年種族隔離統治下的沙佩維爾（Sharpeville）大屠殺之後最嚴重的警察殺人事件。[19]

南非警察總監在殺戮事件隔天舉行記者會時，讚許她的部隊表現良好。[20] 她在事發當天任命的指揮官是一位黑人女性，是在種族隔離政權下接受培訓的。南非人民震驚地發現，種族隔離時期的手法早已深入了新南非警察的肌肉記憶與道德本能之中。

馬里卡納事件不只是一個關於對人命的輕賤，如何從上一個政權致命地延續到下一個政權的寓言，更是一個關於南非體制失敗的悲慘故事：一個工會與自身所代表的勞動人口如此疏離，其代表竟向自身的罷工者開槍；倫敦礦業公司的黑人經理對倫敦的老闆如此卑躬屈膝，唯一的本能反應竟是對同胞使用暴力；一國的副總統辯稱像他這樣的黑人無法真正掌控「系統」；一個司法調查委員會如此怯於挑戰非洲民族議會，結果不曾追究任何人的刑事責任；檢察體系首先竟起訴罷工者謀殺，而不追究警方，隨後又全面撤銷起訴，以至於三年過去，還是沒有人需要為了從背後槍殺逃跑的罷工者而負責。

何以自由主義體制完全無法保障國家的關鍵產業中一群貧窮而失學的礦工？當你聆聽南

非警察那位女性總監在馬里卡納事件調查中提出的證詞，某些真相也就清楚了。她惱怒而輕蔑的目光明確展現出她知道自己不可侵犯。在一黨獨大的國家，只要她能討好統治集團，誰又能奈她何？

罷工者被自己國家的體制背棄，於是回歸湮沒已久的鄉村家園傳統，將信仰託付在發下符咒抵擋子彈的祭師身上；他們就這樣以戰士的姿態壓低身軀、敲擊著武器前進，相信自身的力量，卻仍料想不到，為了服務自由社會而建立的警察，竟像殺狗一樣射殺他們。

鎮壓罷工者，並向南非社會的每一位工人發出訊息，只用了九秒鐘的無差別射擊，加上二十分鐘鎖定目標的謀殺：你要是膽敢挑戰雇主、挑戰工會，黑人的南非國家必定會像過去種族隔離的白人國家那樣鎮壓你。

※

珍娜在尼爾森・曼德拉大學教導黑人學生歷史和發展研究，校園就座落在新布萊頓鎮中心。種族隔離的社會地景在校園之外仍清晰可見：一百碼之外就是一處非正式聚落，鐵皮屋和編竹泥牆（wattle-and-daub）小屋散亂地聚在一起。但在山坡下，改變倒是發生了，國民住宅部門建造了全新的混凝土屋和磚屋。

珍娜教導「生來自由」的一代，這些學生出生在種族隔離結束之後，如今以創新高的人數就讀於曾經只收白人的南非大學。他們是在二〇一五年四月發起「推倒羅德斯」（Rhodes Must Fall）運動，將羅德斯（Cecil Rhodes）[21]銅像從開普敦大學的基座上撤除的一代人。這次勝利幫助他們在二〇一五年秋季發起第二波運動「學費必降」（Fees Must Fall），影響遍及南非每一所大學。他們要求為黑人占多數的大學職員加薪，並停止以南非荷蘭語作為授課語言，指出科薩語、祖魯語等另外九種非洲語言並未得到平等教授。這些示威抗議使得南非各大學直到整個二〇一六年都陷入停擺。[22]

人們不免疑惑，為何「生來自由」的一代竟與社會如此疏離，而這個社會的機制至少在名義上是為了賦予他們權力而設置的？往後幾天和學生的談話之中，有幾個主題逐漸顯現。對黑人學生來說，有機會就讀白人大學並非解放，反倒只是讓他們感受威脅，最終激怒他們。[23]白人學生把筆記型電腦和手機視為理所當然，黑人學生的家中卻有可能連電力都沒有；白人學生對助學貸款漠不關心，黑人學生卻有可能被學貸壓垮。在課堂上，白人學生可以賣弄私立學校給予他們的起跑點優勢，黑人學生卻得拚命追趕。最重要的是，生來自由的黑人學生覺得自己被圈禁了：再也無法確定能在繁榮的未來裡擁有一席之地，卻又回不去毫無工作機會的鄉村家園。[24]因此，對這一代人而言，解放讓他們高不成低不就，無所適從。

令政府驚恐的則是學生抗爭蔓延的速度、非洲民族議會的學生組織無法掌控抗爭的程度，以及學生對總統、執政黨及其執政紀錄的公開鄙夷。幾星期之內，朱馬總統就屈服了，儘管沒人相信他會信守為了終止危機而做出的承諾。[25]

身材魁梧的二十四歲社會學系學生佐力薩・馬拉武（Zolisa Malawu），身上穿的T恤用粉筆寫著「死於學費」（Death by Fees），他是伊莉莎白港的抗爭領袖之一。他和身為小學教師的母親一起住在附近的鎮上，目前正在研讀教育社會學。他向後靠坐在椅子上，龐大的身軀懶洋洋，言語尖刻而伶俐。佐力薩打從骨子裡蔑視非洲民族議會：

> 在我看來，非洲民族議會就是個小黑手黨；你想得到服務就得跟某些人有關係；它是一套近似於種族隔離的特權網絡；它剝削你，而後壓迫人民。這不是我的政府。我的同胞在家裡呆坐五到十年，非洲民族議會會引進某種團體計畫清除垃圾，再將它推銷成「創造就業機會」，只為了爭取選票。他們藉此創造出依附人口。這種方法延續的是非洲民族議會的權力，不是人民的權力。

你可能會以為他把馬雷馬（Julius Malema）為首的經濟自由鬥士（Economic Freedom Fighters）那套說法給照單全收了，這些反對非洲民族議會的民粹主義者正在發起運動，要求徵收白人財產；但佐力薩只是和馬雷馬一樣毫不留情罷了。

那麼，如果你想從曼德拉的陰影及其繼承者虛假的諾言中解放自己，又要何去何從？佐力薩想要追隨母親的腳步，成為一名教師。他從母親那兒得知，鎮上的每一位學校教師都得身兼社工，深入家庭和父母一起工作，解決家庭危機，為孩子找工作，在他們灰心喪志時伸出援手。他談到創辦學校作為社區組織及動員中心。「我們現在不是在創造政治行動者；而是在創造依附者。」

在此，佐力薩和他所代言的生來自由世代觸及了解放的一個根本反諷：非洲民族議會以幫助千百萬人脫離貧困為努力目標，如今卻有一千六百多萬南非人正在接受某種福利救濟。[26]如同巴西的家庭津貼計畫，這些補助維持了解放的承諾，但也製造依附，鞏固了執政黨對一群感恩、有耐心、俯首貼耳選民的控制。

接著我和克魯斯塔・姆齊拉（Khrusta Mtsila）談話，他是一名瘦削結實的南非全國金屬工人工會（National Union of Metalworkers of South Africa, NUMSA）幹部，這是一個左翼的脫離工會，是新興的反非洲民族議會運動其中一分子。他說，曼德拉總是太渴望迎合白人。解放的宗旨就是要將經濟權力移轉給多數黑人，但這從未發生過。「人們已經受夠腐敗和停滯了。人們失去信念了。」克魯斯塔說，徵收白人擁有的土地，並重新分配給貧窮黑人的時刻已經到來。[27]我問，可是憲法怎麼辦？土地所有人的權利不是必須保障嗎？克魯斯塔回答：「窮人得不到任何正義。他們得不到正義，是因為他們沒有財力。」

我問，即使是這樣，激進的土地重新分配難道就是解答嗎？辛巴威又是如何？該國所謂的解放運動老兵你爭我奪接管白人經營的富裕農場，沒幾年就把這些農場給敗壞掉。這是他想要遵循的模式嗎？克魯斯塔緊繃起來：辛巴威的改革並非「徹底失敗」，他惱怒地說。都是媒體誇大其詞。

南非領導人不願批判穆加比及其徹底失敗的土地改革，是由上而下的，曼德拉和姆貝基對西方各國爭取他們向這位解放者兄弟施壓的努力一概斷然拒絕。[28]但同樣一種不願批判穆加比的心態，在非洲民族議會最激烈的批判者之中也是再明顯不過的。

另一位學生庫阿瑪・宗達尼（Quama Zondani）在旁邊聽著我和工會領袖的你來我往。庫阿瑪二十三歲，有一張圓臉，身穿淺黃色T恤。「或許辛巴威還不夠基進。」他說。問題其實並不在於辛巴威或土地改革，而是南非憲法和一九九四年的協議保護白人的財產權。庫阿瑪對他的主題熱切起來：

憲政危機來臨了……憲法力圖保障壓迫者。它是解放的障礙。我的祖先可不是為了跟哪個白人男女共用馬桶而拿起武器的。我們將不得不反叛。我們認為憲法費盡心思在保障以可疑手段取得的財產權。

當我說到同一部保障白人財產權的憲法同樣保障黑人財產權，說不定還是免於被非洲民族議會政府掠奪時，庫阿瑪不悅地瞇起眼睛。

當生來自由世代讚揚穆加比將非洲穀倉退化成一片廢墟的土地沒收計畫時，這實在很難讓人聽得下去。[29]但隨後，當我們穿越瓜祖魯納塔爾省（Kwazulu-Natal），我就明白土地問題何以如此嚴重。這就像是國家的地景本身在對年輕世代咆哮：你一無所有。當你從德班（Durban）沿著前往莫三比克邊境的高速公路北上，你會穿越公路兩旁集約耕作的甘蔗園，它們全都是跨國公司的財產，而後是同樣的跨國公司所有的桉樹林；遠方是理查茲灣（Richard's Bay）的巨大礦場，以及載送煤礦裝船運往中國的長長貨運列車。在跨國公司的地產之後，道路穿越了部族統治者擁有的傳統部族家園，族長的幾隻牛漫步穿過道路。就算有非洲小農，似乎也所剩無幾：種族隔離政權逼迫他們移居的家園是最貧瘠的土地，只能用於放牧；在那裡積累的財富終究落入了族長之手，政權則以汽車和賄款收買族長們。

在部族家園裡，你會在小屋之間看見一些新屋頂、電力線路和混凝土路面，但除此之外，解放幾乎沒有帶來什麼改變。我們在距離莫三比克邊界約二十英里處讓一位本地衛生保健員搭了便車，他將身分識別徽章別在骯髒的藍色外套上。他挨家挨戶取樣化驗檢查瘧疾。他的村莊這十年來沒有人死於瘧疾，但在公路那頭，過去一年就死了五個村民。當我問他這二十年來他的村莊有沒有任何改變，他思索著，望向窗外的森林，然後看著我的眼睛，緩緩搖頭。

所以，當你聽到這些，當你注意到南非城市在耶誕節假期是如何清空，因為在餐廳、旅館和工廠工作的黑人男女都回到鄉村家園，回到那些幾乎沒有變得更好的地方，你也就開始明白激進的重新分配何以深深打動人心。憲法會允許白人業主們展開長期抗爭——如同一切爭取正義的鬥爭，這場鬥爭也會分化、沮喪並阻止外國投資者，但即將到來的衝突已經逼近了。

在繼承曼德拉協議的這一代人看來，新南非的體制本身就鞏固了不平等。隨著轉型令人失望、成長趨緩、對黑人的賦權無法符合年輕世代的需求，追究應當承擔罪責的人或事，就集矢於同一個替罪羊：白人特權。

每個人嘴上都掛著這個詞。憤怒的黑人學生告訴我，他們已經厭倦了必須教育自己的白人同儕這種特權確實存在。白人則回應，把南非的一切災難怪罪在不到百分之十的人口身上，越來越沒有可信度了。南非記者哈法吉（Ferial Haffajee）深受這套論述困擾，於是寫了一本書《要是南非沒有白人會怎樣？》（*What If There Were No Whites in South Africa?*），辛辣地指出：就算白人的所有財富全都移轉給黑人，南非的問題還是無法解決。她寫道：

> 我每到一處，一整個生來自由世代都身陷枷鎖。我每到一處，一整個生來自由世代都好像同時被白人性（whiteness）和白人至上執迷及囚禁般說著話。黑人對白人性和白人特權的

執迷，看來是我們在全國談話中唯一談論的話題。[30]

珍娜對白人特權修辭的復甦深感憂慮。這意味著她所教導的生來自由世代放棄了逼迫種族隔離政權屈服的同盟。[31]在和黑人運動者並肩作戰三十年後，卻聽見她的學生說南非的問題可以靠著徵收白人財產解決，令她沮喪不已。她確信真正的問題是經濟問題。本地的福斯汽車廠（Volkswagen）對外招募一個職缺，就有數千人排隊報考。譴責福斯是白人支配的工具卻毫無意義可言。公司本身並非無可指責、它也不是慈善機構，但它七十年來為城鎮提供最好的工作。真正的悲劇在於，就是沒有足夠的職缺提供本地所需。[32]

※

接下來是札馬札馬（Zama Zama）：這是一處非正式聚落，約有九百人居住在一片光禿而布滿岩石的草原中央，距離普勒托利亞大約半小時車程。札馬札馬在祖魯語中本來是指那些在礦井中違法尋找礦石的人，但詞義已經推廣，用來形容任何不顧一切困難想要達成某個目標的人。[33]在札馬札馬需要克服的逆境險峻得令人驚駭。南非的非正式聚落多達數千個：它們都各自處在被排斥、走投無路的處境中。新布萊頓和瓜齊克勒（Kwazikele）這樣的城鎮或許貧困，但如同里約熱內盧的貧民區，他們仍享有警察執法、公共服務、市政府、醫院、接駁工人上下班的廂型計程車（combi taxi），還有社工人員照料帶著子女的母親。札馬札馬這樣的非正式聚落則一無所有：完全沒有暖氣、照明、下水道、衛生設施、警察、交通工具或政府治理。非洲民族議會的國家就像以前的種族隔離政權那樣，徹底拋棄了他們。

這是散布在道路旁邊布滿岩石的紅棕色草原上，由鐵皮屋、紙板屋、夾板屋和編竹夾泥屋構成的一片兔子洞，你開車經過時甚至不會留意到這樣的地方。在此生活的居民來自北方貧困的林波波省（Limpopo），還有來自辛巴威的移民，由於穆加比把國家經濟折騰得殘破不堪而南下。大約三分之一的男人設法找到了工作，可是絕大多數女人就是留在這裡，日復一日、月復一月、年復一年地度過。她們或許是因為阿姨、母親、姊妹或兄弟已經前來，想要在約翰尼斯堡或普勒托利亞尋找工作，但當職缺遍尋不著，她們終究來到這裡，靠著有可能獲得的福利補助，生活在風雨、泥濘、酷寒任意來去的陋屋中。警察駕車經過，但從不停下；市政府的運水車偶爾前來；沿著公路前行一小時有一間學校，但學生名額已滿，偶爾有空缺招收學生，也只能接受一位札馬札馬的孩子。除了一位倦怠的白人社工和她熱心的黑人青年助手，南非國家完全不見蹤影。

我們是被一個基督教慈善組織帶來的，它的名稱來自《聖經》的一段經文——雅各書一章二十七節（James 1:27）。查閱全文是這麼說的：

在神我們的父面前，那清潔沒有玷汙的虔誠，就是看顧在患難中的孤兒寡婦，並且保守自己不沾染世俗。[34]

這個慈善組織的執行長是波塔（Robert Botha），原先是南非駐巴黎的外交官，但他聽到了呼召，為遵行他的慈善組織名稱由來的那段《聖經》誡命，不惜徹底翻轉自己的人生。他是一位高大、急切而執著的人，以一種率直的現實主義為信仰服事。他告訴我，札馬札馬的工作是一團混亂。罪犯和醉鬼在夜間襲擊女性，人們允諾要洗心革面卻無法履行；幾乎每個人都被損害了，被無所事事和失業損害、被毒品、酒精、愛滋病，乃至童年遭受的虐待損害，他說，對此只有一種可能的解藥：無條件的愛，只要他或是某人能夠給予。儘管面臨這一切困難，他還是能夠指出信仰帶來的成果：一位辛巴威女性經營的學校，在兩個船運貨櫃中每天為五十位兒童提供三餐；貨櫃後方是一小片菜園，供應學校製湯的番茄和節瓜；聚落也無須再等待運水車，因為他們現在可以從新鑿的水井打一些水。

我們正要將尿布、食物和嬰兒衣物送往聚落中央一間特定的小屋。這是個熾熱的周六午後，非法酒吧（shebeen）的收音機震天價響，那兒的男人們坐在陰影下喝酒、爭吵和玩撲克牌。我們找到目的地的那間小屋，這是一座由白色石膏板築成，小巧而整潔的建築物，沒有窗戶，以一片打掃得一塵不染的泥土院子和鄰居隔開，交織錯落的樹枝充當圍籬。一個兩歲大的男孩正在院子裡玩耍，門口則站著一位微笑著的長髮女孩，大約十八到二十歲左右，手中抱著一個緊緊裹在毯子裡的小男嬰。在屋內的黑暗中，則是另外兩個同樣緊緊裹在襁褓裡的小男嬰，即使屋內十分悶熱；他們躺在一張床上，這幕景象同時結合了整潔、堪稱典範的居家照護和全然的赤貧。小屋沒有窗戶和照明，冬天也沒有暖氣，一個紙板箱充當床頭櫃：母親和小男孩睡在同一張床上，三胞胎則睡在臨時代用的嬰兒床上。我們一個一個抱起這些嬰兒：他們都是瘦弱的小生命，雙眼緊閉，在酷熱中掙扎著。波塔說，要是他們不趕快增重的話，就得送去地區醫院了。我們把尿布放下，還有裝著水和食品雜貨的塑膠袋，母親咧嘴笑了。她太年輕了，光是想像她怎麼過日子，怎麼打掃院子，怎麼確保小孩不跑開受傷，怎麼為自己取得足夠的營養，餵飽三張索求無厭的小嘴，就令人痛苦。但她對這一切既不畏懼、不難為情，也不擔憂，很感謝這些雜貨送來，也很高興得知羅柏和他的團隊下星期還會再來。波塔的一位捐助者允諾會繼續支持，只是沒人知道能維持多久。我們離開她的時候，我心想，我們看見了平凡的美德展現在勇氣和不計後果之間。

我們回到學校，坐在一間教室中間的課桌椅上，和幾位年輕女性交談；她們是歐菲莉亞（Ophelia）、姆波（Mpo）、波蒂亞（Portia）和雪莉（Shelly），都在學校裡工作，照顧學童或準備食物。她們都有自己的夢想，波蒂亞羞怯地說，她想成為一位「金融律師」，於是都來到札馬札馬。她們都有子女，但這裡似乎沒有男人能和她們成家。她們和阿姨、母親或祖母同住，日復一日，生活節奏一成不變。「我早上起床，」歐菲莉亞說：「打掃房屋，餵飽孩子，坐下來思考人生。然後我和雪莉打撲克牌。我們去酒吧，喝酒，做些上下運動（jiga jiga），然後回家睡覺，隔天醒來又是完全一樣。」她們對「上下運動」羞怯地笑了，這是和有工作、身上有些錢的男人進行的性交易，這種性行為可以帶給她們一支手機、一頂帽子或一雙鞋。

她們用母語說話，同樣來自林波波省的年輕見習社工安德魯（Andrew）則為我們翻譯。當這些女孩們講完，靜靜坐著看地上或是玩手機，我問安德魯為什麼想來這裡當社工。他輕聲回答，他的母親死於愛滋病，他不想看到別人像她一樣生病。他說，他來自一個貧窮的村莊，那兒的老人連自己的名字都不會寫。他怯生生地望著我，說出了「賦權」這個字：是的，他想賦權於這些年輕女性，讓她們的生命不會像他母親那樣結束，讓她們在死之前至少學會寫自己的名字。

解放本該來到札馬札馬的，將這些小屋和非法酒吧一掃而空，讓波蒂亞有可能實現夢想成為「金融律師」。但現在，二十年過去，她和她的朋友們在生活中被剝奪權力的程度，卻連她們身為自由國家的平等公民這種想法都成了殘酷的錯覺。坐在白色賓士轎車中的政治菁英早已拋棄了歐菲莉亞、姆波、波蒂亞和雪莉，還有陋屋裡養育著三胞胎的年輕母親。非正式聚落是很容易就被當成燙手山芋歸檔的問題。將它歸咎於白人特權或種族隔離遺緒更方便得多。

南非本來應當不一樣的。憲法承諾每一位公民都有權取得住房。一九九八年，一群生活在非正式聚落的窮人決心相信憲法的承諾。一個冬日早晨，市政府的推土機開進了開普敦市郊瓦勒斯丁（Wallacedene）的聚落，將那兒的陋屋搗毀，剷平成為一大片瓦礫，讓大約五百人瞬間無家可歸。其中一位占居者伊蓮・古魯邦（Irene Grootboom）找上一位律師，將官司打到憲法法院。令人驚奇的是，憲法法院做出了對他們有利的判決。窮人沒有權利擁有住房，要是憲法法院給予這項權利，就會有千百萬人叫嚷著要求住房；但非正式聚落的居民確實擁有「使用」住房的權利，意思是說，市政府不能只顧著派出推土機把他們趕出家門，還得協助他們找到長期庇護所。法院判決政府必須設法滿足人民的需求。幾個月後，非洲民族議會政府回到憲法法院，把一疊文件扔在法官桌上。憲法法院首席大法官查斯卡爾森（Arthur Chaskalson）當年在利佛尼亞大審（Rivonia trial）[35]期間曾是曼德拉的辯護律師，他仔細查閱了這些文件；當法院向政府部門提問時，他只問了一個簡單的問題：「能不能請你告訴我，這些文件在哪一頁能讓古魯邦知道她該怎麼取得住所？」[36]政府當局沒有回應。八年後，在這場攸關經濟與社會權利的訴訟中獲勝，成為世界各國法律系所教材的古魯邦因癌症去世。她去世時仍住在陋屋中。新南非政府從來不曾為她和同一個非正式聚落的居民尋找住所。[37]世界各國的法律系同樣應當講授這一課：除非政治菁英，尤其是民選官員感受到日常義務及政治壓力讓憲法的承諾得以履行，否則連世界最先進的憲法都不會給窮人權利。

※

我們在這段旅程中造訪的其中四個國家——巴西、緬甸、波士尼亞、南非，都正在經歷通往自由民主的轉型，卻似乎始終到不了目的地。其中利害既是道德的也是物質的：為里約貧民區的窮人和被驅逐者尋求正義；在緬甸，讓一個國家重返國際社會；在波士尼亞，為創造「種族清洗」一詞的各族群尋求和解；在南非，則是要建立一個公民的政治共同體，終結札馬札馬這樣的非正式聚落令國家元氣大傷的貧困。

巴西、緬甸和南非的轉型都受到國內的政治壓力驅動。唯有在波士尼亞，自由是外部力量施加的，這或許能夠解釋波士尼亞人為何從來不認為自己擁有國家體制，乃至這些機制所給予的自由。而在另外三個案例中，挑戰權力的一方之所以獲勝，是因為他們運用了德行這種武器。他們剝奪了現行掌權階級的正當性，削弱掌權者統治國家的道德權利。

在這四個國家裡，期待與失望的壓力都很大，這四個國家也都和目標相距甚遠。波士尼亞在岱頓協定簽署二十五年後，三個民族仍然不曾跨越族群競爭和菁英腐敗的零和政治。巴西即使在工人黨執政十餘年後，千百萬邊緣化的窮人仍被排除在經濟發展之外；緬甸的全國民主聯盟則必須在翁山蘇姬女士領導下，找出一百三十五個不同民族和宗教攜手並進，共同建設國家、重返世界舞台的方法。

南非的問題在於，自由民主政體能否逃脫寡頭鐵律（iron law of oligarchy），也就是新掌權菁英公然侮蔑以限制他們貪腐為職責的機制這一不可避免的趨勢。徵兆看來不太樂觀，而新世代南非人對非洲民族議會的反應則更加不祥：他們毫不留情地輕蔑非洲民族議會的道德權威，尤其蔑視撐過羅本島的試煉就有資格永久統治的說法。推倒羅德斯銅像運動之後，一位年輕部落客姆西曼（Sisonke Msimang）直接向非洲民族議會道德權威的歷史核心提出挑戰：

你們在革命裡的角色拯救不了你們。你們發表演說、睡在冰冷拘留室的歷史拯救不了你們。就連羅本島上的艱苦勞動，都不能讓你們免於當今自由鬥士的質疑。[38]

二〇一六年的市政選舉，讓非洲民族議會遭受一次令人難堪的教訓，今後的問題則是：獲得機會統治伊莉莎白港和普勒托利亞的反對陣營，能否證明自己不負選民所託？[39]要是他們能建立起清廉治理的名聲，這必定更有助於反對陣營在全國選舉中與非洲民族議會對決。

造訪所有這四個轉型中的國家，尤其是南非之後，必須學會的一課是：轉型絕非救贖劇碼。局外人並不把轉型看作是決心運用權力遂行己意的菁英，與奮力掌握至少一部分民主果實的大眾之間的艱苦鬥爭，反倒受困於錯覺，誤認轉型是良善戰勝邪惡的救贖故事。在全球閱聽人面前，南非提供了這種幻想最純粹的形態。正因如此，全世界對彩虹之國的認同才會這麼強大，如今對它的幻滅才會如此劇烈。今天，歷經二十年的覺醒之後，南非官方還在繼續談論「基進經濟轉型」（radical transformation），彷彿這是國家的下一步。你可以看到非洲民族議會支持者身上的黃色T恤背後寫著這個詞。但轉型只不過是另一種救贖幻想，由非洲民族議會的領袖們調動出來，他們不顧一切乞靈於曼德拉神話持續消褪的魔力。然而曼德拉走的並不是救贖之路，而是更適中、更容易實現的道路：由一九九四年憲法明文規定的自由主義式自由（liberal freedom）之道。他比自己的繼承者更加明白，在政治中沒有救贖，只有權力鬥爭，而鬥爭的最佳指望，則是經由體制協議回報自制與責任的德行，從而達成均勢。

※

從我們所探討的這四次轉型，以及它們在國內外所引起的錯覺和幻滅之中，還可以再記取一個更廣泛的教訓。畢竟，所有這些轉型全都試圖實現以自由憲政主義為基礎的民主政體。它們全都試圖讓過去對自由主義式自由一無所知的千百萬人可能擁有這些權利。

自由主義式的自由重點在於，它是不做救贖的（non-redemptive）。它不是前瞻性的，也不試圖轉變任何人或任何事，更不試圖轉變人性；它沒有一套救世計畫。它有著謙卑卻精確的抱負：保護人類不被自己傷害，不受我們自身的支配欲望和積習難改的殘忍癖好傷害。自由主義式自由運用機制保障人類。[40]有限政府、抗衡力量（countervailing power）、憲法權利、受法律規範的市場：自由主義式自由運用這些機制，使平凡的美德得以在自由公民之間成長茁壯。

自由主義式的自由有它自己的認識論：它相信公眾真理（public truth）會在激辯中彰顯。從這種認識論產生了一種道德推論：沒有任何公民能壟斷真理，政治的目的正是為了庇護和保障自由辯論的條件。由此又可進一步推知：自由公民的共同體中沒有敵人，只有對手，反對正是任何對集體真理的成功探索必要的前提。

自由主義式的自由的政權不會符合所有人的喜好。堅信真理為自己所獨有的宗教或世俗理論家們不會受它吸引。它在堅信民主就只是多數統治的民粹主義者看來，更是可憎至極。因此，解放運動和民粹民主人士對自由主義式自由政權的限制惱怒不已，多數人則憎惡保障少數人安全的權利。

自由主義式的自由甚至不是人人平等的。它相信社會中的正義問題，在於每個人擁有的是否足敷所需——在札馬札馬，或是里約貧民區都是——而非富者擁有太多。自由主義式自由相信，法律是要確保市場誠實可靠並具有競爭力，而不是決定所得應當如何公平分配。[41]

所以大致而言，這是一套社會主義者和共產主義者都不喜歡的政治理念，因為它不包含平等正義的救贖許諾；保守主義者更不喜歡它，因為它的首要關懷是個人自由，而非維護傳統、宗教或共同價值。

當全球閱聽人將救贖的希望投入南非的轉型，他們誤解了自由主義式自由的意義。他們也抵擋不了自由主義式自由帶來保證，良好的機制總是能從惡劣統治者手中解救國家這樣的錯覺。

實際上，權力腐蝕解放者這一點不該令人意外。救贖故事帶來了有國家可能逃脫這一鐵律的錯覺，正如救贖也帶來了國家有可能逃脫自身歷史的幻想。

在一切政治最原初的救贖敘事——摩西和以色列人逃出法老之地的故事中，《舊約聖經》告訴我們，摩西本人未能確保救贖。他活著的時候沒看見應許之地。他沒有像美國黑奴的福音歌曲曾經唱過的「跨越約旦河」。舊約以殘酷的精準寫道，當他垂死之際，他實際上可以從病榻望見應許之地（申命記三十四章）。

讓我們記得，在這些似乎不見止境的轉型過程中，從我們的立場「可以」看到什麼。今天的南非沒有人因為種族或政治意見而入獄，這是一種進步。出生在這個國家的每一個黑人孩子，都知道他們有權投票選出統治者。這也是進步。相較於一九九四年，更多人頭上有屋頂遮蔽了，也有更多的電燈照明和廁所。這些都是進步，進步就是進步。它唯獨不是救贖或和解，但它同樣不簡單。

※

我們在伊莉莎白港的一間海灘餐廳吃午餐——身旁是一整個班級四十多人，震耳欲聾的小學男女生，全都穿著制服、來自不同種族，在暑假前最後一天上課到校外郊遊。他們都是八到十歲上下，女孩們畫著著色書，一位黑人女孩和一位白人女孩並肩而坐看得入神，男孩們則到處亂跑、互相推擠、嘲弄、瞎鬧。你感受到，這個國家的未來在這平凡的一幕中得到預示。我們還需要三十年才會知道故事的結局。當這些孩子長大成人，互相競爭伴侶和職位，昔日的厭惡會不會復甦，昔日的種族隔離會不會捲土重來？這些問題都沒有答案，可是看著這些孩子，你必須相信答案還沒決定，他們眼前的可能性仍是開放的。

向晚時分，我又回到海灘上散步，遇見一群在本地高中就讀的青少年，他們正在收拾自己的毛巾、衝浪板、夾腳拖鞋和T恤，準備回家。一位身材粗壯、打著赤膊的黑人少年，和一位將T恤套在比基尼外的黑髮白人少女逗留在後。他們大約十六歲。他們的身軀交纏：她的雙臂摟著他的頸子，兩人的腿也纏繞著。他們站在原地不動，向外看著海潮湧來，他們的頭在觀看海浪時傾向彼此，碰觸在一起。他們靜止了好幾分鐘。然後他們回過神來，奔跑追趕其他人。

在南非，這個單純的場景中產生作用的美德——信任和渴望——目前還不算平凡。不同種族的年輕男女相遇、戀愛和同居，在這裡表現出的意義不同於別處。跨種族性行為與跨種族通婚曾經是被禁止的，即使在自由時代也還是難得一見。

隨著南非的國民所得提高，不同種族的互動確實更加頻繁，然後漸漸地，他們會邀請彼此進入更私密的居家空間。[42]人們越是富裕，對其他種族的猜疑就越少，也就越想要彼此互動。許多發展都決定於南非經濟能否持續成長，使得種族和諧容易實現一些。

隨著跨種族接觸成為「日常平凡」，南非也就能夠進入一個「正常」世界：吸引力在此是單一個人之間的，絕非種族與種族遭遇，僅僅是一個靈魂和身體渴望另一個。對彼此差異的意識不可能消失，但隨著時間過去，在正派的政治、包容全民的公共財，以及社會和諧之中，身體特徵、倫理品行、個人歷史和道德行為等等個人特徵，就會取代種族，成為人際關係的新基礎。然後跨種族性行為和通婚也會成為日常平凡，這樣的平凡本身正是進步。

當人們試著端詳南非的未來，許多事都決定於在海灘上彼此擁抱，一同觀看夕陽的那位黑人男孩與黑髮白人女孩今後的走向。許多事都決定於他們在今後的年月裡如何記憶這一刻，他們後來是否不願在一起而回到同族身邊，還是這一刻能讓他們看見彼此只是兩個人，了解到如己所願渴望彼此、自由選擇或拒絕、結合或分離的意義所在。你對這些即將步入成年的少男少女所期望的，其實就只是他們的相愛是一件平凡小事，既不是宣言，更不是英雄行為，僅僅是兩人在滿足的人生中一剎那電光石火的吸引。那就是自由。自由社會的全部重點，正是建立法律和機制實現平凡的美德。在一個正派的社會中，愛情不該讓任何人非得成為英雄不可。

1 Aung San Suu Kyi, *Freedom from Fear: And Other Writings*, foreword by Václav Havel, intro. Michael Aris (1991; London: Penguin, 2010); 另見 Václav Havel et al., *The Power of the Powerless: Citizens against the State in Central Eastern Europe*, intro. Steven Lukes, ed. John Keane (Armonk, NY: M.E. Sharpe, 1985)。

2 Janet Cherry, *MK: Umkhonto Wesizwe* (Johannesburg: Jacana Publishing, 2014).

3 Steve Biko, *I Write What I Like: Selected Writings*, preface by Desmond Tutu (Chicago: University of Chicago Press, 1996).

4 Andrew Ross Sorkin, "How Mandela Shifted Views on Freedom of Markets," *New York Times*, December 9, 2013.

5 作者與反種族隔離律師畢佐斯（George Bizos）訪談，約翰尼斯堡，二〇一五年十二月。

6 Breyten Breytenbach, *Parool / Parole: Collected Speeches* (Cape Town: Penguin South Africa, 2015); 另見 Carmel Rickard, "The Judiciary and the Constitution," in *Opinion Pieces by South African Thought Leaders*, ed. M. du Preez (Johannesburg: Penguin Books, 2011), 67–84。

7 作者與國民黨政府部長、催生南非新憲法的民主南非協商會議（CODESA）談判代表邁耶（Roelf Meyer）訪談，普勒托利亞，二〇一五年十二月。

8 Roger Southall, *Liberation Movements in Power: Party and State in Southern Africa* (Pietermaritzburg: University of Kwazulu-Natal Press, 2013).

9 Justice Malala, *We Have Now Begun Our Descent: How to Stop South Africa Losing Its Way* (Cape

Town: Jonathan Ball, 2015); 另見 Susan Booysen, *Dominance and Decline: The ANC in the Time of Zuma* (Johannesburg: Wits University Press, 2015); Mark Gevisser, *A Legacy of Liberation: Thabo Mbeki and the Future of the South African Dream* (New York: Palgrave Macmillan, 2009).

10 Richard Dowden, *Africa: Altered States, Ordinary Miracles* (London: Portobello Books, 2011), chap. 18.

11 真相與和解委員會的聽證會和證詞，參看真相與和解委員會官方網站：http://www.justice.gov.za/trc。

12 作者與最高法院法官古登（Glen Gooden）訪談，東開普省，二〇一五年十二月。古登法官曾是真相與和解委員會調查團隊的一員。

13 Michael Ignatieff, "Digging Up the Dead," *New Yorker*, December 10, 1997.

14 Jillian Edelstein, *Truth and Lies: Stories from the Truth and Reconciliation Commission in South Africa* (London, Granta Books, 2001), Introduction.

15 "Decision to Go to Court Was Sanctioned by Mandela: Motlanthe," South African Press Association, October 31, 1998, http://www.justice.gov.za/trc/media%5C1998%5C9810/s981031b.htm.

16 作者與恩金薩（Dora Nginza）醫院社工盧布歇（Pamela Rubushe）訪談，新布萊頓，東開普省，二〇一五年十二月；另參看 Rachel Jewkes et al., "Why, When and How Men Rape: Understanding Rape Perpetration in South Africa," *South African Crime Quarterly* 34 (2014): 23–31, http://www.ajol.info/index.php/sacq/article/view/101459.

17 譯注：拉馬福薩在二〇一七年十二月當選為非洲民族議會主席，二〇一八年二月，朱馬總統因貪瀆問題被迫辭職之後，他正式繼任總統。

18 曼布許的真實姓名是莫希奈米・諾基（Mocinemi Noki）。他當時三十歲，已婚，育有一子，來自東開普省的一個小村莊。參看Nick Davies, "Marikana Massacre: The Untold Story of the Strike Leader Who Died for Workers' Rights," May 19, 2015, http://www.theguardian.com/world/2015/may/19/marikana-massacre-untold-story-strike-leader-died-workers-rights .

19 由法拉姆（Ian Farlam）法官主持的馬里卡納事件調查委員會相關資訊，參看：http://www.marikanacomm.org.za。

20 *Miners Shot Down,* a film by Rehad Desai, Uhuru Productions, 2014, http://www.minersshotdown.co.za .

21 譯注：一八五三—一九〇二年，英國裔南非商人、政治家。一八九〇至一八九六年間擔任英國開普殖民地總理。他設立的不列顛南非特許公司運用與地方部族領袖簽約取得採礦特許的手段，在非洲大湖地區和南非之間建立保護國，即羅德西亞（Rhodesia），並試圖推翻荷蘭人後裔布爾人建立的德蘭士瓦共和國，改由親英政權取代，引發第二次布爾戰爭（一八九九—一九〇二年）。他也構想建立開羅到開普敦的鐵路，由北到南以英國殖民地貫穿非洲。他還是今日主宰全球鑽石開採及貿易的戴比爾斯（De Beers）集團創辦人。身為英國帝國主義的重要推動者而留名於歷史。

22 Rosa Lyster, "The Student Protests Roiling South Africa," *New Yorker,* October 21, 2016, http://www.newyorker.com/news/news-desk/the-student-protests-roiling-south-africa .

23 作者與威爾森教授（Prof. Francis Wilson）訪談，開普敦大學，二〇一五年十二月；我很感謝財政部長顧問卡西姆（Fouad Cassim）在二〇一五年十二月普勒托利亞的一次訪談中，提供學生示威的經濟環境背景。

24 作者與學生抗爭領袖訪談，普勒托利亞大學，二〇一五年十二月。

25 "Zuma Announces a 0% Increase in Tertiary Education Fees for 2016," RDM NewsWire, October 23, 2015, http://www.timeslive.co.za/politics/2015/10/23/Zuma-announces-a-0-increase-in-tertiary-education-

fees-for-2016。

26 Booysen, Dominance and Decline, 33.

27 關於土地問題的法律爭議，我在和法律資源中心全國主任洛夫（Janet Love）的訪談中得到更多資訊，約翰尼斯堡，二〇一五年十二月。另參看http://www.lrc.org.za/law-policy-reform。

28 Mark Gevisser, *A Legacy of Liberation: Thabo Mbeki and the Future of the South African Dream* (New York: Palgrave Macmillan, 2009); 關於更廣泛的南非土地改革問題，參看Ben Cousins, "Land Reform in South Africa," *Journal of Agrarian Change* 9, no.3 (2009): 421-431。

29 Samantha Power, "How to Kill a Country: Turning a Breadbasket into a Basket Case in Ten Easy Steps — the Robert Mugabe Way," *The Atlantic*, December 2003, 86–89.

30 Ferial Haffajee, *What If There Were No Whites in South Africa?* (Johannesburg: Picador Africa 2015).

31 Janet Cherry, "Overcoming Oppression through Praxis: Non-Racialism as a Prefigurative Strategy" (unpublished paper, Nelson Mandela Bay University, 2015).

32 參看"Corporate Citizenship," website of Volkswagen South Africa, http://www.vw.co.za/en/Volkswagen-groupsouthafrica/corporate-citizenship.html。

33 關於札馬札馬的定義，參看：http://www.oxforddictionaries.com/definition/english/zama-zama?q=Zama+Zama。

34 https://www.bible.com/bible/107/jas.1.27.net。作者於二〇一六年八月十二日瀏覽。

35 譯注：一九六三年十月到一九六四年六月間，南非政府於七月搜索利佛尼亞農場，逮捕多位非洲民族議會成員時查獲的文件及行動計畫為證據，審判曼德拉及另外八位非洲民族議會領導人，以破壞及意圖顛覆國家兩項死罪起訴。曼德拉在開庭時的辯護演說宣示建立民主自由社會、人人機會均等的理念，並不惜為此獻出生命。在國內外自由人士關注及聲援下，除一人無罪之外，曼德拉等八名被告皆被判終身監禁。

36 作者與畢佐斯（George Bizos）訪談，普勒托利亞，二〇一五年十二月。

37 Daniel Schneider, "The Constitutional Right to Housing in South Africa: The Government of the Republic of South Africa vs. Irene Grootboom," Harvard Kennedy School Case, Parts A and B (Cambridge, MA, 2001).

38 Sisonke Msimang, "The Old Is Dying and the Young Ones Have Just Been Born," *Africa Is a Country,* May 15, 2015, http://africasacountry.com/2015/05/the-old-is-dying-and-the-young-ones-have-just-been-born/ .

39 Joe Brock, "ANC Shaken to the Core as South African Voters Look beyond Race," Reuters, August 5, 2016, http://www.reuters.com/article/us-safrica-election-race-analysis-idUSKCN10G1BJ .

40 自由主義式自由的兩種權威版本，可參看Judith N. Shklar, *Ordinary Vices* (Cambridge, MA: Harvard University Press, 1985) 以及Isaiah Berlin, *Four Essays on Liberty* (Oxford: Oxford University Press, 1969)。

41 Harry G. Frankfurt, *On Inequality* (Princeton, NJ: Princeton University Press, 2015).

42 Jan Hofmeyr and Rajen Govender, "National Reconciliation, Race Relations, and Social Inclusion," South African Barometer Briefing Paper 1, December 8, 2015, https://www.scribd.com/document/292748740/South-African-Reconciliation-Barometer-2015 .

結論——人權、全球倫理與平凡美德

一九五八年，在聯合國紀念世界人權宣言通過十週年的演說中，當時已七十四歲的愛蓮娜・羅斯福（Eleanor Roosevelt）對人權在過去十年來的進展做出了評估。這位前總統遺孀並不從已經締結或生效的人權條約數量評估其進展。她反倒詢問，人權究竟為一般人的道德生活帶來了什麼差異。她問：究竟普世人權從何而來？她的答案顯然是即席發揮的，卻成了她最常被引用的話語之一：

究竟普世人權從何而來？就從離家不遠的小地方來——這麼接近又這麼小，世界上的地圖都找不到它們。但它們正是個人生活的世界：是鄰居生活的地方，他就讀的學校和大學，他工作的工廠、農場和辦公室。這些正是每一位男人、女人和兒童尋求平等正義、平等機會、平等尊嚴而不受歧視之處。除非這些權利在此具有意義，否則它們對其他地方也幾乎沒有意義。若是沒有協調一致的公民行動，在自家附近維護這些人權，我們就不可能在更大的世界看到進展。[1]

在羅斯福夫人看來，人權對歷史的影響所受的考驗，在於人權作為法律是否強化了一般人類的美德。若非如此，法律就成了徒勞。

羅斯福夫人的問題，正是將我們對本書探討問題的結論集合起來的一種方式：道德全球化，尤其是人權的傳播，是否改變了平凡美德？我們這個時代的全球新倫理，是否讓人們變得更寬容、更能信任他人，對日常生活中的自身權利更堅定？

必須留意的第一件事，是我們多難得提出羅斯福夫人的這些問題。研究一九四五年至今人權革命的學者，運用的都是國家批准人權公約、國家順從於人權壓力，以及變動無常的人權侵害事件之類的度量標準。[2]那些把人權革命說成進步故事的人，都急於認為一旦人權被頒布成為國家的官方論述，它就必定會對平凡美德產生某些影響。人權學者們如今才剛開始認真地想方設法衡量它是否真正產生影響。

我們為卡內基研究會進行的這趟旅程提供了一些證據，說明羅斯福夫人的權利革命是蓄勢已久的道德身分重大變遷之一環。我們經過的每一處，無論是貧民區的門廊、南非的鐵皮屋，還是曼德勒塵土飛揚的街道，和我們談話的每一個人都理所當然地認為自己的聲音是有份量的。在跨越四個大陸的三年旅程中，我們不曾遇見過一個不與我們四目相接，而是轉開視線，對自身道德地位自慚形穢的人。每個人就只是理所當然地認為，他們有權和我們這些遠道而來、問東問西的陌生人打交道、表示異議或開玩笑。當然，羅斯福夫人的權利革命，並不是我們每到一處，平凡男女們都和我們四目相接的唯一原因。一九四五年之後的權利革命，只是開創出人人平等這個現代觀念的漫長歷史其中一段。反對人口買賣的數百年抗爭，使得世界各大宗教早已宣示的「人人皆有受到保護的道德地位」這一規範得以普及。自一九四五年以來，過去局限於宗教平等主義者、革命者和廢奴運動者的這種意識，逐漸形塑了全世界數十億人的道德思考。對抗海外帝國與國內種族歧視的洶湧鬥爭，確認了全體人類的平等和自決權利。一九八九年蘇聯解體之後，自由主義憲法鞏固了作為舉世通行規範的民主平等。

我們千萬不要天真地以為自由革命已經所向披靡了。法律和倫理的平等或許成了憲法和道德論述的新規範，但權利與地位、意見與應得權益的不平等仍隨處可見。在此同時，我們在旅程中遇見的每個人就只是理所當然地認為自己有權說話並受到聆聽。當我們把道德全球化想成一場爭取平等的漫長鬥爭，它在我們所到之處都造成了一種意見平等的新規範。很顯然，對於和我們談話的人來說，平等的意義遠超過發聲權；但我們既然是在意見與意見的對話中，那麼，正是他們賦予自身意見的重要性，顯示出他們對自身道德意義更廣泛而更深刻的意識。

在我們與札馬札馬一貧如洗的人們、里約的街頭示威者，以及流離失所的日本農民對話之中，我們最謙卑的與談者也理所當然認為，沒有任何種族、階級或專業的位階能夠否定他們表述心聲的權利。他們同樣理所當然地認為，他們和我們一樣有權對外國人說明自己的理據。換言之，我們的與談者給予我們的發聲權，一如我們給予他們的。無論他們或我們都不認為自己置身於一個自我封閉、自我證成的道德宇宙中。我們雙方同樣都接受向對方說明自己這項義務。

這正是一套全球倫理的核心：由於一七八九年開始的民主革命，一九四五年之後的世界去殖民化，全球各地爭取種族平等的戰鬥，以及同性戀男女爭取發聲權的抗爭，至少在西方世界，以及除此之外的大部分世界，都採納了一套以平等道德身分進行道德議題對話的新規則。

一套在破壞和遵行之間同樣得到實踐的規範，仍舊是規範。一個因為種族理由而被噤聲的人，如今可以訴諸權利語言，其他公民則必須承認其正當性。一個挺身爭取權利的女性或許必須為權利而戰鬥，但除了那些仍受伊斯蘭教法或習慣法支配的國家之外，她已無須再把確保平等規範的鬥爭放在第一位。這項任務已經完成了。

然而在世界各地，規範所指定的與社會生活所容許的仍存在著落差。法律之前的人人平等在村落和鄉間仍與習慣法則並存，女性在此處仍居於從屬地位。而在印度，不可接觸的賤民被賦予權利，但他們發表意見時仍面臨頑強的歧視。在世界各地，富人和資產者的意見比窮人更有份量，而在每一個地方，尤其是政治圈中，金錢的力量總是最強大。這一切只不過是讓我們認清，人類爭取平等的戰鬥尚未結束。

同樣要留意的是，意見平等是程序倫理，沒人能被排除在討論之外，但它除此之外並不假定我們的意見會高度一致。沙烏地阿拉伯是國際社會大家庭平等的一分子，該國人民在名義上也享有自決權，但沙烏地阿拉伯當局仍會繼續阻止女性取得投票權。[3]而在別處，在基督徒、穆斯林、佛教及其他信仰共同體的信眾之間，信徒仍會持續宣稱自己的教義是道德問題的唯一正解；有些真誠的信徒會繼續主張墮胎即是謀殺，其他人則不做如是想。意見平等並不會產生一片和諧的大合唱。

儘管如此，在跨越文化和國界的全球對話中，世界人權宣言起草之際不容置疑的權威，如今對於道德問題再也沒有向他人強加自身觀點的權力。一度賦予種族、性別及宗教的特權或許不會消亡，但它們的道德權威在世界各地都受到質疑。

和我們談話的人們在生活中整理道德生活，對他們指導或強制的權威更少了。我們不曾聽過任何人主張，道德選擇彷彿是聽從某位神職或政治權威指示就可以的事情。信條、教義、正規教育和一般性規則，對道德決定本身的影響力更不顯著了。道德生活的最主要目的非關服從，而是關於確認自我及所屬的道德共同體。它反過來又有助於加強這種感受：當我們做出選擇，我們並不是在服從歷史悠久的普世指令，而是在為自己考慮當前處境所需的行動。

就連我們的對談者中最教條主義的，也證明了是巧妙的個人主義者，操弄教條為自身政治目的服務。唯有在突然降臨於緬甸的這種個人主義現代性之中，才有可能出現激進僧侶威拉杜之流的主事者。其他每一個和我們談話的人都理所當然地認為，他們自己才是必須下決心的人。

由此可知，意見平等與作為個人責任的道德選擇，是我們在每個行經之處都觀察到的兩種新期望。這是羅斯福夫人革命的偉大成就，但也讓我們的絕大多數對談者坐立不安、不確定，也不能滿足於結果。在此有一種不知足的辯證法發揮作用。已然實現的道德平等更加彰顯了特權、權力、所得及命運持續存在的不平等。

我們也從窮人和失去財產者的住處，開始看見羅斯福夫人革命的限度。在極度貧困的人群中，人權和全球倫理是絕大多數人不曾聽過的用語。他們在我們面前從來不曾使用過這種語言。我們反倒聽見了一種更深沉、更原初的表述：「你們不能把我們當垃圾。我們是人。」最貧困的窮人就是這樣向我們明確表達他們屬於人類大家庭的訴求。

任何形式的抽象概念對這些人都幾乎無用，人權正是其中一種抽象概念。這個觀察證實了其他學者的分析，但也提出另一個問題：他們「是」用什麼話語理解自己的存在？這個問題一開始看似多餘。最低條件下的生活就是生存之戰而非意義鬥爭，事實不該是如此嗎？恰恰相反，很快就清楚了，即使是在最匱乏的棚戶區或非法聚落，在犯罪最猖獗的住宅區裡，生命仍然是對某種道德秩序的追尋。[4]

從我們所見最困窘的人們，我們得知道德秩序是生命之所必需，為了道德意義必須發動戰鬥，即使未必總是能獲勝。尤其當你是窮人時，相信有一個這樣的共同體，而不只有掠食者統治的叢林是生死攸關的。因為有了秩序就有希望，即使希望是逃離。

世界各地人類所共享的並非良善或全球倫理的語言，而是以各自的方言表述對道德秩序、對一套容許他們思考人生的期待架構共有的渴望，無論這會與意義同時帶來何等的殘忍或艱難。

當我們聆聽貧民區住戶、非正式聚落居民、下田的農人和寺廟裡的僧侶，我們開始看到一般人並不把他們的思考概括或體系化。一套適用於全人類的全球倫理，本質上是難以想像且無關緊要的。這並不是因為一般人通常不會思考，而且是深入反思世界的不正義，並想像更好的世界。這是因為道德命題的效力對他們來說，並不像康德傳統的哲學家那樣，決定於它能否普遍化或概括。它的效力反倒決定於它對自己或直接的共同體是否為真實，以及它能否理解他們具體的脈絡和處境，即使只是一時的。

在我們經過的每個地點，人們都掙扎著想要理解不由自主且破壞穩定的變遷。和我們交談的人所顯現的焦慮，聚焦於國家將往何處去，以及如何理解國家混亂的歷史。實際上，他們對道德秩序的追尋受到這麼大的壓力，是因為人們懷疑自己對橫衝直撞的公共領域有沒有任何控制力。

科技進步的必然性、民主的傳播、自由主義的勝利……這些為菁英帶來控制錯覺的世俗敘事，對窮人和失去財產者幾乎不具意義。就連世界主義菁英自己似乎也對大敘事（grand narrative）失去信心。在洛杉磯和紐約，特定來說是對美國優越性的必勝信念，普遍來說是整個自由民主政體，都被一種更加自我批判的表述所取代，它質疑美國及其他民主實驗能否履行承諾。同樣地，在福島災變過後的焦慮中，潛伏著對科技、專業、科學理性等信念的質疑。

在我們所經之處，理解公共生活的世俗敘事全都陷入危機。由此引發了高漲且強烈對立的競逐，試圖使用新敘事填補公共空間，無論那是來自左翼還是右翼民粹。和我們相遇的人們面對這些分裂的敘事，受到四面八方極端對立的公眾競逐者侵襲之時，他們只能擱置對更大社會意義的判斷，繼續從事確實帶來安慰和秩序的練習——那就是平凡美德的日常實踐。

與我共享整個旅程的同事，則帶回了不同的結論。為卡內基研究會主持這項計畫的史都華從這趟旅程得到的觀點是：我們所到之處都見證了清晰可辨的普世探索，為定義、確認及捍衛人類尊嚴而進行。[5]

但我認為，從我們聽到的這一切道德斷言看來，利害攸關的美德卻不只一種。一方面，尊嚴恐怕太過偏重自身，而無法應對如何理解崩潰瓦解的公共世界成為道德問題的處境。尊嚴是對「我」或我群訴求的捍衛，但其他展現出來的美德卻是關於與他人建立連帶。尊嚴本身同時也成了爭議場域。例如在波士尼亞，「有尊嚴」的意思可能是原諒你的敵人，也可能是永遠責怪他們的罪行。由於尊嚴的訴求同時指向相反方向，至少在波士尼亞是這樣，和我們交談的人們在戰爭正式結束後二十年仍然動彈不得。

因此，我在所有報導人最基本的工作——締造還能過下去並且有意義的人生之中，看到了不只一種美德，而是一大群美德。

我們從旅程中獲得的進一步結論，則是全球化力量引發的反彈並非一時不滿，而是在一般人捍衛自身認同之中持久存在的要素。世界各地的人們都費盡心力，想兼得魚與熊掌：要從全球化、便利的交通運輸、新產品和新契機中獲益，但不要自己的工作、共同體和既定價值被一掃而空。

我們遇見的每一個人都明白，全球化正在衝擊他們決定於其間的在地架構，而每一處的人們也都分化成自認為全球化受益者或受害者的兩方。受過教育的菁英擁有從全球化獲利的網絡與機動性，在我們看來，他們所處的論述及期待範疇，和自覺被拋在腦後的同胞們大不相同。但即使是自認為受害者的人也並未試圖閉關自守，他們只想要一些選擇、能動性或控制力，好讓金錢和權力的全球化力量不致摧毀他們。在這場控制權之戰中，力量最強的抵抗語言不是全球性的，而是在地性的：國族榮光、在地傳統、宗教術語。

就算全球化將世界分割成了贏家和輸家，兩者都得生活在同一個在地與全球訴求對撞的複雜道德宇宙之中。就算在地自決與國際人權牴觸，雙方也都承認，沒有一套普世公認的規則足以裁決這場爭論。生活在這樣一個分歧的道德宇宙中，也就是生活在互相衝突的論證戰場裡，同時面臨著說明自身選擇的要求，能說服特定聽眾的理由卻說服不了其他人。全球化意味著人類再也不可能生活在不受影響的道德鐘型罩裡。虔誠的宗教信徒會被要求為自己的選擇說明理由，正如他們的世俗挑戰者也會被要求說明自己的理由。全球流動的菁英們遭受落後者要求說明的連珠炮質問，落後者同樣得發展出自圓其說之詞。

怪不得凶殘的滅絕幻想在全球化的世界中仍然健在。只和想法與自己相同的人一起生活，堅信真正的重責大任是剷除妨礙自己前往天國的不信者，實在簡單得太多。最近一個，但當然不會是最後一個以種族屠殺追求道德純淨的例子，正是以「伊斯蘭國」為世人所知的那個恐怖主義國家，它目前正在伊拉克和敘利亞邊境為生存而戰。它也許不會存活下來，但建立神聖哈里發國的夢想在伊斯蘭教傳統中太過根深柢固，不會因軍事失敗而消散。這類滅絕計畫歷史悠久，它們很有可能在我們的未來中成為永久特徵。凶殘的暴力途徑是為創造烏托邦而服務的：它憧憬著生活在沒有敵人的世界裡，與一如自己的狂熱分子和睦相處，擺脫向那些對生命意義抱持不同看法的人們說明理由的沉重負擔。[6]

我們的旅程並未確認我們生活在一個道德價值趨向一致的世界，反倒呈現出我們生活在互相衝突的全球與在地道德世界中，而且必須接受對互相衝突的聽眾說明自身理由這個要求。同時，我們的旅程也呈現出，對我們和談話夥伴來說，跨越一切差異承認彼此又是何等容易。我們所展現的美德是持久共有的，因為日常生活一再提出同樣的挑戰：要相信統治我們的人到多大程度；要包容不同的人到多大程度；要原諒對我們犯錯的人到什麼地步；以及在命運和不幸將我們試圖實現的成果一掃而空之後，要如何重建人生。

或許正如自亞里斯多德以來的哲學家所主張的，當我們跨越種族、宗教、語言和文化的差異承認美德，我們實際上也承認了普遍的善（universal Good），一種以天性為基礎、由全體人類共享的道德實踐共同核心。但若認為我們所承認的並非普遍而型態不變的善，而是依照脈絡表現出一切驚奇古怪型態的善（goodness），似乎也同樣有理。[7]

在我們跨越文化與國族的旅程中，我們和與談人都很容易承認彼此是人類同胞。我們都領悟到彼此在地實踐之間的親緣關係。我們都承認彼此的善，即使我們不能理解眼前所見的行為理由和原因為何。但這並不意味著我們全都接受同一套善的觀念，或同樣的道德權威基礎。

由於人類對善的觀念不一致，即使他們能夠承認善，對於誰擁有道德身分還是意見不一——換言之，也就是在道德問題上要信任和相信誰。

要是全球化對這麼多的道德權威來源都引出質疑，國際人權運動者竟然還認為自己的身分地位理所當然，就很令人意外了。他們相信這是由各國簽署的條約及公約所賦予的。但在我們所到之處，道德普世主義倡導者的身分地位都受到質疑。人權的道德身分在緬甸的僧侶、南非的非洲民族議會支持者，以及波士尼亞的戰爭生還者看來，就像投票支持脫離歐盟的英國多數公民看待歐洲人權法院的權威那樣，絕非不證自明。

於是，我們這趟旅程的最終問題逐漸浮現：在我們探討的三套道德系統——人權、全球倫理和平凡美德之中，哪一套的權威在各種處境裡占了上風？

我們每到一處，都對在地的優先地位留下深刻印象。即使在全球化的世界裡，道德生活的在地來源——我們的父母和親戚、家鄉、宗教場所，要是有的話還包括在地學校——仍會是為我們形塑平凡美德的首要力量。相應而言，保護我們的國家對我們行使的道德影響，也始終強過任何外部來源，無論是聯合國機構、國際非政府組織還是國際媒體。當這個在地國家是民主政體，能夠自稱代表人民發聲時尤其如此。

儘管我們一度以為民主價值與人權發展攜手並進，我們如今卻得知，實情可能恰好相反。民主主權和人權的道德普世主義幾乎在每個地方都發生衝突。民主的多數持續以民主保衛在地價值的名義拒斥普世訴求，在此處拒不給予庇護權，在別處排斥陌生人的歸化權利。

在我們的旅程中同樣令人印象深刻的，則是在地和全球道德論述對於道德關懷的終極目標，是從截然相反的觀念展開爭論。對人權運動者和全球倫理學家而言，終極關懷的對象是孱弱又容易受傷的普世人類。人類的種族、階級或處境差異則是次要的。道德責任的本質就是公正無私，比方說，認為公民和陌生人的差別在道德上無關緊要。

另一方面，在平凡美德的道德宇宙中，公民與陌生人、我們對抗他們的區別則是優先考量，是道德決策的出發點。普世人類幾乎不會成為終極關懷的對象。平凡美德視角最引人注目的特徵，正在於任何一個和我們對話的人，是何等難得援引任何一種普世原則，也就是人類本身的普遍義務觀念，以及他們何等頻繁地從在地、偶然、此時此刻等方面，推論自己對親近的人、乃至對自己有什麼義務。

我們在貧民區、非法聚落和村莊裡對話的人們，全都將自己身為人類的特殊地位視為理所當然；所有人都認定意見平等的權利，但不可思議地，他們並不因此相信自己對其他同類有任何普世義務。就好像他們為自己個人要求平等，卻不認為平等必定包含了對其他任何人的義務。

一般人論證自己的行為時，他們設想的聽眾並不是無知之幕另一端的人類群體、某種抽象標準，或者某幾套明文記載於人權文本中的原則，而是他們自己：是他們自己的鏡中倒影。除此之外的重要聽眾，則是鄰居、朋友、親人及其他重要他者。他們擔憂的是這些在地聽眾以及自身所見的模樣，而不是更廣大的世界。美德是在地的。

在平凡美德的視角中，道德生活是持續的認同測驗過程，我們尋求一條能令我們自我感覺良好，最低限度也不至於令他人感覺太差的行動途徑。只要有可能，我們都想做正確的事，也想在其後心安理得。我們並不試圖證明命題的效力，並不試圖遵循規則，或讓行為遵循某種系統。我們總是處在一個特殊處境、脈絡和背景，處在時空中的一個位置，也總是和其他人，和那些意見形塑了我們、而我們也想要形塑其看法的人們在一起。

我再重複一次，我們在此談論的一般人，其實談的就是我們自己，像我們一樣的人。我們每到一處，我們的話題從來不是「他們」，反倒是他們能教導我們看到哪些自身所忽視的思考偏見。我們學到的是，我們確實在意一致性，但與普遍原則無關，而是我們自己一生中行為的一致性。我們用盡全力在今天表現得像昨天一樣好，以求終其一生對自己維持住前後一致的感受。

當我們需要做出道德決定，我們對眼前真實的人相關的一切做出推斷——穿戴、性別、貧富、種族區別——而我們對他們的道德情感，則完全取決於他們和我們的關係，取決於他們是鄰居或陌生人、公民或訪客、朋友或敵人、像我們或像「他們」。

漢娜・鄂蘭（Hannah Arendt）在《人的條件》中的觀察，無疑是正確的：「住在地球上、棲身於世界裡的是人們（Men），而不是單一的人（Man）。」[8]鄂蘭認為，人類的概念對我們來說太難理解。哲學家休謨（David Hume）在兩百五十年前也說過同樣的話，他寫道，沒有「像人類之愛那樣的純粹情感」，只有對這個人或那個人的愛，只適用於這個情境而非其他。[9]思考人類本身是不可能的。我們想的反而是我們所知的人。我們只能如此。

暫且回頭談談羅斯福夫人，她的設想正如絕大多數人權運動者一直以來的設想，都認為人權普世主義和平凡美德是互補並且彼此強化的，但如果不是的話怎麼辦？人權設想成自然事實一般的，是我們人類每次和不同的人類相遇時，都會認可普遍的人類主體。這是最重要的優先認可。的確，在人權推論中沒有「他者」，只有「我們」。

平凡美德視角卻恰好相反，「他性」（otherness）才是首要的。我們從自身位置開始，真實的人們在我們面前出現，穿戴整齊，膚色、性別、性傾向和說話方式各不相同。我們從這個視角所見的並非普遍的人性，而是差異和他性。

從平凡美德的觀點出發，我們對其他人類提出的第一個問題總是：他或她是我們還是他們的一分子？從這最初的問題，一切隨之而來，包括我們是否對他們有任何義務。倘若他們是公民，取決於我們所置身的政權型態，我們或許有義務提供他們避難所、衣物、發言機會、醫療保健，以及其他形式的協助。倘若他們是陌生人，我們需要提供的就不再是義務，而成了憐憫、慷慨和同情的問題。

因此無需意外，公民應當賦予陌生人——難民和移民——哪些權利，就成了全球化世界中最具爭議性的問題。而且不只在歐洲，在札馬札馬也是一樣，辛巴威人和莫三比克人在南非社會的外圍凋零。人權與平凡美德的視角在此劇烈分歧。人權將庇護看作一種任何陌生人只要有充分理由自稱遭受迫害，就可以向公民要求的權利；但從平凡美德的視角看來，庇護則是一份禮物，公民擁有主權決定給予與否。

從國際權利的視角而言，只要一個陌生人符合國際法規定應予保護的各項標準，公民需要接納進入共同體的人數就沒有上限。但從平凡美德的視角看來，這種想法正是剝奪了政治共同體的主權。它將公民與陌生人等量齊觀，剝奪了公民決定誰值得贈禮的權力。從平凡美德的視角出發，公民的訴求必須壓倒陌生人的訴求，否則民主自決就毫無意義。

漢娜・鄂蘭在被迫從納粹德國流亡的親身體驗之後寫成的《極權主義的起源》一書中觀察到，「一個人失去身為公民的權利，還是能要求自己身為人類的權利」這樣的假定，只是一種錯覺。她憤怒卻又明智地評論道：

> 假如一個人失去了他的政治地位，根據天賦的和不可剝奪的人權的含意，他正應該回到一般人權宣言所提供的情形。但是實際情況卻相反。似乎他失去的是其他人據以將他當成同類看待的身分。[10]

鄂蘭說，正是在我們無法向他人要求建立特定連帶的時候——同屬一國公民、種族、親緣或共用語言的訴求——我們被迫回歸最後、也是最原初的人類連帶訴求；她正確地指出，這正是我們最容易受到傷害的時刻。

而從人類認知中最優先的不是認同、而是差異這一觀念出發，隨之而來的則是：當世界各地的公民堅信庇護不是權利、而是贈禮，這是因為他們自然而然將優先權賦予那些和自己共享公民身分的人。

人權運動者太輕易就認定這種觀念是一種包裝成民主權利訴求的種族主義。假如真是這樣，平凡的美德就連德行都不是了。但也有非關種族主義的平凡美德視角。在我們的旅程中，許多人都以多元文化、多重信仰的全球城市為家。他們都接受種族之間的道德平等，但他們想要在自己選擇的社區中和自己的同類住在一起。從平凡美德的視角來說，相信不同種族與宗教應當在全球城市裡「共同生活」，同時卻又選擇各自分開在依照種族或宗教自我隔離的居民共同體中比鄰而居，並無矛盾之處。悖論或許在於，各自分居正是讓共同生活得以實現的方法，在這個問題上的選擇權，則為這種安排提供了正當性和可能性。

這也再次說明了平凡美德與普世人權之間道德視角的區別。

人權要求我們做到寬容，承認普世全體人類的平等。另一方面，從平凡美德視角看來，人類並不是披著馬克思所謂的「類存在」（species beings）外貌而出現的。[11] 平凡美德並不接受任何寬容他人的普遍義務。它的信念是「一次應對一個人」，它拒絕了提喻法這種以部分代指全體的隱喻試探。偏見和仇恨正是凶惡的提喻法實踐，極端地堅持特定個人代表了所有被投射的一概而論偏見。

實際上，寬容作為一種平凡美德，是道德個人主義的一項紀律，是由生命經驗形成的決定，它懸置先入為主的判斷，從容應付人們，按照人們的價值加以判斷，驅除刻板印象，聚焦於和自己一同應對道德情境的他人明顯不同的實體。你一次只能應對一個人，這就是平凡美德的智慧。

當然，平凡美德並不獨占智慧。的確，它對在地及熟稔之人的偏好，偏好我們勝過他們，都很容易受到控制和利用，成為排斥及凌虐陌生人的自我辯解。陌生人和我們的關係越疏遠，平凡美德所感受到的聯繫就有可能越薄弱。當我們對陌生人感到憐憫，這也是我們對人類感到最抽象的時刻——看著某個一貧如洗的人逃離戰爭或暴政，滯留在海灘上，半裸著拚命求助的照片。我們或許會對這個人產生一種感同身受的悲痛，但我們接著通常就繼續處理手邊的事，也就是和我們真正認識的人們——家人和朋友——打交道。當我們確實為了陌生人做些什麼——我們也真是這麼做——我們就會召喚出非凡的美德：我們費心盡力、格外努力、出手相助，或者就寫張支票。即使在那時，我們恐怕也不是被某種對難民擁有權利的抽象信念所驅動，而僅僅是出於憐憫和同情。人權普世主義瞧不起憐憫，因為憐憫是任意決定、情緒化且高度個人性的。但純粹的憐憫有可能比權利的語言更能真正出力拯救受害者。

因此真的無需驚訝，儘管道德全球化和倫理趨同在世界主義菁英之間發生，人權作為法規或倫理在一般人日常生活所面臨的道德窘境中卻作用極微。愛蓮娜・羅斯福期望人權能成為法規或倫理，但至今尚未實現，恐怕也不太可能實現。比起普世問題，我們有更迫切的問題需要擔憂，我們的道德生活則是偏向在地優先的分類實踐。

那麼如此一來，人權之類的普世倫理，在一個絕大多數人的道德視角仍由平凡美德決定的世界裡，究竟能有什麼用處？

對於人權之類的普遍化道德修辭，最好的理解並非將它們看作是源於我們的平凡美德，實際上甚至也不是來自任何我們同屬人類的基本情感直覺。前文已經提過，我們對於類存在的感受很薄弱。人權反倒最適合被看成一種理性的思想實驗，是一種旨在迫使平凡美德放大及擴充道德關懷範圍的批判性論述。正如公民權利的功能是對抗國內法中多數暴政的一層保障，國際人權的最佳功能也是對國際場域中，民主及非民主國家內部多數主義道德偏好的一種挑戰。人權正是要求政治領袖及其公民不得向「我們」對抗「他們」的排他，及限制性偏好退讓的法律及道德架構。

因此人權與平凡美德處於緊張關係，如同法律與道德情感處於緊張關係。緩解法律與道德、法律與大眾情感之間的緊張關係需要政治智慧發揮作用，但緊張關係始終存在。人權要求公民在看待身陷危機的陌生人時維持道德上的前後一致與普遍性，但平凡美德總是會將公民拉向偏袒離家更近的公民這一端。權利語言和平凡美德語言兩者的交集，其實是同情、憐憫與慷慨的語言。慎重的政治人物很可能會發現，要是以贈禮、而非權利的語言傳達訴求，取得大眾支持救助陌生人及難民的成功機會更高。

道德全球化應當會產生一個至關重要的結果：讓今日人類之間跨越國族的連帶，比起羅斯福夫人的時代更容易建立。普世的義務語言是為了擴充一般人的道德關懷範圍而存在。相應而言，關懷的擴充又被重塑時代的科技賦予了力量。我們可以立即往返於安全地帶與危險地帶之間。我們也可以捐款給地球彼端的慈善機構。同樣地，我們如果想面對恐怖，也只要按一下滑鼠就能辦到。但我們不該太快宣告全球連帶的新時代已經降臨。我們很難主張人權在我們的跨國連帶本能之中，比起羅斯福夫人的時代或是與我們相隔更遠的時代紮根更深。我會認為，科技在我們眼前呈現被犧牲的兒童、希臘海灘上溺斃的老祖母、奈及利亞學校操場上被屠殺的無辜人民時，我們產生的連帶、羞恥與悲痛感受，其實與五百年前蒙田眼見天主教徒和新教徒在十六世紀宗教戰爭中彼此屠殺時的感受沒有多大差別。他看見人們將敵方戰死者的屍體遺棄餵豬。這令他反胃和厭惡，同樣讓我們反胃和厭惡。我們也認同他的這段話：「這真是到了殘忍的最大限度。『一個人殺另一個人，不是出於怒火，也不是出於害怕，而是僅僅瞧著他如何死去。』」[12]如今我們的科技讓我們得以創造遠遠超出他想像的殘酷場面。但我們在道德上仍與他親近。他痛恨當時的殘忍，倘若我們如今也痛恨殘忍，我們和他的痛恨是同等程度。我們的良知在全球所能觸及的範圍或許大於蒙田的時代，因為我們對自身可能帶給遠方他人的道德傷害有了更多資訊；但我們的良知並沒有更加敏銳。他的良知是在地性的，他將法國男女同胞的平凡美德讚頌為野蠻時代的唯一可取之處。我們也應當如是。我們的良知仍是在地性的，因為我們最終的忠誠也是在地的：對親戚朋友、我們自己、我們的同胞、我們的共同體。人權革命改變了我們所相信的國家義務內容，但我懷疑它是否改變了「我們」。

的確，人們可以更進一步宣稱，我們正在主權復歸過程中歷經真正的普世危機。世界各地的主權國家都在抵擋普世義務，無論是難民公約、戰爭法或是人權公約。堅守主權的也不只中國和俄國。民主國家的一般公民也同樣面臨難民的權利訴求，以及邊境上亟需援助的移民，又害怕恐怖攻擊發生，他們也正在向領袖請求：保護我們不受陌生人侵害。在恐懼時代裡，平凡美德少了安全就無法運行，人權能否逆轉這個潮流令人存疑。在全球都遭受憤怒的狂熱分子威脅的時代，主權復歸，普世權利不僅無法掌控統治者，也無法掌控被統治的人民。

因此兩種訴求在此匯聚：儘管歷經權利革命，人權在構成大多數人的平凡美德時仍只發揮有限作用；國家也越來越抗拒任何有損主權的普世訴求。

要是主權復歸了，問題就會變成：主權如何能夠為人民確保安全與正義，同時又不熄滅對待國門之前手無存鐵的絕望人民時慷慨與好客的美德。承認這些人基於國際法而擁有權利，是給予合宜對待的必要條件，但仍不足以維持歡迎外來者的大眾文化。這樣的大眾文化必須複製私領域的美德，也就是同情和慷慨的美德，好讓公民從自身政府的作為中看見他們良善本性的一個版本。

因此全世界在政治上最受歡迎的難民安置體系——加拿大的體系至今仍備受好評，絕非偶然，它正是特意求助於一般加拿大家庭的慷慨好客，並仰賴他們支持個別難民的意願。13 這種一人對一人，一家對一家的關係證明了比國家資助更加成功與持久，也意味著國家在尊重權利義務之際，同樣需要助長贈禮關係。確實，國家若不訴諸慷慨與同情的美德，並致力予以培養，就無法維持大眾對人權的認可。

平凡的美德有賴於大眾召喚和大眾培養。它們或許是在地和個人的，但他們有賴於大眾選擇，取決於領袖訴諸的是人民最好或最壞的一面；公眾領袖是否實行慷慨而非操弄恐懼；是否具備合宜的學校，安全的街道，依法逮捕而非違法濫捕的警察，不收賄的法官，災禍發生時迅速振作的市政機構，等等。世界價值觀調查（World Values Survey）顯示，在大眾信任低落，公民對警察、法官或政治人物缺乏信心的社會，他們同樣表現出對彼此缺乏信任。14

換句話說，私人生活中的平凡美德，有賴於值得信任的公共機制。認為只要從日常生活中去除國家的束縛，平凡美德就能蓬勃發展的這種信念純屬幻想，實情恰好相反。唯有在公民感受到他們獲得自己的公共機制最低限度的合宜對待時，才能指望公民以同等的合宜對待陌生人。

平凡的美德可以忍受暴政、寡頭統治和極權政體，但它們必須與一個獎勵腐敗、壓迫和殘酷的公共領域拚搏以保存正派。平凡美德在自由主義式自由的條件下更容易蓬勃發展：被統治者充分同意，依法治理，獨立司法，集會與表意自由，多數統治與少數權利，以及有競爭力的市場。這些機制為道德上的個人賦權，讓他們得以撬開階級、信仰、宗教和種姓的硬殼，作為自由的道德行動者而活。但這麼說也就立刻把權利迎回了平凡美德發揮功能所不可少的基本機制保障這一位置。不過這些權利倒不是普世人權，而是國家法律與憲法明文規定的權利，也是在地鬥爭和國族歷史傳統中挺身捍衛的人們極其珍視的權利。

自由主義式自由歷經北大西洋世界的數百年實踐，已證明了自身作為一套遏制權力濫用的可靠體系之價值。但宣稱自由主義式自由已經能讓享用它的人們比起不同統治體系下成長的人群更不腐敗、更講求人道，卻是異想天開。自由主義式自由是否增進了平凡美德，實在令人存疑。我們頂多可以說，自由主義式自由針對人類積習難改的濫用權力及壓迫他人傾向，設立了一些經得起時間考驗的障礙。但這些積習仍在，而且持續發揮作用，挑戰著良善機制試圖對人類濫用權力習癖施加的控制。當機制失效，而它們也經常失效，平凡美德仍能存活，但只能掙扎，因為腐壞的公共世界似乎只獎賞腐敗、自私和牟利自肥。自由民主政體經常無能保護平凡美德，但這不必然造成它們注定一同衰敗及失敗的結果。這種假定會低估一般公民齊心協力，收復失去的自由和正派的能力。無論是宣告美德已死還是自由主義式自由已死，總是太過倉促了些。

倘若平凡的美德是社會性的——也就是說，倘若它需要還算良善的機制才能蓬勃發展——那麼在這世界上沒有一個地方的機制是健全的，就連那些自由主義式自由發源的社會都不具備。正如蒙田說過的，平凡的美德始終在與平凡的罪惡鬥爭，自由主義機制同樣始終面臨貪腐、掠奪及濫權的危險。

將世界劃分成機制和美德之間相輔相成的安全自由世界，與仍在掙扎著創造這種德行向上提升的世界，是一種令人寬慰的錯覺。事實上，我們的旅程其中一個引人注目的結果，就是儘管具有憲政安定、高人均收入（per capita wealth）及全球勢力等諸多優勢，美國的自由秩序仍在掙扎著落實它對千百萬人民，尤其是黑人公民履行正當程序的基本前提。全球城市的道德作業系統，有賴於依法治理，警察公正執法，以及刑事司法體系的正當程序更甚於其他一切。誰能說平凡美德在美國得到了機制的足夠支持？日本同樣自認為是最穩固的自由民主政體，但還有哪位日本公民能再相信核電監管單位和營運商會保障他們的安全？福島災變有許多意義，但它同時也是對自由國家的控訴。

就連在已開發的自由民主政體中，平凡的美德仍在缺乏誠實、不狼狽為奸、反應靈敏的機制之處奮力掙扎。平凡的美德無法在一個有組織地不公不義對待移民、少數族裔和窮人的環境中蓬勃發展。倘若貧窮和弱勢家庭不能指望法律的平等保障，他們的私人美德就會凋零。

發展中和已開發社會同樣都在奮力對抗寡頭鐵律，對抗權力根深柢固的試探，對抗人類冷漠與貪婪的平凡罪惡。

沒有一個社會在它的公民看來是具有完全正當性的，隨時都會有濫權和不義喚起公民的憤怒，問題在於公民何時發怒。我們在旅程中發現，道德問題是臨界點：也就是說，當長期受到容忍的濫權突然開始被看成菁英在道德上輕蔑人民。到了這時，當不義變得太過明目張膽、目中無人、漠視尊嚴，平凡美德所促成的解決方法也就這樣瓦解了。

反過來說，當機制發揮功能，當官員負責盡職，平凡的美德就能復甦，因為公共機制展現了韌性，公共官員也肩負起照顧的義務。

我也加入了這些主張良善機制很重要的人，例如發展經濟學家，但我之所以說他們重要，是因為他們為這些對於社會凝聚、乃至機制本身的存續同樣不可或缺的美德賦予了力量。[15]在一個區分為專制資本主義政權和自由資本主義政權的世界上，自由主義式自由的信徒應當憂慮的，並非他們的政權能否在與專制政權的競爭中獲勝，而是他們能否戰勝自身的機制混亂（entropy）型態：菁英掠奪（elite capture）、貪腐和不平等。

在所有這些情境之中，美德都在與其反面的貪婪、腐敗、不寬容、仇恨及復仇欲望鬥爭。這正是蒙田在他的論文〈論殘忍〉中所說的：「美德這個詞是以困難和對比為前提的，不可能不經過思想交鋒而去完成。」平凡的美德一輩子都在與平凡的罪惡鬥爭。少了殘酷、仇恨、權力欲等平凡罪惡持續不斷的內在試探，美德就不會是這樣了：我們最好的一面克服最壞一面的勝利，無論多麼短暫。

平凡的美德能夠應付與平凡罪惡的鬥爭，但它們在野蠻行徑之前很有可能無計可施。它們最好的因應之道是保持低調，尋找掩蔽，等待恐怖過去。在二〇一五年十一月的巴黎恐怖攻擊中，其中一家咖啡館有十九人死亡，咖啡館的老闆是猶太人，太太是穆斯林出身，服務人員包含穆斯林，經理來自突尼西亞，但沒有人在乎這點，或以為他們的多元性是一種道德姿態。跨越差異一同工作就是發生了，只因為人們彼此吸引，樂意在一起。在這家巴黎咖啡館裡既沒有政治，沒有意識型態，沒有「對多元的承諾」，一個平靜的星期五夜晚，野蠻人衝進店裡開槍掃射時，他們也沒有自衛的武器，死者包括一位背部中彈的年輕穆斯林女性。[16]

沒錯，平凡的美德面對非同尋常的罪惡無計可施，但話說回來，如果你問起巴黎那一區、那家小咖啡館的生活要怎麼重建，咖啡館要怎麼重新開張讓客人再次聚集起來，那就得靠平凡的美德完成這項工作：韌性、與事實和解；信任陌生人，當然比過去更限縮了，但仍堅持不屈，也一如往常反對意識型態，不靠理論，在實際所知之外無意一概而論，只是一種不成熟、不成系統卻執拗的共同生活承諾。

恐怖主義教會我們認知全球化現代性中的歧異與激烈敵對。我們是單一物種，但我們並不生活在單一道德世界裡。正是我們的歧異定義了人類種族。我們無法超越膚色、歷史、種族、性別……所有這些顯著差異，它們同時也是榮耀與恥辱、地位與權力的來源。驅使人們殺害他人的仇恨和愚行並不總能受到「發展」、「社會向善論」(meliorism)、理解或善意影響。有時暴力就是無法以論證對抗，必須以武力回敬。

經濟的全球化並未造成心靈與智慧的全球化。沒錯，我們的德行地理已經轉變了：我們如今在全世界面前演出在地衝突，當我們論證自己的行為，我們的對象是經由新媒體與我們聯結的陌生人。那正是道德全球化的意義所在，我們感受到必須對其說明理由的聽眾範圍穩定擴張。或許隨著時間過去，當我們在地的自我證成失效，我們也許會開始對自己的偏狹信念感到羞愧，而開始擴充自己的良知，但在內心最深處的道德轉變總會很緩慢。我們總是陷入與平凡罪惡的戰鬥中。在公共領域裡，我們爭奪權力、資源、身分地位及重要性的衝突積習難改，其中大多數衝突無法經由爭論解決，只能在血與火中分出勝負。我們的道德語言並不共享同樣的歷史，它們也一如其所應為，遲遲不忘卻某一套道德系統自負地施加在遵守其他系統者身上的羞辱與不義。

但事情也是如此：我們享有同一套生物學、身體，以及同樣的最終命運。我們也共享平凡美德，跨越彼此的一切差異承認它的存在。它們的平凡是因為涉及我們共同生活周而復始的必需；因為它們表達出了我們若要延續及繁衍家人、鄰居及親友的生命，道德生活需要我們做些什麼的習得本能。我們都是道德存在，因為別無選擇——我們作為社會存在的存續和成就都有賴於美德。這不是選項，而是必要。我們不需要當英雄，但我們確實想成為合格的父母、子女、鄰居和朋友。我們想要在歷經這一切之後，能夠回應我們自己在鏡中的凝視。

公共機制的考驗，則是它們是否讓我們有可能對彼此表現正派。我已經明確表達過，最有可能培養出這些美德的機制是自由民主機制，但也正如我們所見，還沒有一個社會能將自己從寡頭、腐敗與不義的網羅中解放自我；即使真能如此，也不存在任何一種把握，只有我們持續不斷、周而復始、永無止盡地奮力靠著平凡美德生活。

1 引自Church Peace Union, "In Your Hands: A Guide for Community Action on the 10th Anniversary of the Universal Declaration of Human Rights" (New York, 1958)。

2 Beth Simmons, *Mobilizing for Human Rights: International Law in Domestic Politics* (New York: Cambridge University Press, 2009).

3 譯注：二〇一一年，阿卜杜拉國王同意在二〇一五年選舉開放女性參與。二〇一五年，女性在沙烏地阿拉伯歷史上首次獲准成為候選人及行使投票權。但女性不得直接對男性選民說話，不得在候選人辦公室與男性一同工作，女性在公共場合的行為仍受到諸多限制。

4 Katherine Boo, *Behind the Beautiful Forevers: Life, Death, and Hope in a Mumbai Undercity* (New York: Random House, 2012); Jonny Steinberg, *A Man of Good Hope* (New York: Knopf Doubleday, 2015).

5 Devin T. Stewart, "In Search of a Global Ethic," *Democracy,* April 18, 2016, http://www.carnegiecouncil.org/publications/articles_papers_reports/777 .

6 Karl Popper, *The Open Society and Its Enemies* (1945; London: Routledge, 2002), chaps. 10, 25.

7 我希望能對這些論點，向我和倫敦國王學院法律學院的哲學家麥克倫（Timothy Macklem）進行的討論致謝，儘管他必定不會同意我的這段陳述。

8 Hannah Arendt, *The Human Condition,* 2nd ed. (Chicago: University of Chicago Press, 1998). 譯注：本段引文參照漢娜・鄂蘭著，林宏濤譯，《人的條件》（台北：商周，二〇一六），頁五八。

9 David Hume, *A Treatise of Human Nature,* 1896 ed., ed. Lewis Amherst Selby-Bigge (1739; Oxford: Clarendon Press, 1956), 481. 譯注：引文參照休謨著，關文運譯，《人性論》（北京：商務印書館，

二〇〇九），下冊，頁五一七。

10 Hannah Arendt, *The Origins of Totalitarianism* (1948; New York: Schocken, 2004), 381. 譯注：本段引文參照漢娜・鄂蘭著，林驤華譯，《極權主義的起源》（台北：左岸，二〇〇九），頁三一五。

11 Karl Marx, *The Economic and Philosophic Manuscripts of 1844* (New York: Dover, 2012).

12 Michel de Montaigne, "Of Cruelty," in *The Complete Works*, trans. Donald M. Frame (1948; New York: Everyman's Library, 2003), 372–386. 譯注：本段引文參照蒙田著，馬振騁等譯，《蒙田隨筆全集》，中卷，〈第十一章：論殘忍〉，頁一一〇。

13 "Guide to the Private Sponsorship of Refugees Program," Government of Canada, http://www.cic.gc.ca/english/resources/publications/ref-sponsor/. 另可參看多倫多大學法律學院麥克琳（Audrey Macklin）教授發表的論文，哈佛大學加拿大研討會，二〇一六年春。

14 World Values Survey, http://www.worldvaluessurvey.org/WVSDocumentationWV6.jsp.

15 Murat Iyigun and Dani Rodrik, "On the Efficacy of Reforms," in *Institutions, Development, and Economic Growth*, ed. Theo S. Eicher and Cecilia Garcia-Peñalosa (Cambridge, MA: MIT Press, 2006); Daron Acemoglu and James A. Robinson, *Why Nations Fail: The Origins of Power, Prosperity, and Poverty* (New York: Crown, 2012).

16 Andrew Higgins and Milan Schreuer, "Attackers in Paris 'Did Not Give Anybody a Chance,'" November 14, 2015, http://www.nytimes.com/2015/11/15/world/europe/paris-terror-attacks-a-display-of-absolutebarbarity.html.

謝辭

除了著作已在注釋中引述的學者和作家，以及在我們的旅程中，向我和卡內基倫理暨國際事務研究會團隊其他成員暢所欲言的這些不同凡響的人們，我還要特別感謝研究會執行長羅森索，以及研究會的理事們堅定不移的支持；感謝東京上廣倫理財團（Uehiro Foundation）的丸山登（Noburo Maruyama），[1*]機構全力投入這項計畫，我們停留在東京時也受到他友善接待；感謝卡內基研究會的計畫主持人史都華在旅程中陪伴我，以及這一路走來的情誼和洞見。

對於我們走訪阿根廷和烏拉圭時獲得的協助與建議，我要感謝卡內基國際學人布伊斯（Emiliano Buis）和邁斯利（Nahuel Maisley）。而在巴西，則承蒙杜亞特（Fernanda Duarte）、里奇（David Ritchie）、希爾瓦（Valeria Silva）、貝瑞（Evan Berry）和阿爾梅達（Gabriel De Almeida）等人提供協助。我們造訪皇后區的旅程多虧了拉賈戈帕蘭（Kavitha Rajagopalan）才能成行，對紐約移民經驗的理解，則因亨特學院方納（Nancy Foner）教授的洞見而得以加深。

我們在洛杉磯受到南加州大學的賈德森（Lyn Boyd Judson）歡迎，法拉（Hebah Farrah）為我們進行先期研究。我們的實地走訪則由卡內基學人恰特吉（Dean Chatterjee）教授陪同。

我們的波士尼亞之旅，則在斯卡吉奇（Nadia Skaljic）、甘尼奇（Esmic Ganic）、喬西奇（Mladen Joksic）、伊凡迪奇等人的辛勤工作及在地聯繫之下成行。羅丹教授和羅伯茲爵士陪同我們走了其中一段旅程。我要謝謝羅伯茲爵士對本書初稿提供有益的意見。

在東京和福島，我們則仰賴毛利勝彥（Katsuhiko Mori）、篠原初枝（Hatsue Shinohara）、二村まどか（Madoka Futamura）、奧德（Malka Older）、飯塚帆南（Honami Iizuka），以及夸克（Jean-Marc Coicaud）等人的協助。[2*]

在緬甸，我們的隨行翻譯和當地聯絡人是「茉蒂」丁梅登可（Tin May Thein Ko）。走訪南非期間，我們則仰賴阿非利加（Sandy Africa）、沃馬蘭斯（Gerhard Wolmarans）、博斯特（Barbara Borst）及切瑞等人的專業與在地聯繫。

我要感謝我在哈佛大學甘迺迪學院舒思深研究中心（Shorenstein Center）的助理華德（Brandon Ward）在計畫進行期間從事的研究、行程安排及製作助理工作。布達佩斯中歐大學的洛赫（Stefan Roch）提供了額外的編輯協助。哈佛大學出版社的麥爾坎（Ian Malcolm）在催生本書的過程中，證明了是令人感激、批判嚴謹的有益夥伴。還要感謝威徹斯特出版社

（Westchester Publishing Services）的皮里歐拉斯（Angela Piliouras）對本書出版過程的卓越指導。

下列的朋友和同事在本書成形的過程中，都讀過全部或一部分內容：史坦（Janice Stein）、巴斯（Gary Bass）、莫恩（Sam Moyn）、方納、馬歇爾（Margaret Marshall）、馬吉布科（Lindiwe Maziboko）、薩繆爾斯（Richard Samuels）、阿普鮑姆（Arthur Applbaum）、吳丹敏（Thant Myint U），以及里拉（Mark Lilla）。塔西歐拉斯（John Tasioulas）在倫敦國王學院法律學院為本書初稿舉辦了一場工作坊。瓦桑塔庫瑪（Ashwini Vasanthakumar）、麥克倫（Timothy Macklem）、艾華（Eva Pils）、維爾迪拉梅（Guglielmo Verdirame）、祖卡（Lorenzo Zucca）、倫佐（Massimo Renzo）、韋納（Leif Wenar）和費拉茲（Octavio Motta Ferraz）都參加了工作坊，並提供寶貴意見。我在此誠摯感謝所有讀過初稿的讀者。書中的一切缺失皆由我本人負責。

我的妻子蘇巧蘭（Zsuzsanna Zsohar）讀了每一個字，陪我走過其中幾段旅程，一如既往，她也是對我最犀利的批評者。

1* 譯注：時任上廣倫理財團的事務局長丸山登，原文誤為Noburo Moriyama。參看：https://www.carnegiecouncil.org/people/noboru-maruyama（二〇一八年三月二十九日瀏覽）。

2* 譯注：原文拼寫為Futamara和Izuka，有誤。

NEXT叢書 0246

平凡的美德：分歧世界的道德秩序

THE ORDINARY VIRTUES

作　者—葉禮廷（Michael Ignatieff）
譯　者—蔡耀緯
編　輯—張啟淵
封面設計—兒　日
企　劃—張燕宜
發 行 人—趙政岷
出 版 者—時報文化出版企業股份有限公司
10803台北市和平西路三段二四〇號四樓
發行專線—（〇二）二三〇六六八四二
讀者服務專線—〇八〇〇二三一七〇五　（〇二）二三〇四七一〇三
讀者服務傳真—（〇二）二三〇四六八五八
郵撥—一九三四四七二四時報文化出版公司
信箱—台北郵政七九～九九信箱
法律顧問—理律法律事務所　陳長文律師、李念祖律師
印　刷—勁達印刷有限公司
初版一刷—二〇一八年五月十八日
定　價—新台幣三五〇元
（缺頁或破損的書，請寄回更換）

時報文化出版公司成立於一九七五年，
並於一九九九年股票上櫃公開發行，於二〇〇八年脫離中時集團非屬旺中，
以「尊重智慧與創意的文化事業」為信念。

平凡的美德：分歧世界的道德秩序 / 葉禮廷
（Michael Ignatieff）著；蔡耀緯譯. -- 初版. -- 臺北市：時報文化, 2018.05
面；　公分. -- (Next ; 246)

譯自：The ordinary virtues : moral order in a divided world

ISBN 978-957-13-7375-1(平裝)

1.倫理學　2.道德　3.跨文化研究

199.4　　107004528

ISBN 978-957-13-7375-1
Printed in Taiwan